KB204003

용성 평전

龍城

김택근

전북 정읍에서 태어나, 동국대 국문학과를 졸업했다. 1983년 《현대문학》에 故박두진 시인의 추천을 받아 시인으로 등단했다. 〈경향신문〉 문화부장과 종합편집장, 경향닷컴 사장, 논설위원을 역임했다. 《김대중 자서전》 편집위원으로 자서전 집필을 맡았다. 지은 책으로 《성철평전》, 《새벽: 김대중 평전》, 《사람의 길-도법 스님 생명평화 순례기》, 《강아지똥별: 가장 낮은 곳에서 별이 된 사람 권정생 이야기》, 《뿔난 그리움》, 《벌거벗은 수박 도둑》 등이 있다.

감수 | 불심도문佛心道文

용성조사의 '아난'이라 불리는 스님은 1946년 8월 용성조사의 상좌 동헌완규 스님을 은사로 득도한 이래 70여 년을 용성조사 유훈 실현에 정성과 신명을 바쳐왔다. 대한불교조계종 명예원로의원이며 현재 3·1독립운동 민족대표 유족회와 광복회 회원으로서 용성조사의 독립운동을 고증하고 홍보하는 데 앞장서고 있다. 용성조사의 탄생성지에 조성한 죽림정사, 용성조사가 창건한 대각사, 부처님 탄생성지 룸비니 대성석가사의 조실을 맡고 있다.

용성 평전

초판1쇄 | 2019년 2월 22일
초판4쇄 | 2019년 2월 27일
지은이 | 김택근
펴낸이 | 남배현
기획 | 모지희
책임편집 | 박석동
펴낸곳 | 모과나무
등록 2006년 12월 18일 (제300-2009-166호)
주소 | 서울시 종로구 종로19, A동 1501호
전화 | 02-725-7011
전송 | 02-732-7019
전자우편 | mogwabooks@hanmail.net
디자인 | ㈜끄레 어소시에이츠
ISBN 979-11-87280-32-3 03220
이 도서의 국립중앙도서관 출판예정도서목록(CIP)은
서지정보유통지원시스템 홈페이지(http://seoji.nl.go.kr)와
국가자료공동목록시스템(http://www.nl.go.kr/kolisnet)에서
이용하실 수 있습니다.(CIP제어번호: CIP2019004411)
ⓒ 김택근, 2019

모과 (주)법보신문사의 출판 브랜드입니다.
나무 지혜의 향기로 마음과 마음을 잇습니다.

용성 평전

龍城

김택근 지음 | 불심도문 감수

모과
나무

금오산 천년의 달이요

낙동강엔 만 리의 파도로다

고기잡이 배는 어디로 갔는가

옛날처럼 갈대꽃에서 자는구나

金烏千秋月 洛東萬里波

漁舟何處去 依舊宿蘆花

龍城大禪師真影

我是汝耶汝是我耶草堂春日眠百花爛漫開

狗子無佛性趙州妄分別東湖春水綠白鷗

住浮況

龍城白獎 自題

辛酉上冬之節
東湖鄭炳奭 謹寫

《귀원정종》에 수록된 사진(1913)

《각해일륜》에 수록된 사진(1930)

범어사 시절, 1941년으로 추정

《용성선사어록》에 수록된 사진(1941)

《월간중앙》에 수록된 사진(1974)

노년의 용성 스님

건국공로훈장(1962)

은관문화훈장(1990)

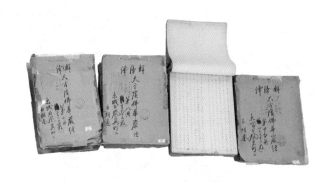

용성 스님이 저술·번역한 원고와 책. 현재 죽림정사 용성기념관에 소장되어 있다.

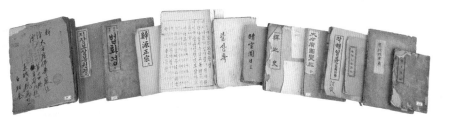

화엄경 번역 원고와 《조선글 화엄경》

용성 스님이 대중 포교를 하며 사용하던 풍금

용성 스님의 장삼과 가방

용성기념관의 용성조사 동상

용성 스님의 진실을 찾아

이 시대에 우리는 거룩한 스승 한 분을 만나는 기쁨을 누리고 있습니다. 3·1혁명 100주년을 맞이해 《용성평전》을 통해 스승과 대화를 나누게 된 것입니다.

백용성 스님은 민족모순이 치열하게 전개될 시대에 살면서 두 가지 큰일을 해냈습니다. 하나는 부처님 말씀을 대중에게 어떻게 올곧게 전달할지 고심한 일이고 또 한 가지는 민족독립을 위해 평생을 바친 헌신입니다. 글 쓰는 이는 역사학자로서 그분의 삶을 추적하면서 그분의 굳은 의지와 신념에 큰 감동을 받았습니다. 그리해 우리 근대사에 나타난 불교지도자만이 아니라 민족지도자로 우러러 받들어 왔습니다.

백용성 스님은 말할 나위도 없이 부처님의 가르침을 충실히 따르는 부처님의 제자입니다. 그분은 실천적 선승이면서 삼장 三藏을 꿰뚫는 학승이었습니다. 그분은 이걸 혼자만 간직한 게 아니라 대중에게 어떻게 전달할지 고뇌를 거듭했습니다. 그리해 불경을 한글로 번역하고 이를 펴냈으며 알아듣기 쉬운 말로 설법을 하고 찬불가를 보급해 대중을 감화시켰습니다. 그리해 불교 대중화를 위한 선구자의 이름을 올렸습니다.

또 그분은 제자들에게 과수원이나 농장을 개발하고서 울력을 시켜 자력갱생의 실천적 행동을 몸소 구현하고 가르쳤습니다. 타락한 신라 말기에 현실에 뛰어든 선문의 전통을 현실에 재현했고 이를 독립자금으로도 활용해 중생구제의 한 방편으로 삼았습니다. 그분은 누구보다도 질곡에 허덕이는 민족에게 구원의 손길을 뻗었습니다.

모순의 시대에는 많은 지도자가 부침하면서 영욕榮辱을 거듭합니다. 그런 과정에서 친일파도 생겨나고 기회주의자는 눈치를 살폈으며 독립투사는 세찬 저항운동을 벌였습니다. 그분은 굽힐 줄 모르는 민족지도자였습니다. 그리해 3·1혁명이 전개될 때 민족대표로 이름을 올렸습니다. 이도 크게 눈을 열고 보면 중생제도의 한 표현일 겁니다.

그동안 '백용성 스님'의 참모습이 빛을 제대로 보지 못한 게 오늘날의 사정이었습니다. 그 원인을 군이 이 자리에서 따져볼 필요는 없을 것 같습니다마는 지나치게 현실을 외면한 선승을 받드는 풍조를 탓할 수도 있을 테고 게으른 문도들의 책임도 있을 것입니다.

이번에 김택근 작가의 솜씨로《용성평전》이 세상 빛을 보게 되었습니다. 김택근 작가는 성철 스님의 평전도 출간한 유능한 평전작가입니다. 이 평전에서는 용성 스님의 참모습을 차분하게 드러내고 있습니다. 대뜸 '할'을 하는 게 아니라 대중과 대화를 하는 방식으로 접근하고 있습니다. 다만 아쉬운 대목은 독립운동 관련의 사적이 좀 더 발굴되었으면 하는 것입니다.

글 쓰는 이도 역사학자로서, 용성 스님의 삶과 행적을 추구하면서 그 관련의 글도 썼습니다. 그 미진한 부분을 김택근 작가가 풀어주었습니다. 이 책을 통해 용성 스님이 토해내는 촌철寸鐵의 화두를 만나 척박한 현대인의 삶을 윤택하게 하기를 서원합니다. 이타利他의 보살행에 관심이 깊은 불자들에게, 이 평전을 한번 읽어보기를 흔쾌히 추천합니다.

3·1혁명 100주년을 맞이하면서
역사학자 이이화

독립과 건국이라는 빛을 향해 나아가신 분

존경하는 용성진종(백용성)조사님, 조사님의 일대기를 기록한 책이 나온다는 소식을 들었습니다. 정말 기쁘고 감사한 소식입니다. 그 소식을 사부대중, 국민들에게 널리 알려야겠다는 조바심에 외람되게도 조사님의 이야기를 이렇게 적게 되었습니다. 사실 다른 종단의 어른에 대한 말씀은 진실로 어려운 일입니다. 그럼에도 용성조사님 이야기를 전하고자 하는 마음이 생긴 것은 저의 특별한 이력과 관련이 있을 것 같습니다.

지금 저는 지난 100년의 역사를 정리해 평가하고 새로운 미래를 제안하는 '3·1운동100주년기념사업추진위원회' 일을 여러 분들과 함께하면서 1919년의 민족적 거사인 '3·1운동', 곧 '3·1혁명'의 의미를 되돌아볼 기회를 찾고 있습니다. 그 과정에서 도저히 놓칠 수 없는 분이 바로 용성진종조사였습니다.

혹시 이 책을 처음 읽는 분이라면 용성조사님을 근대 불교, 그러니까 대각사大覺寺를 창건하고 '대각교운동'을 펼친 어르신으로 알고 책을 펼칠지도 모르겠습니다. 실제로 3·1운동과 관련하여 일반 국민들에게는 만해 스님이 널리 알려졌으니 그 나름의 인연이 있겠지만 역사에 대한 이해가 높아진다면 반드시 용성조사님의 이름이 높이 올라갈 것이라 믿습니다. 용성 조사님이 계시지 않았다면 지금 우리가 세계에 자랑하는 3·1운동은 그 모습이 달라졌을지도 모르겠습니다. 그런 점에서 용성조사님의 일생을 살펴보는 이 책은 우리 근대사를 이해하는 중요한 방편을 제공하는 것이기도 합니다.

그렇다면 용성조사님의 업적 가운데 어느 부분이 그렇게 중요한 것일까요. 이 역시 쉬운 일은 아닙니다. 하지만 워낙 뚜렷한 업적을 남기셨으니 저와 같은 범인에게도 인상 깊게 다가오는 것이 몇 가지 있습니다. 그 첫 손에 꼽을 일이 바로 대각사의 개창이 아닐까 합니다. 가끔 우리나라 곳곳에 있는 절에 가곤 합니다. 그때마다 법당 벽에 그려진 벽화를 보고 감동을 받는데 '심우도尋牛圖' 가운데 마지막 장면인 '입전수수入廛垂手'가 바로 그것입니다. 천도교가 '일상에 도 아님이 없음'을 강조하는데 마치 그와 같은 내용을 담고 있기 때문입니다. 그런데 그러한 내용을 몸소 실천하여 종로 한복판에 대각사를 창건하고 세상의 일을 대중과 함께하고자 한 그 뜻은 놀라움 그 자체입니다.

여기서 한 가지 더 얘기해야 할 부분은 이때가 1911년, 그러니까 국권을 빼앗긴 다음해입니다. 나라를 빼앗긴 시기에 대중들을 깨치기 위해 미진微塵의 세계에 뛰어들었다는 것은 무엇을 의미할까요. 맞습니다. 1919년, 만세운동을 준비할 때 세상 사람들이 나라의 독립을, 새로운 국가를 세우고자 할 때 희생할 지도자가 필요하다고 할 때 자신의 이름을 흔쾌히 내주실 때를 기다리신 것입니다. 조사님께서 참여함으로써 불교계가 동참하게 되었으니 3·1운동은 경계를 허무는 민족적 거사가 될 수 있었습니다. 이는 우리나라의 오랜 전통인 호국불교의 맥이 용성조사님에게 닿아있는 증거라고 할 것입니다.

1년 6개월이란 일제의 감옥은 나라와 민족을 위한 마음, 불교를 널리 펴고자 하는 용성조사님의 마음을 닫게 할 수는 없는 일이었습니다. 용성조사님은 삼장역회를 만들어 어려운 경전을 한글로 번역하기 시작했고, 《불일佛日》을 간행해 세상과 소통하는 통로를 만들었습니다. 이러한 세상과 함께하는 이치를 실천에 옮긴 것이 바로 '선농일치禪農一致'의 법이란 생각입니다. 참선과 노동을 하나로 묶어 독립운동자금을 마련한다는 것은 구도求道의 본질은 흐트러지지 않으면서도 세상과 함께하는 기발한 착상이 아닐 수 없습니다. 이러한 조사님의 업적은 파사현정破邪顯正의 실천방식이니 대중과 함께 일제가 만든 미혹의 세계를 벗어나 독립과 건국이라는 빛을 향해 나아갈 방향을 제공한 것이라 할 것입니다.

놀랍게도 용성조사님은 천도교와 닿아있고 또 저와도 인연이 있다 하겠습니다. 일찍이 동학 천도교의 창도자인 수운 최제우 대신사께서 《동경대전》을 집필하던 은적암은 용성조사님이 출가의 뜻을 품고 찾은 덕밀암의 암자입니다. 또 3·1운동 당시 천도교 지도자 의암 손병희 성사님과 함께 민족대표로 이름을 올린 일은 앞에서 언급한 바와 같습니다. 무엇보다 용성조사의 법맥을 이은 불심도문 조실스님과 의암 손병희 선생의 제자인 제가 이렇게 서로 세상일을 상의하고 있으니 얼마나 귀한 인연입니까.

그런 인연 덕분에 힘을 내어서 부족한 것이 많음에도 용성조사님의 일생을 담은 책에 대해 추천의 글을 적을 용기를 얻었습니다. 불교 법문에 어두운 제 말씀은 그저 작은 참고로 여기시고 아무쪼록 이 책을 통해 용성조사님의 큰 뜻에 한 걸음더 다가가기를 간곡한 마음으로 심고心告 드립니다.

천도교 전 교령,
3·1운동100주년기념사업추진위원회 상임대표
박남수 심고

일러두기

맞춤법과 외래어 표기는 국립국어원의 용례에 따랐다.
다만 국내에서 이미 굳어진 인명과 지명의 경우에는 통용되는 표기로 썼다.

단행본과 정기간행물, 신문에는 쌍꺾쇠(《 》)를,
논문과 시, 단편 등의 작품에는 홑꺾쇠(〈 〉)를 썼다.

원문을 발췌 요약해 실은 경우에는 따옴표(' ')로 표기하고
본문 또는 말미에 해당 출처를 밝혔다.

인물의 생몰연대와 한자 등은 첫 등장 시에만 병기했으나,
내용 이해에 도움이 된다고 판단한 부분에서는 중복해서 표기했다.

사진은 용성조사 탄생성지 죽림정사, 재단법인 대각회, 대한불교조계종,
동국대학교 불교학술원, 국사편찬위원회, 법보신문사 등에서 제공하였다.

차례

龍城

제1장

망국의 육자진언 "대한독립 만세"

전야前夜

불 안개 같았다. 종로 쪽에서 불빛이 넘어왔다. 민초들이 밝힌 불빛이었다. 거리에서, 선술집에서, 여관에서 서로의 가슴을 열었다. 백성들은 가슴속에서 불덩이들을 꺼내 늦겨울 추위를 녹이고 있었다. 망국의 백성은 모여 있음으로, 또 무언가에 취해서야 비로소 용감했다.

용성은 봉익동 대각사 뜰에서 하늘을 보았다. 그믐이었지만 별들이 성글고 그나마 야위었다. 온 나라가 상중喪中이었다. 고종 승하昇遐. 문득 낮에 본 광경이 생생하다.

용성은 덕수궁에 나아가 황제의 명복을 빌었다. 고종은 함녕전咸寧殿에 누워있었다. 대한문 앞은 사람의 산이었다. 대한제국은 사라졌지만 백성들이 살아있었다. 베옷에 흰 갓을 쓴 백성들이 엎드려 망곡望哭했다. 인산因山을 보러 상경한 사람들로 종로는 종일 붐볐다. 용성은 느릿느릿 걸었다. 대낮임에도 거리는 탄식과 욕지거리로 흥건했다.

용성은 서산휴정선사가 《선가귀감》에서 꼽은 네 가지 은혜 중에 부모, 스승, 시주와 더불어 왜 국왕(君)을 내세웠는지 알 수 있었다. 휴정의 마음이 진흙에 찍힌 듯 선명하게 보였다. 휴정 또한 왜국의 침략을 당해 나라를 구하려 칼을 들었다. 왜군이 중생을 죽이고 온 국토를 아수라장으로 만들었다면 당연히 마구니 왜군을 물리쳐 이 땅을 불국토로 복원해야 했다. 이때의 칼은 마구니를 물리치는 금강저金剛杵였다.

아수라장을 불국토로 만드는 일, 그것은 그나마 나라가 있어야 가능했다. 나라가 없으니 백성의 눈물이 강을 이뤄도, 그 강물이 흘러갈 곳이 없었다. 승려는 개인으로는 견성성불見性成佛을 이뤄야 하지만 깨달은 후에는 자신이 사는 곳을 불국토로 만들어야 한다. 하지만 나라가 없는 땅의 승려는 한없이 무기력했다. 그런데 갑자기 국왕이 떠나갔다. 권력을 앗기고 궐 안에 유폐되어 그 삶이 남루했지만 그래도 백성들은 황제로 섬기고 있었다. 나라가 없기에 황제라도 있어야 했다.

인산은 사흘을 남겨 두고 있었다. 이제 황제를 더는 볼 수 없으리. 그리고 날이 밝으면 큰일이 일어날 것이다. 그 큰일의

한 조각을 용성이 쥐고 있었다. 하기야 크고 작음이 무엇인가. 큰 것도 포개면 작은 일이요, 작은 것도 펼치면 큰일이었다. 그저 지나갈 뿐이다.

용성은 보신각 앞에서 탑골공원을 바라보았다. 10층 석탑이 홀로 우뚝했다. 그래서 더 남루했다. 조선 세조 때(1465) 세워져 도성 안에서 가장 우람했던 원각사圓覺寺는 석탑과 종각만 남기고 사라졌다. 석탑은 사람들의 손을 탔다. 세월을 떠받치며 겨우 제 몸을 지탱하고 있었다.

용성은 새삼 신해년(1911) 봄날이 생각났다. 지리산이 잔설을 이고 있을 때 하동 칠불선원七佛禪院을 나와 서울로 들어섰다. 그때 본 광경을 어찌 잊을 것인가. 외교外敎의 교당들이 즐비했고 그 외양이 화려했다. 도심에는 각국의 영사관과 더불어 천주교, 기독교의 교당이 우람했다. 교당마다 종소리가 우렁찼다. 종소리 쏟아진 곳에 사람들이 모이니 곧 숲을 이뤘다. 그럼에도 그 속에 범종소리는 들리지 않았다. 절은 없어지고 이름만 남은 사동寺洞을 거닐며 용성은 서원했다.

"불법佛法을 다시 세우리라. 법륜法輪을 다시 구르게 하리라. 자비의 숲을 일구리라."

그렇다면 얼마나 이뤘는가. 서울에 들어와 대각사大覺寺를 짓고 하화중생의 길을 찾아 나섰다. 어언 용성이란 이름은 천하가 알고 있었다. 하지만 우리 고유의 선불교는 백성들 사이로 들어가지 못했다. 사람들은 아직도 불교를 '산속의 미신'으로 여겼다. 그나마 불교는 왜색으로 물들어가고 있었다.

'지난 팔 년이 덧없구나.'

전차 소리가 들려왔다. 쇳소리가 어둠을 가만히 찢었다. 용성은 다시 종로 쪽을 건너보았다. '종로를 거닐던 그 많은 사람들은 어디에 등을 대고 잠을 청할까. 이 나라는 어디로 가고 있는가. 만해는 지금 무얼 하고 있을까.'

시자가 나직이 용성을 불렀다.

"스님, 밤이 깊었습니다. 바람이 찹니다."

제자의 모습이 어느 때보다 단정했다. 용성은 요사채로 가다가 무언가 생각난 듯 발걸음을 법당 쪽으로 옮겼다. 날이 밝으면 기미년 3월 1일, 약속한 날이었다. 다시 이곳 대각사에 돌아올 수 있을까. 법당에는 용성의 서원이 서려있었다. 간절한 기도가 스며있었다. 다시 부처님을 뵐 수 있을까. 꿇어 앉아 부처님을 올려 보았다. 그저 웃고 계셨다.

그 시각 이 땅의 종교인들은 일어나 있었다. 만해卍海 한용운韓龍雲(1879~1944)은 중앙학림 학생 백성욱白性郁, 김법린金法麟, 오택언吳澤彦 등과 함께 종로 계동의 《유심惟心》 잡지사에서 독립선언 만세 시위 계획을 논의하고 있었다. 천도교 손병희孫秉熙(1861~1922)는 대도주大道主 박인호朴寅浩에게 종권을 넘기며 교도들에게 보내는 유시문論示文을 전달했다. 기독교 감리회 목사 이필주李弼柱(1869~1942)는 덕수궁 옆 정동교회 사택에서 마지막 가족예배를 드리고 있었다. 정동예배당과 승동예배당에서도 학생들이 모여서 '내일'을 점검하고 있었다.

용성과 만해는 똑같이 산사에서 내려와 도심에 거점을 마련했다. 민초들의 설움과 아픔은 결국 도시로 흘러들었다. 그것들을 품지 않으면 어떻게 종교라 할 수 있는가. 용성도 만해도 현실을 외면하지 않았다.

'만해가 있으니 거사는 시작과 끝이 야무질거야.'

법당을 나와 뜰을 거닐었다. 이제 눈을 좀 붙여야 했다. 종로 쪽에서 날아들던 불빛도 끊겼다. 사위四圍가 고요했다. 하늘에는 별들이 제 빛을 찾아 얌전했다. 새날이 다가오고 있었다.

고종의 장례식
대한문을 나서는 견여 행렬
ⓒ덕수궁 국장화첩國葬畵帖, 1919

동행同行

"임금이 독살 당했다!"

소문은 가라앉지 않았다. 의혹으로 강산은 부풀어 올랐고, 백성들의 분노는 하늘에 닿았다. 소문의 진위와는 상관이 없었다. 고종이 승하했다는 사실이 무엇보다 무거웠다. 못나도 나라님이었다. 임금을 그냥 보낼 수는 없었다. 그러나 나라에는 병사도, 무기도 없었다. 그래서 더 절통했다.

용성은 스산한 겨울을 보내고 있었다. 할 일은 산처럼 쌓여 있음에도 일손이 잡히지 않았다. 그런데 2월 어느 날 만해가 찾아왔다. 대각사 조실 방에서 마주 앉았다. 만해는 그의 모습처럼 말에 군더더기가 없었다. 용성 또한 주저함이 없었다. 만해는 독립선언의 민족대표로 참여해 달라고 요청했다. 다른 열일이 있다 하더라도 해야 할 일이었다. 무슨 두말이 필요하겠는가. 용성은 앉은 자리에서 승낙했다.

용성은 만해를 생각하면 새삼 1912년 4월 초파일에 열린 조선임제종중앙포교당朝鮮臨濟宗中央布教堂 개교식이 떠올랐다. 벌써 7년이 흘렀다.

친일승들이 일본불교와 연합맹약을 맺었다. 매종賣宗이었다. 이에 선승들이 일어났다. 송광사에서 승려대회를 열고 임제종을 출범시켰다. 그리고 경성 사동寺洞에 임제종포교당을 세웠다. 어림 300년 만에 솟아오른 도성 안의 첫 포교당이었다. 실무를 총괄했던 만해가 선승들과 함께 용성을 찾아와 포교당 사장師長직을 맡아 달라 요청했다. 용성은 쾌히 승낙했다.

용성은 경·율·논 삼장에 당대 제일이었다. 나라 안팎에서 벌어진 법거량 소식은 전국으로 퍼져서 선방의 죽비가 되어 있었다. 통도사 금강계단에서 선곡율사禪谷律師로부터 해동계맥을 받았고, 가는 곳마다 선회를 열어 민족불교의 정맥正脈을 잇고 있었다. 청정 비구 용성은 반듯했다.

포교당 개교식에서 만해는 취지 설명을 했고 용성은 법을 설했다. 만해는 왜 서울에 선종포교당을 세워야 했는지, 왜 임제종을 앞세워야 하는지를 설명했다. 열변임에도 논지에 흩어짐이 없었다. 다음은 용성 차례였다. 모든 법회는 설법이 '용의 눈'이었다.

용성이 법좌에 올랐다. 청중은 천 명도 넘었다. 포교당을 다 채우고 다시 사동 거리로 넘쳤다. 용성은 허술한 구석이 없었다. 용성이 주장자를 치켜들었다. 왜색으로 물들어가는 불교와 그 속에서 여자를 취하고 고기 먹는 승려들을 질타했다.

"선지식들이여, 시험 삼아 말해보라. 금강덩어리와 밤송이를 삼킬 수 있는 자가 누구인가. 삼켰다면 도리어 내가 그 삼킨 곳을 보리라. 할喝!"

임제臨濟(?~867)의 법통을 잇는 것이 불교가 사는 길이었다. 물론 친일승도 대처승도 그걸 알고 있었다. 하지만 세속의 단맛을 떨치기 싫었다. 용성은 임제의 '삼현삼요三玄三要' 법문으로 삿된 무리를 질타했다.

"임제선사께서 이렇게 말씀하셨다. '일구一句 가운데 반드시 삼현三玄이 갖춰져 있고, 한 현玄에는 반드시 삼요三要가 갖춰져 있어서 방편方便과 실제實際가 있고, 비춤(照)과 쓰임(用)도 있다'고 하셨으니 대중은 어떻게 생각하는가."

아무도 말하지 않았다. 교당 안팎의 침묵이 길었다. 그 침묵을 누구도 걷어내지 못했다. 그러면서도 청중들은 그 고요 속에서 임제선종이 꿈틀거리고 있음을 감지했다. 침묵은 포효보다 강렬했다. 이윽고 용성이 스스로 대신하여 답했다.

"한 이랑 땅을 놓고 서로 다툼에, 세 마리 뱀과 아홉 마리

쥐가 화해롭구나."

　일구에 체중현體中玄, 구중현句中玄, 현중현玄中玄의 삼현이
있고, 현마다에는 본질(體), 현상(相), 작용(用)의 삼요가 갖춰
져야 한다. 다시 말해 일구에는 삼현이 있고, 구요九要가 갖추
어져 있다. 이 말은 한 구절의 말에는 진리와 진리의 드러남, 쓰
임이 모두 갖춰져야 한다는 뜻이다. 용성이 말한 세 마리 뱀
은 삼현이며, 아홉 마리 쥐는 삼현에 갖추어져 있는 구요를 뜻
했다. 깨달음이란 이랑을 차지함에 있어 치열한 다툼이 있지만
결국 삼현과 구요가 서로 자리를 비켜주며 '있음으로 없는' 경
지에 이른다는 가르침이었다. 세속에 물든 승려들을 향해서 임
제가 방편으로 가르친 '삼현삼요'의 경지를 알고 있느냐는 일갈
이었다.

　청중들은 법문에 빠져들었다. 도성 안에 울려 퍼진 사자후였
다. 조선불교는 이렇게 살아있었다.

　임제종포교당 개소식 이후 만해는 곧잘 용성을 찾아왔다.
만해 한용운은 영호남 명찰에서 사부대중을 감동시킨 강백이
었고《조선불교유신론朝鮮佛敎維新論》 등을 펴낸 학승이었다.
아직 시인으로는 활동하지 않았지만 이미 신체시新體詩를 탈
피한 〈심心〉이란 시를 발표했다.

　만해는 천도교도 최린崔麟(1878~1958), 기독교인 이승훈李昇

薰(1864~1930) 등과 함께 조선 독립선언을 추진하고 있었다. 아무리 둘러봐도 뭉쳐서 행동할 집단은 종교단체뿐이었다. 만해는 불교계를 대표할 인물로 단 한 사람을 꼽았다. 바로 용성이었다. 용성은 가장 존경받는 선지식이었다. 홀연 산사를 나와 민초들과 호흡하고 있었다. 불교계는 물론이고 사회적으로도 명망이 높은 시대의 스승이었다. 용성과 만해, 두 선승이 남긴 여러 어록을 통해 기미년 2월 어느 날의 만남을 복원해본다.

"스님, 종교계 대표들이 뜻을 모아 조선 독립선언을 하려고 합니다."

"반가운 소식이오. 요즘 나도 나라 안팎의 심상찮은 분위기를 느끼고 있소."

"구주歐洲(유럽)전쟁 결과에 따라 파리에서 강화회의가 열렸습니다. 대표들이 각국은 독립해야 한다고 했답니다. 이미 캐나다, 인도, 아일랜드가 독립했다 들었습니다. 우리 조선만 이렇듯 눈을 감고 있습니다."

용성은 듣고만 있었다. 만해가 다시 입을 열었다.

"천도교가 먼저 일어섰고 기독교도 합류했습니다. 불교도 동참해야 하지 않겠습니까."

"나라를 구함에 어찌 종교를 구분할 수 있겠소. 임진왜란 때 들불처럼 일어났던 우리 불교가 어찌 이리 못났습니까. 서산대사의 후손으로서 부끄럽습니다. 우리 불교의 동참은 당연한 일이지요. 그래 내가 할 일이 있소?"

"스님께서 불교계 대표로 나서주셨으면 합니다. 엄중한 시국
이라 이런 말씀 드리기가……."

"아니오. 이렇게 동분서주하는 만해에게 미안할 따름이요.
법력이 미약하고 됨됨이가 시원찮지만 부처님 팔아 살아왔으니
밥값은 해야지요."

"고승들을 찾아나서도 거사에 동참하기는 어려울 것 같습니
다."

"만해가 고생이 많소."

만해는 감동했을 것이다. 당연히 동참할 것이라 믿었지만 용
성은 한 치의 망설임이 없었다. 용성의 세상 나이 어언 쉰여섯,
만해 또한 마흔하나였다.

"스님, 앞으로의 고초가 눈에 보입니다."

"당연히 감옥에 가야지. 오히려 내가 바라던 바요. 그래야 공
명共鳴이 있지. 때가 되면 사라질 몸뚱이, 중이 사대四大를 겁
내서야……."

만해는 불교계 대표로 용성을 추대했다. 그리고 더 많은 선
승들을 민족대표로 참여시키려 했다. 당대에 존경받는 박한영,
전진응, 도진호, 오성월 등과 교섭했다. 하지만 '교통 또는 기타
사정'으로 참여하지 못했다.

횃불
그리고
들불

나라가 망한 지 9년째였다. 일제의 탄압정책은 갈수록 혹독했다. 전국 각지에서 들불처럼 일어난 의병들은 빼앗긴 산하에서 최후를 맞거나 해외로 탈출하여 독립군이 되었다. 항일 지도자들 또한 중국이나 만주, 미국 등으로 떠났다. 기약 없는 망명의 길이었다.

그때 낭보가 전해졌다. 1차 세계대전이 끝난 후 1918년 11월 우드로 윌슨 미국 대통령이 민족자결론民族自決論을 제창했다. 세계정세에 촉각을 세우고 있던 나라 안팎의 독립운동가들은 환호했다. 그것은 복음이나 다름없었다. 이어서 파리에서 열리는 강화회의에 모든 시선이 쏠렸다. 전승국이며 강대국인 미국의 대통령이 민족자결론을 주창했으니 어떤 이들은 대한독립이 눈앞에 온 듯 흥분했다. 그때 아주 예리한 소식이 전해졌다.

태왕이 훙거薨去했다. 1919년 1월 21일 아침이었다. 조선 27대 왕이며 대한제국 초대 황제 고종이 덕수궁 함녕전에서 68년의 삶을 마감했다. 장안에 친일파들이 독살했다는 소문이 돌았다. 앞문에는 호랑이가, 뒷문에는 이리가 웅크리고 있던 궁궐이었다. 그 속의 무능한 군주였다. 하지만 그의 죽음은 백성들에게 조선을 다시 불러왔다. 망국의 슬픔이 일제에 대한 분노로 변했다. 민심이 흉흉했다.

그로부터 열흘 후 해외 독립운동가들이 만주 길림성에서 대한독립선언서를 발표했다. 나라를 빼앗긴 이후 최초의 독립선언이었다. 양력 2월 1일, 음력으로는 민족 설날이었다. 조소앙趙素昻(1887~1958)의 문장은 날카로웠다.

"정의는 무적의 칼이니 이로써 하늘에 거스르는 악마와 나라를 도적질하는 적을 한 손으로 무찌르라. 이로써 5천년 조정의 광휘光輝를 현양顯揚할 것이며, 이로써 2천만 백성의 운명을 개척할 것이니, 궐기하라 독립군! 제齊하라 독립군! (···) 아아! 우리의 마음이 같고 도덕이 같은 2천만 형제자매여! 국민된 본령을 자각한 독립인 것을 명심할 것이요, 동양평화를 보장하고 인류평등을 실시하기 위한 자립인 것을 명심할 것이며, 황천의 명령을 크게 받들어 일체 사악으로부터 해탈하는 건국인 것을 확신하여, 육탄혈전(肉彈血戰)으로 독립을 완성할 것이다."

박은식, 김좌진, 김규식, 이승만, 이시영, 신채호, 안창호……. 이름마다 빛이 났다. 조소앙이 지은 대한독립선언서는 만주, 러시아, 미국 등에서 총으로 주먹으로 문장으로 싸우던 독립투사 39명이 서명했다. 기미년에 발표했지만 이미 무오년에 작성하여 훗날 무오독립선언이라 불렸다.

그로부터 7일 후 일본 도쿄에서도 유학생들이 독립선언서를 발표했다. 2월 8일 500여 명이 조선기독교청년회관에 모여 조선청년독립단 이름으로 선언서를 낭독했다. 훗날 친일의 길로 들어섰지만 당시에는 말짱했던 이광수李光洙(1892~1950)가 문안을 작성했다. 2·8독립선언서는 한국은 유구한 역사를 가진 자주독립국임을 밝히고 한민족이 독립해야 할 근거와 그 정당성을 제시했다. 말미에 4개 항의 결의문을 채택했다. 한일병합조약의 폐기, 민족대회의 소집, 만국평화회의에 민족대표 파견 등을 요구하고 이 목적이 이루어질 때까지 영원한 혈전을 벌이겠다고 천명했다.

독립을 위해 무오선언은 '육탄혈전'을, 2·8선언은 '영원한 혈전'을 다짐하고 있다. 이들의 시퍼런 결기와 뜨거운 입김이 국내로 유입되었다. 일본 유학생 대표가 국내에 잠입하여 최린,

송진우, 최남선 등에게 독립선언서를 전달하며 국내에서도 궐기할 것을 촉구했다.

천도교가 움직였다. 당시 천도교는 교세가 강했다. 개신교의 10배쯤 되는 300만 명이 뭉쳐있었다. 천도교에는 동학혁명의 맥박이 뛰고 있었다. 농민항쟁은 실패로 돌아가고 백성들은 의지할 곳이 없었다. 동학이 뿌리인 천도교는 여전히 백성들에게는 세상을 바꿀 수 있는 희망의 종교였다. 교세가 강한 만큼 두령 손병희는 사회적 위치가 단단했다. 또 그런 만큼 일본 경찰의 감시가 삼엄했다. 그럼에도 천도교는 움직였다.

천도교 지도부는 '이대로는 안 된다, 무언가를 해보자'는 데 공감하고 있었다. 1918년에 이미 동지들을 규합하며 중지를 모았다. 그런 중에 윌슨 미국대통령이 민족자결주의를 제창하고, 해외에서 독립선언이 잇따르자 움직임이 빨라졌다. 권동진, 오세창, 최린이 손병희에게 때가 되었음을 알렸다. 두령 손병희는 거부하지 않았다.

천도교는 다른 종교와 구 황실의 귀족들, 대한제국 고관들, 그리고 사회 지도층도 포함시켜 거국적인 독립선언을 추진키로 했다. 최린이 한용운을 만나 불교계의 동참 의사를 타진했다. 이때부터 만해는 독립선언운동의 한복판에서 흐름을 주도했다. 한용운은 강하게 불교계 입장을 대변했다. 일부에서 '독립선언'이 아닌 '독립청원'을 하자며 뒷걸음을 치자 이를 통렬하게 꾸짖었다.

"독립을 청원한다니 침략자에게 독립을 구걸하겠다는 것이냐. 비복이 상전에게 선처를 바라는 것과 무엇이 다르다는 말인가."

결국 독립청원 주장은 꼬리를 감췄다. 만해는 이렇듯 거사의 정체성을 바로잡으며 거침없이 질주했다.

여러 세력과 많은 인사들을 접촉하다보니 자연 몇 번의 위기가 있었다. 종로경찰서에는 한국인 악질형사 신철(申哲·일명 신승회)이 있었다. 그는 한복을 입고 다니며 우국지사들을 감시했다. 왜경의 사냥개라 불렸다. 어디서 냄새를 맡았는지 독립선언서를 인쇄하는 현장에 나타났다. 천도교가 운영하는 인쇄소 보성사普成社에서는 막 독립선언서가 쏟아져 나오고 있었다. 신철은 그 광경을 묵묵히 지켜보다 사라졌다. 모두가 새파랗게 질렸다. 소식을 들은 최린이 나섰다. 신철을 만나 거금 5천원을 내어놓으며 호소했다.

"당신이 입을 다물면 역사가 당신을 기억할 것이오."

신철이 돈을 한참 동안 쳐다봤다. 그러다 돈을 그대로 놔둔 채 사라졌다. 신철은 곧바로 신의주로 출장을 떠났다. 그리고 만주 독립군이 신의주에 잠입했다는 첩보를 상부에 올렸다. 허위 보고였다.

왜경은 독립선언서가 발표된 후에야 신철이 배반했음을 알았다. 경찰이 소재를 파악하고 은신처를 급습했다. 그때는 이미 청산가리를 털어 넣은 후였다. 신철은 3·1운동의 비밀을 지키고 죽음을 맞았다. 비록 일본의 사냥개였지만 마지막에는 민족의 충견으로 죄를 씻었다. 역사가 신철을 기억하고 있다. 그러나 그를 설득했던 최린은 변절하여 일본의 앞잡이가 되었다. 역사는 최린 또한 기억하고 있다.

이렇듯 크고 작은 일들이 일어났지만 민족의 운명을 실은 3·1독립선언의 거대한 수레는 멈추지 않았다.

그날

대각사의 새날은 예불을 시작으로 비로소 열렸다. 1919년 3월 1일, 새날이었다. 민족사학의 개척자 박은식朴殷植(1859~1925)의 표현대로 '충忠과 신信을 갑옷으로 삼고, 붉은 피를 포화로 대신하여 창세기 이래 미증유의 맨손혁명'을 일으킨 특기할만한 날이었다.

그날은 서울에 안개가 끼었다. 2월 28일 아침보다는 엷었지만 안개는 서울의 아침을 장악하고 있었다. 날씨도 추웠다. 대각사 공양간의 물독마다 살얼음이 끼어있었다. 살얼음을 걷어내는 공양주 손길이 조심스러웠다. 오늘만큼은 용성 스님께 좋은 음식을 드리고 싶었다.

대각사 식구들은 말이 없었다. 용성은 조실채에 앉아 떠오르는 상념들을 떨쳐내고 있었다. 그래도 대각사와 대각사 식구들이 자꾸 걸렸다. 제자가 문을 두드렸다.

"스님, 천도교 손 두령께서 사람을 보냈습니다."

"들이시게."

중년의 사내가 들어섰다.

"스님, 급한 일이라 이리 달려왔습니다."

"그래 무슨 일이오."

"독립선언 장소를 변경했다고 전하라 했습니다."

"탑골공원이 아니오?"

"요릿집 태화관泰和館으로 바뀌었습니다. 공원은 사람이 많이 모여 자칫 불상사가 일어날 수도 있다고 합니다."

용성은 고개를 끄덕였다. 사내는 절을 올리고 황급히 일어섰다. 뒷모습이 흔들렸다. 사내가 다녀가고 대각사는 다시 안개 속에 묻혔다. 식민지라도 토요일 아침은 발랄했다. 등교하는 아이들 웃음소리가 담을 넘어왔다. 도심 속의 사찰 대각사의 아침은 겉으로 그렇게 평온했다. 안개가 시간을 빨아들일 뿐.

이윽고 햇살이 잔잔하게 스며들었다. 용성이 봉익동 대각사를 나섰다. 안개를 벗어버린 거리는 사람들로 붐볐다. 고종의 인산일이 이틀 앞으로 다가왔다. 탑골공원이 보였다. 공원 안은 사람들로 터질 듯했다. 흰 옷의 군중 속에 제복을 입은 학생들이 무리 지어 섞여있다. 흡사 흰 산에 검은 돌들이 박혀있는 듯했다.

탑골공원을 지나 언덕길로 들어섰다. 작은 언덕 위의 큰 음식점 태화관, 장안에서 가장 기름진 곳이었다. 용성은 기름 냄새를 지우려 헛기침을 했다. 태화관은 음식점 명월관의 지점이었다. 이완용이 살던 집을 음식점으로 개조했다. 이곳에서 이토 히로부미(伊藤博文)와 을사조약을 밀의했고, 1907년 7월에는 고종황제를 퇴위시켜 순종을 즉위시키자는 음모를 진행했다. 매국노들의 합병조약도 이곳에서 모의했다. 독립지사들이 오욕의 현장에서 독립을 선언한 것은 어쩌면 역사의 윤회일 것이다.

용성은 태화관에 들어서려다 문득 탑골공원을 돌아봤다. 장소가 바뀐 줄도 모르고 군중이 민족대표들을 기다리고 있었다. 공원은 물론 사동과 종로거리에도 사람물결이었다. 민심은 분출구를 찾는 용암처럼 이글거렸다.

민족대표로 서명한 이들이 하나 둘 태화관에 나타났다. 용성도 안내를 받아 2층 산정별실山亭別室로 들어가 앉았다. 먼저 온 대표들은 배포된 독립선언서를 읽고 있었다. 선언서는 하세가와(長谷川) 총독과 종로경찰서장에게도 보냈다. 독립선언서에는 손병희, 길선주, 이필주, 백용성 4인이 맨 앞에 서명했다. 각각 천도교, 기독교 장로회, 기독교 감리회, 불교를 대표했다. 각 종교가 내세우는 대표 중의 대표였다.

조선민족대표

손병희孫秉熙 길선주吉善宙 이필주李弼柱 백용성白龍城 김완규金完圭 김병조金秉祚 김창준金昌俊 권동진權東鎭 권병덕權秉悳 나용환羅龍煥 나인협羅仁協 양전백梁甸伯 양한묵梁漢默 유여대劉如大 이갑성李甲成 이명룡李明龍 이승훈李昇薰 이종훈李鍾勳 이종일李鍾一 임예환林禮煥 박준승朴準承 박희도朴熙道 박동완朴東完 신홍식申洪植 신석구申錫九 오세창吳世昌 오화영吳華英 정춘수鄭春洙 최성모崔聖模 최린崔麟 한용운韓龍雲 홍병기洪秉箕 홍기조洪基兆

이윽고 약속의 시간, 운명의 시간이 찾아왔다. 오후 두 시 민족대표들이 독립선언식을 시작했다. 서명한 33인 중에 29명이 참석했다. 선언식은 간략했지만 경건했다. 먼저 태극기에 대한 경례를 올렸다. 태극기는 창 넘어 태화관 남쪽 정자에 걸려있었다. 민족대표들이 10년 만에 태극기를 봤다. 모두 숨이 멎는 듯했다.

이윽고 만해가 식사式辭를 했다. 교세가 가장 약했고, 민족대표로 달랑 두 사람만 참여했지만 만해는 당당했다.

"오늘 우리는 독립만세를 고창하여 독립을 쟁취하자는 취지로 모였습니다. 이는 우리가 앞장서고 민중이 뒤따라야 하는 것입니다. 우리는 신명을 바쳐 자주독립국이 될 것을 기약하고자 여기 모인 것이니 정정당당히 최후의 일인까지 독립 쟁취를 위해 싸웁시다."

역사의 물줄기를 바꾸는 순간이었다. 그것은 혁명이었다. 연설이 끝나자 서로의 건강을 빌어주는 덕담을 했다. 언제 다시 만나 이렇듯 얘기를 나눌 것인가. 그들의 앞날에는 고난의 길이 놓여있었다. 그 길이 훤히 보였다. 민족대표들은 일어나 만해의 선창으로 만세를 불렀다.

"대한독립 만세!"

"대한독립 만세!"

"대한독립 만세!"

식이 끝나갈 무렵 일경들이 들이닥쳤다. 민족대표들이 이날의 모임을 미리 알렸기 때문이었다. 자신들이 구속되어야만 독립선언은 성공할 수 있었다. 민족대표들이 경찰차에 나눠 탔다. 모두 새로운 역사 속으로 들어갔다.

같은 시각 탑골공원에서도 독립선언서를 낭독했다. 비록 민족대표들은 없었지만 군중은 독립선언서를 돌려보았다. 이윽고 군중 속에서 한 청년이 뛰쳐나와 팔각정에 올랐다. 그리고 독립선언서를 읽어내려갔다.

"오등吾等은 자玆에 아我 조선의 독립국임과 조선인의 자주민임을 선언하노라. 차此로써 세계만방에 고하야 인류평등의 대의를 극명克明하며, 차로써 자손만대에 고하야 민족자존의 정권正權을 영유永有케 하노라."

군중들은 한마디도 놓치지 않으려 숨을 죽이고 있었다. 청년은 마지막 공약삼장公約三章을 낭독했다. 한의 외침이며 피의 절규였다.

선언서 낭독이 끝나자 군중들이 일제히 외쳤다. 거대한 함성은 팔각정을 허물어뜨릴 듯했다.

"대한독립 만세!"

이 여섯 자는 어쩌면 민족의 염원이며 나라 잃은 백성들의 진언眞言이었다. 이후로 여섯 자가 세상을 바꾸었다. 누구나 어디에서나 아무 때나 외쳤다.

만세 소리에 맞춰 학생들은 일제히 까만 모자를 공중으로 날렸다. 흡사 까마귀떼가 하늘을 덮는 것 같았다. 장관이었다. 모두 눈앞에서 일어나는 일들이 믿기지 않았다. 탑골공원에서 사람들이 쏟아져 나왔다. 둑이 터진 듯했다. 고종 국장에 참석하려 상경한 수만 명이 만세 행렬에 동참했다. 일찍이 보지 못했던 거대한 물결이었다. 흰 옷의 물결이 서울 시내를 휩쓸었다. 지도자도 없고 조직도 없었다. 모두가 자발적으로 뛰쳐나왔다. 모두가 주모자였다.

민족대표들을 태운 경찰차가 태화관을 떠나 마포경찰서로 향했다. 거리는 이미 만세소리로 뒤덮여 있었다. 시민들은 민족대표들이 탄 경찰차를 따라가며 만세를 불렀다. 민족대표들은 가슴이 벅차올랐다. 눈시울이 뜨거워졌다. 만해는 그때의 감회를 글로 남겼다.

'열두 서넛 되어 보이는 소학생 두 명이 내가 탄 차를 향하여 만세를 부르고 또 손을 들어 또 부르다가 일경의 제지로 개천에 떨어지면서도 부르다가 마침내는 잡히게 되는데, 한 학생이 잡히는 것을 보고는 옆의 학생은 그래도 또 부르는 것을 차창으로 보았습니다. 그때 그 학생들이 누구이며, 왜 그같이 지극히 불렀는지는 알 수 없으나, 그것을 보고 그 소리를 듣던 나의 눈에는 알지 못하는 사이에 눈물이 비 오듯 하였습니다. 나는 그때 소년들의 그림자와 소리로 맺힌 나의 눈물이 일생을 잊지 못하는 상처입니다.'

박은식도 감격해서 그날의 상황을 《한국독립운동지혈사》에서 이렇게 전하고 있다.

'성중과 지방의 백성들도 합세하여 수십만의 군중이 성세를 도왔다. 앞에서 밀고 뒤에서 옹위하여 발이 허공에 뜰 지경이었다. 이리하여 두 갈래로 갈라져서 앞으로 나아가니, 한 갈래는 보신각을 지나 남대문 쪽으로 향하고, 한 갈래는 매일신보사 옆을 거쳐 대한문을 향하였다. 규중의 부녀자들도 모두 기뻐 날뛰며 앞을 다투어 차와 물을 날라왔다. 평소부터 우리 민족을 깔보고 독립할 자격이 없다고 말하던 서양인들도 이날에 벌였던 우리 민족의 씩씩하고 질서정연한 시위운동을 보고는 찬탄하여 마지않았다. "우리들은 한민족이 독립할 자격이 있음을 확신한다"고.'

龍城

제2장

3·i 혁명의 한가운데

서대문 지옥도

민족대표들은 마포경찰서에서 다시 남산으로 끌려가 왜성대倭城臺의 통감부에 갇혔다. 독립선언 관련 2선 조직 17명도 붙잡혀 왔다. 그날 밤부터 혹독한 취조를 받았다. 왜성대에서 1차 조사를 마친 민족대표들은 5월 6일 서대문 감옥으로 이송되었다. 민족대표들은 모두 미결감未決監 독방에 수감됐다.

감옥은 그대로 지옥이었다. 민족대표들은 고문을 당하고 시멘트 바닥에서 추위에 떨며 고통스런 나날을 보내야 했다. 식사도 형편없었다. 콩과 보리로 뭉친 밥 한 덩어리에 소금국이 전부였다. 일본 형사들이 수시로 들락거렸다. 서대문 감옥에는 고문을 자행하는 '취조실'이 있었다. 온갖 고문도구가 걸려있었고 한낮에도 캄캄해서 들어서기만 해도 소름이 돋았다. 취조실에서는 시도 때도 없이 비명이 터져 나왔다. 고문은 상상도 할 수 없을 만큼 잔혹했다. 온몸을 발가벗겨 놓고 가죽 채찍으로 매질하기, 코에 고춧물 붓기, 시멘트 바닥에 무릎 꿇리고 구둣발로 짓밟기, 손·발톱 찌르기와 뽑기……

감방 안에서 민족대표들이 극형에 처해진다는 얘기가 나돌았다. 공약삼장 중 '최후의 일각, 최후의 일인까지 민족의 정당한 의사를 쾌히 발표하라'는 문구를 문제 삼아 내란죄로 몰아가고 있다는 것이었다. 내란죄는 사형 선고가 가능했다. 그러자 일부 민족대표들은 흔들렸다. 어떤 이는 벌벌 떨면서 통곡을 했다. 이를 보고 만해는 크게 실망했다. 감방 안의 똥통을 집어 던지며 일갈했다.

"비겁한 인간들아. 울기는 왜 우느냐. 죽는 것이 무엇이 슬프더냐. 이것이 진정 민족대표의 모습이더냐."

그럼에도 대부분의 민족대표들은 의연한 자세를 잃지 않았다. 수감된 지 3개월째 되던 5월 26일 천도교 대표 양한묵梁漢黙(1862~1919)이 고문으로 숨졌다. 아들은 아버지의 시신을 받아 인력거에 실었다. 아들은 참을 수 없었다. 종로 네거리에서 인력거를 세우고 대한독립 만세를 불렀다. 통곡하며 미친 듯이 외쳤다. 뒤를 따르던 왜경도 차마 제지하지 못했다.

용성은 감옥에서 가혹한 고문과 수모를 당했다. 그럼에도 민족의 대표로, 불교계 대표로 의연했다. 누구에게도 자신의 아픔과 괴로움을 얘기하지 않았다. 다만 수형생활 중에 찍힌 용성의 얼굴 사진에 당시의 참상이 그대로 나타나있다. 수감 카드에 남아있는 용성의 얼굴은 그야말로 반쪽이다. 깡마른 얼굴에 무심한 표정을 짓고 있다. 후덕한 모습은 찾아 볼 수 없다. 얼핏 보면 용성인 줄 모를 정도였다.

용성은 독방에 홀로 갇혀있었지만 혼자가 아니었다. 대각사에서는 용성의 건강과 무사 출감을 위한 기도가 끊이지 않았다. 제자와 신도들은 날마다 서대문 감옥으로 찾아갔다. 하지만 면회는 제한되어 있었다. 감옥을 돌며 염불을 하거나 찬불가를 불렀다.

"용성 스님이 3·1운동 당시 33인 중 1인으로 그 뒤 감옥에 투옥되었을 때 우리들은 감옥 주위를 빙빙 돌며 찬불가를 부른 적도 있었다." (김영신, 《구도역정기》, 원불교신서 2, 1988)

민족대표들은 거의가 종교계 지도자들이었기 때문에 신앙이 버팀목이었다. 독서와 명상에 몰두했고 기도와 묵상으로 주어진 고난을 이겨냈다. 용성 또한 독방을 선방으로 삼았다. 경經을 읽고 염불을 하고 기도를 했다. 그러나 혹독한 추위와 더위, 그리고 시도 때도 없는 협박과 조롱은 견디기 힘들었다. 용성의 몸은 하루가 다르게 수척해졌다.

잡혀 들어온 민간인과 학생들이 감방에서 아침저녁으로 만세를 불렀다. 감옥이 떠나갈 지경이었다. 그들에게는 민족대표와 함께 있음이 그대로 자부심이었다. 의지가 되고 안심이 되었다. 민족대표들은 백성들의 표상이며 곧 믿음이었다.

훗날 소설 《상록수》를 지은 작가 심훈沈熏(1901~1936, 본명은 심대섭沈大燮)도 3·1만세시위에 나섰다가 서대문 감옥에 갇혔다. 경성고보 3학년에 다니는 18세 소년이었다. 그가 1919년 8월 29일에 쓴 옥중편지는 지금도 가슴을 적신다.

어머님!

제가 들어있는 방은 28호실인데 성명 세 자도 떼어버리고 2007호로만 행세합니다. 두 간도 못 되는 방 속에 열아홉 명이나 비웃두름 엮이듯 했는데 그중에는 목사님도 있고 시골서 온 상투장이도 있구요, 우리 할아버지처럼 수염잘난 천도교 도사도 계십니다. 그날 함께 날뛰던 저의 동우들인데 제 나이가 제일 어려서 귀염을 받는답니다…….

어머님!

어머님께서는 조금도 저를 위하여 근심치 마십시오. 지금 조선에는 우리 어머님 같으신 분이 몇 천 분, 몇 만 분이나 계시지 않습니까? 그리고 어머님께서도 이 땅에 이슬을 밟고 자란 소중한 따님의 한 분이며, 저는 어머님보다도 더 큰 분을 위하여 한 몸을 바치라는 영광스러운 이 땅의 사나이입니다. (…) 며칠 전에는 생후 처음으로 죽는 사람의 임종을 감방 속에서 지켜보았습니다. 돌아간 사람은 먼 시골에서 무슨 교를 믿는 노인이었는데, 경찰서에서 다리 하나를 못 쓰게 된 채 이곳에 온 뒤 밤마다 몹시 앓았답니다. 병감은 만원이라고 옮겨주지도 않았고, 쇠약한 몸에 독이 날이 갈수록 뼛속으로 번져, 어제는 아침부터 신음하는 소리가 더 높았습니다. 야릇한 미소를 띤 그의 영혼은 우리가 부르는 노래에 고이고이 싸여서 쇠창살을 빠져나가 새벽하늘로 올라갔을 것입니다. 저는 감지 못한 그의 두 눈을 쓰다듬어 내리고는 날이 밝도록 그의 머리를 제 무릎에서 내려놓지 않았습니다……

공명共鳴

만세 시위는 전국으로 퍼져나갔다. 공약삼장의 다짐대로 '질서를 존중하여' 평화롭게 진행했다. 어디서도 폭력은 일어나지 않았다. 그러나 일제는 총칼로, 몽둥이로 비폭력 시위를 진압했다. 제암리학살사건堤岩里虐殺事件이 그중 하나다.

"대한독립 만세!"

서울에서 3·1만세 소리가 내려왔다. 나라를 앗긴 백성들은 귀 세우고 눈을 열었다. 만세 소리는 들녘을 일으켜 세우고 언 가슴을 녹였다. 그렇게 1919년 화성에는 봄이 일찍 찾아왔다. 사람들은 태극기를 나눠 들고 만세를 불렀다. 함성이 침략자들의 야욕을 찔렀다.

4월 15일 제암리에 한 떼의 일본 군인과 순사가 나타났다. 마을을 돌며 주민들에게 교회로 모이라 했다. 아주 평범한 농민들이 교회 문턱을 넘었다. 교회는 말씀이 쌓여있고, 간절한 기도가 스며있었다. 뉘라서 이곳을 범할 것인가. 흰 옷을 입은 농민들은 웃으며 서로의 안부를 물었다.

돌연 일본 군경들이 교회 문을 잠궜다. 침략자들의 총구가 불을 뿜었다. 출구는 없었다. 아기만은 살려달라는 엄마의 절규가 피보다 붉었지만 그래도 총질은 멈추지 않았다. 그렇게 교회 안에서 스물세 명이, 뜰에서 여섯 명이 숨졌다. 저들은 교회에 불을 지르고 다시 마을을 불태웠다. 시커먼 불길이 들녘을 삼켰다.

제암리의 비극은 외국인이 목격하여 세상에 알려졌다. 일본 헌병의 감시로 희생자의 장례조차 치르지 못했건만 마침 이곳을 지나던 캐나다 의료선교사 프랭크 스코필드Frank W. Schofield(1889~1970)가 참상을 목격하고 유골들을 수습하여 묻어주었다. 외국인 선교사들은 본국으로 보고서를 보내 일제의 만행을 알렸다. 하지만 그들은 극히 일부만 목격했을 뿐이다. 일제는 온 나라에서 극악무도한 만행을 저질렀다.

'우리 남녀 노유들이 흘린 피가 길에 가득하였으나 용기는 더욱 떨치고 기세는 한층 장렬했다. 국내외의 궁벽한 여항閻巷과 먼 시골구석에까지 대항하여, 소리를 함께 외쳐 부르짖으며 앞을 다투어 죽기를 맹세하지 않는 이가 없었다. 그러나 다 충신忠信을 갑위甲胄(갑옷과 투구)로 삼았을 뿐 손에는 촌철寸鐵도 없는 사람들이다.

저 왜인들은 이에 대대적으로 군경을 동원하여 살육을 자행하였다. 창으로 찌르고 칼로 쳐서 마치 풀을 베듯 하였으며, 촌락과 교회당을 불태우니 쌓인 해골이 앙상하고 모든 집들은 재가 되었다. 그리하여 그때의 사상자가 수만 명이며, 옥에 갇혀 모진 형벌을 받은 이가 6만 명을 넘었다. 천일天日도 어둡고 참담하며 초목도 슬피 울었다. 그러나 우리 민족의 의혈義血은 조금도 멈춰지지 않았다. 각국의 여론이 일치격앙一致激昂하여 저들의 야만적인 포악이 세계에 크게 드러나게 되었다.' (박은식, 《한국독립운동지혈사》, 서문당)

박은식은 다른 저서인 《한국통사》에서 3월 1일부터 5월 30일까지 3개월 간 202만 명이 집회에 참가했으며 사망자 7,509명, 다친 사람 1만 5,961명, 체포된 사람 4만 6,948명이라 밝히고 있다. 그러나 실제 희생자는 이보다 훨씬 많았다.

백용성과 한용운 두 사람만 민족대표로 참여했지만 불교계는 3·1독립선언에 뜨겁게 공명했다. 주로 중앙학림 학생들이 주동이 되어 해인사, 통도사, 범어사, 봉선사, 표충사, 동화사, 도리사, 김용사, 대흥사, 송광사, 쌍계사, 화엄사, 마곡사, 법주사,

신광사, 석왕사 등에서 만세 시위를 주도했다. 사찰마다 청년들과 학생들이 인근 도시에서 독립선언서와 태극기를 나눠주며 시위를 이끌었다.

예견은 했지만 30본사 주지들은 거의가 만세운동을 곱게 바라보지 않았다. 자신들의 임면권을 가진 총독부의 눈치를 보며 침묵하거나 애써 외면하고 있었다. 그들 중에는 적극적으로 만세운동을 깎아내린 이도 있었다. 30본산연합사무소 김용곡金龍谷 위원장은 《조선불교총보朝鮮佛教叢報》에 '경고법려警告法侶'라는 글을 발표하여 만세시위를 정치행위로 간주하며 노골적으로 폄훼했다.

'정치와 종교는 그 목적이 다르므로 불교도들은 시대적인 분위기에 휩쓸려 본지를 망각하지 말라. 이번의 정치문제에 간섭하지 말며 경거망동하는 무리를 좇지 말라.'

그럼에도 만세시위는 깊은 산중에서도 메아리쳤다. 용성이 출가한 해인사에서도 청년과 학생들이 만세시위를 벌였다. 친일승 이회광李晦光(1862~1933)이 주지로 있었지만 이들의 열망을 막지 못했다. 젊은 스님과 학생들이 독립선언서를 입수하여 해인사 극락전과 관음전 빈 방에서 촛불을 밝히고 독립선언서를 등사했다. 독립선언서 3,000여 매를 장경각 뒤편 숲 속에 숨겨두고 거사를 모의했다. 시위대는 몇 개조로 나뉘어 인근 도시로 나가 독립선언서와 태극기를 나누어주고 만세시위를 주도했다. 일부는 해인사 경내에서 독립선언식을 거행하고 만세를 불렀다. 이들의 함성에 가야산도 메아리로 답했다. 이 모든 것을 부처님과 장경각의 팔만대장경이 지켜봤다.

　스님들과 학생들의 활약은 눈부셨다. 사찰 주위의 모든 마을을 깨웠다. 그것은 서울에서 있었던 독립선언의 거대한 공명이었다. 이들 중 더러는 상해, 만주 등으로 건너가 독립운동을 했다. 또 누구는 상해임시정부를 돕고, 또 누구는 독립군 자금을 모집하기도 했다. 그리고 누구는 일제의 무력 진압에 생명을 잃기도 했다. 그러나 그들은 조국의 독립을 믿었기에, 또 불법이 곁에 있었기에 과감하게 떨치고 일어섰다. 범어사에서도, 통도사에서도, 표충사에서도 젊은이들이 독립선언서를 들고 내달렸다.

　일군의 스님들이 1919년 11월 15일 중국 상해에서 '대한승려연합회 독립선언서'를 발표했다. 그들은 3·1혁명 당시 중앙학림, 전국 강원, 사찰 등에서 만세운동을 벌이다 중국에 망명한 스님들로 추정된다. 열두 명이 서명한 '승려들의 독립선언' 요지는 이렇다.

　'평등과 자비는 불법의 종지이다. 일본은 겉으로는 불법을 숭상한다고 하면서 지난 세기의 유물인 침략주의·군국주의에 빠져서 명분 없는 전쟁을 일으켜 인류의 평화를 교란시켰으며 그 강포强暴함만 믿고 과거에 은혜를 받은 이웃 나라를 침략하여 멸하고, 그 자유를 빼앗고, 국민을 학대하여 이천만의 원성이 드높다. 특히 금년 3월 1일 이래로 평화로운 수단으로 독립을 요구하였음에도 일본은 도리어 더욱 폭압을 자행하여 수만의 무고한 남녀를 학살하였다.

일찍이 민족대표 33인이 독립선언을 발표할 때 불교계도 한용운·백용성 두 승려가 참여하였다.

일본은 강포한 수단으로 한국을 합병한 이래로 한국의 역사와 민족적 전통 및 문화를 무시하고 각 방면에서 일본화정책 및 압박정책으로써 한족을 전멸하고자 한다. 우리 불교도 또한 그 독수에 희생되어 강제적인 일본화 및 가혹한 법령 하에 이천년 이래의 국가에 의한 보호로 얻은 자유를 잃고 조종祖宗의 유풍遺風마저 인멸될 위기에 처해 대한불교는 멸절의 참경慘景에 빠졌다.

이에 우리는 대한의 국민으로서 대한 국가의 자유와 독립을 완성하기 위하여 대한불교가 일본화 되는 것을 구하기 위하여 우리 7천의 대한승려는 결속하고 일어섰으니 큰 소원을 성취하기까지 오직 전진하고 피로서 싸울 뿐이다.'

승려들은 백용성, 한용운을 대표로 참여시킨 만큼 불교계가 3·1선언을 계승하겠다고 천명했다. 아울러 대한불교가 일본화 되는 것을 막기 위해 7천의 승려들이 일어섰으며 앞으로 피로써 싸우겠다고 비장한 결의를 다졌다. 불교계가 독립운동에 나서야 하는 당위성을 명징하게 설파하고 있다.

'기미년 3월 1일 독립만세운동이 일어나게 되자 불교대표로 한용운 백용성 두 대선사를 위시한 33인이 선언문을 선포함으로 말미암아 전국 수백만 교도는 거국적으로 총궐기하였다. 의사 열사 애국지사들이 혹은 총살되고 혹은 타살되었다. 돌아오지 못할 이슬로 화한 애국투사가 5만 7,074명이나 되었다. 그 중의 다수가 불교도였다. (…) 그 길로 한국 비구승에 대한 탄압은 날로 극심하여 걸망 짊진 수좌는 경찰관 주재소를 통하여 하루도 몇 번씩이나 보따리를 풀고 싸는 조사에 걸리어 하루 몇 리길도 못 간 것이 그 당시의 실정이었다.'(이종모,《조선일보》1959년 2월 18일)

독립운동의
복판에 서다

경성지방법원 신문에서 재판장이 용성에게 물었다.

"이후에도 조선 독립운동을 하겠느냐?"

용성은 단호히 답했다.

"기회가 주어지면 언제라도 다시 하겠다."

다시 3·1독립선언과 관련하여 고등법원에서 신문이 계속되었다.

"피고는 금년 2월 27일 한용운의 권유로 조선독립운동에 참가하고 3월 1일에 명월관 지점에서 선언서를 발표하고 그 자리에서 체포된 사람으로서 그 사이에 독립운동에 관하여 취한 행동, 기타 사항은 피고가 전에 지방법원 예심에서 진술한 대로 틀림이 없는가."

"틀림없다."

"독립운동의 방법은 무엇인가."

"독립선언서를 배포하면 자연 일본에서도 조선이 독립을 희망하고 있다는 것을 알고 독립을 승인해주리라는 것을 한용운에게서 들었음으로 그렇게 생각하고 운동에 참가할 것을 승낙하고 나도 선언서에 이름을 내기로 했었다. 그밖에 청원서를 만들어 일본정부나 총독부, 강화회의의 각국 대표자 등에 보낸다는 것에 대해서는 아무것도 듣지 못했었다."

"선언서를 배포하면 그것으로 곧 독립이 얻어진다고 믿었는가."

"그렇다."

"선언서에는 어떤 것을 쓸 생각이었는가."

"나는 선언서를 본 일도 없으나 한용운의 말로는 무기를 가지고 하는 것이 아니고 난폭한 짓을 하는 것도 아니고 다만 온건한 태도로 서면으로써 독립을 선언하는 것이라고 했으므로 그런 취지로 선언서는 씌어질 것으로 생각했었다."

"선언서는 독립했다는 것을 선언하는 것인가, 독립을 희망한다는 것을 선언한다는 것인가, 어느 것인가."

"지금부터 독립하려고 한다는 의미를 발표한다는 것이었다."

"그러한 선언서를 발표하면 보안법에 저촉된다는 것은 그대도 알고 있었는가."

"그런 것은 나도 모른다. 다만 이번의 일에 대하여 이름을 내
라는 것이었으므로 나는 독립하는 것이라면 이름쯤 내어도 좋
다고 생각하여 이름을 낸 것에 불과하다."

"독립운동에 관하여 한용운 이외의 사람과 말을 한 일은 없
는가."

"없다."

"명월관 지점에서 회합했을 때에는 그 선언서를 발표하면 곧
체포된다는 것을 각오하고 있었던 것이 아닌가."

"그것은 각오하고 있었다."

"왜 그렇게 생각했는가."

"그것은 그런 것을 발표하면 어쨌든 무사하리라고는 생각하
지 않았기 때문이다."

"독립선언을 하면 일본 정부가 쉽사리 승인해줄 것이라면 죄
도 아무것도 아닌 것에 체포된다는 일은 생각할 수 없는 것이
아닌가."

"마침내 독립되고 나면 체포되는 일도 없겠지만 독립이 되기
까지의 동안은 그런 일을 하면 무슨 죄에 저촉되는지는 모르
나 하여튼 체포될 것으로 생각했었다."

"피고 등은 조선의 독립을 강화회의의 문제로 삼고 일본으로
하여금 독립을 어쩔 수 없이 승인하도록 하게 할 생각이 아니

었는가."

"나는 그런 것은 모른다. 동양의 평화를 영원히 유지하기 위해서는 조선의 독립은 필요하다. 일본에서도 그것을 잘 알고 있을 것이며 또 불교 상으로 보더라도 조선의 독립은 마땅한 것이므로 여러 가지 점으로 보아 하여튼 조선의 독립은 용이하게 될 것으로 믿고 있는 터이다."

용성은 자신은 어떤 경우에도 체포될 것이라 생각하고 있었고, '불교 상으로 보더라도' 독립은 마땅하다고 했다. 불교의 가르침에 '침략'이란 있을 수 없었다. 일본은 분명 침략하여 다른 민족의 땅을 강점하고 있었다. 용성은 이를 꾸짖은 것이다.

만해는 경찰 심문에서 이렇게 말했다.

"피고는 백용성에게 어떤 방법으로 조선 독립의 의사를 발표한다고 했는가."

"그 방법은 말한 일이 없다."

"방법을 듣고서야 찬동하지 않았는가."

"천도교, 기독교가 독립운동을 하고 있으니 불교 측에서도 가입하고자 하여 찬성을 얻고, '독립선언서'와 기타 정부와 총독부에 제출할 서면에 필요한 인장이 필요하다고 했더니 백용성은 나에게 인장을 맡겨두고 갔다."

"백용성에게 일본 정부의 승인이 없어도 독립선언을 함으로써 조선은 독립이 될 수 있다는 말을 하였나."

"그런 말을 했다."

"일본의 실력적 지배를 벗지 못하면 결국 독립선언은 무효가
되고 말 것이 아닌가."

"국가의 독립은 승인을 얻어서 독립하는 것이 아니고 독립선
언을 한 후 각국이 그것을 승인함을 생각했다."

용성은 독립선언 계획을 언제 어떻게 알았을까. 그리고 언제
참여 의사를 밝혔을까. 신문조서에는 '금년(1919) 2월 27일 한
용운의 권유로 조선독립운동에 참가했다'고 나와 있다. 그리고
지금까지 학계나 종교계에서도 별 이견이 없이 이를 받아들이
고 있다. 지금까지 알려진 용성이 민족대표로 참여한 과정은
이런 것이다.

'만해가 독립선언 불교계 대표로 추대할 만한 여러 선승들
을 접촉했다. 그러나 모두들 반응이 신통치 않았다. 그러자 마
지막으로 용성을 찾아가 참여를 권했다. 그러자 용성은 두말도
하지 않고 즉석에서 참여를 약속하고 서명할 인장을 맡겼다.
그날이 2월 27일(또는 26일)이었다.'

그러나 우리는 이 대목에서 합리적인 의심을 해야 한다. 3·1
선언을 코앞에 두고, 거사를 이틀 앞둔 시점에서 만해가 용성을
찾아가 민족대표 참여를 요청한 것일까. 그렇지 않을 것이다.

'불교계 대표로서 독립선언서에 서명한 스님의 민족운동은 그야말로 목숨과 맞바꾼다는 대용단을 무릅쓰지 않고서는 어려운 일이었다.' (윤선효,《화과원과 용성 스님의 항일 운동》)

민족대표로 참여하는 것은 당시 사회분위기로 보아 목숨을 바꾸는 용단임에 틀림없었다. 그렇다면 만해가 이런 위험천만한 일에 용성을 끌어들이면서 그렇게 불쑥 찾아가 제안할 수 있을까? 용성은 바로 동의할 수 있을지 몰라도 만해가 그럴 수는 없는 일이다. 열다섯 살이 연상이고 모든 면에서 자신을 앞서가는 '큰스님께' 그런 무례를 범할 수는 없는 일이다.

서울에 있는 용성을 외면하고 저 깊은 산 속의 선사들을 먼저 찾아갔다는 것도 납득하기 어렵다. 명망이나 법력에서 독보적인 존재였고 '행동하는 승려'였던 용성을 지척에 두고 먼 곳에서 불교계 대표를 찾았을 리는 '결코 없다'고 보여진다. 그보다 훨씬 일찍 독립선언 계획을 알리고 함께 머리를 맞댔을 것이다. 틀림없이 그랬을 것이다. 이를 받쳐줄만한 글을 임환경林幻鏡(1887~1983) 스님이 남겼다.

환경은 13세에 해인사로 출가하여 16세 전후에 이미 신필神筆로 명성이 자자했다. 제방에서 두루 정진했고, 친일승에 맞서 해인사를 지켰다. 훗날 고경古鏡(1882~1943) 스님과 함께 해인사 학승들에게 몰래 조선 역사를 가르치다 발각되어 모진 고문을 당했다. 일본 경찰은 한 번 묻고 열 번 때렸다고 한다. 함께 끌려간 고경은 고문을 이기지 못하고 옥사했다. 환경은 이런 고난을 이겨내고 곧게 살았으며 구순을 넘겨서도 빼어난 글씨를 남겼다. 그런 스님이 이렇게 증언했다.

'1919년(己未) 2월 20일 오세창의 연락을 받고 서울로 올라와 백용성, 한용운, 오세창 세 분을 만나 밀회를 하야 조국의 장래와 현재의 긴박성 및 만세운동의 거사와 앞으로의 지시 사항인 "환경당은 연소年少하니 만약을 대비하였다가 사식私食을 담당하고 이후의 수습과 지하운동을 하라"는 사전 설명을 듣고 약속대로 3월 1일 명월관에서 나와 파고다공원에서 독립만세 삼창을 하고 먼저 피신해 있다가 고종황제 위령기도로 대한문에 가서 분향 독경하고 즉일 출발하여 해인사로 내려와서 지하운동을 하였다.' (임환경,《환경대선사회고록》)

환경은 분명 20일에 올라와 용성과 만해 그리고 오세창吳世昌(1864~1953)을 만나 거사를 논의했다고 한다. 이 증언을 통해 진실에 접근할 수 있다. 세월이 흘러 날짜를 기억 못할 수는 있겠다지만 사람까지 잊을 수는 없을 것이다. 용성은 오세창과도 만나 만세운동을 논의한 것이다. 오세창은 용성과 각별한 사이였다. 종교는 달라도 나이도 같고 뜻이 통했다. 용성의 만상좌 동산 스님을 용성에게 소개한 것도 오세창이었다. 오세창은 훗날 '용성대선사 비명'을 지었다. 또 환경은 용성이 감옥에 가면 옥바라지를 어떻게 할 것인지를 논의했다고 한다. 이런 정황으로 볼 때 거사 이틀 전인 2월 27일에 한용운의 전격적인 제안으로 용성이 민족대표를 수락했다는 것은 납득할 수 없다.

윤병석이 지은 《3·1운동사》 부록 '3·1운동 관계 일지'를 보면 이런 내용이 보인다.

'2월 24일 이승훈, 함태영 두 사람이 최린을 방문하여 기독교와 천도교의 합동운동을 최후 합의함. 최린, 한용운이 불교 측의 합류를 최종 합의함. 불교 측 대표에 한용운, 백용성을 선출.'

2월 24일에 이미 불교 대표는 한용운, 백용성을 선출했다고 한다. 그 부분은 고딕체로 특히 중요한 내용임을 알리고 있다. 그렇다면 만해가 용성을 2월 27일에 찾아가 동참을 권유했다는 것은 분명 사실과 다르다.

또 만일에 용성이 제안을 거부했다면 만해는 어찌했을 것인가. 홀로 불교계 대표로 참여했을 것인가. 그렇지 않을 것이다. 어찌 불교계를 대표하는 큰스님 없이 홀로 참여할 수 있겠는가. 만해가 당당히 행동한 데는 나름 믿는 구석이 있었다. 바로 용성이었다. 만해는 일찌감치 용성과 상의했고, 참여하겠다는 내락을 받고 다른 스님들을 접촉했을 것이다. '가장 늦게' 용성에게 간청한 것이 아니라 '가장 먼저' 용성과 협의했음이 분명하다.

그렇다면 왜 '만해가 2월 27일 찾아가 갑자기 제안을 하고 용성은 이를 전격 수락했다'고 입을 맞췄을까. 아마도 큰스님을 보호하려는 만해의 원려遠慮가 있었을 것이다. 이런 대화가 오 갔을 것이다.

"스님, 제가 스님을 처음 찾아간 날짜를 27일로 했으면 좋겠습니다."

"우리가 민족대표로 나서기로 한 것은 위창葦滄(오세창)도 알고 우리 문도들도 다 아는 일이 아니오."

"제가 입단속을 했습니다. 참으로 엄중한 일들이 기다리고 있습니다. 스님께서는 소승이 꾸민 일을 책하지 말아 주십시오."

"민족대표로 나섰으면 떳떳해야지요."

"스님, 제가 나섰습니다. 스님께서는 조선 선불교의 대표이십니다. 앞으로도 할 일이 많으십니다. 그리고 스님 세수가……."

"아니 만해, 어찌 나이를 들추시오."

"스님, 멀리 보셔야 합니다."

용성의 문도들은 이렇게 주장한다.

'만해 한용운대사는 용성진종조사를 심중의 스승으로 모시고 호국을 담당하는 대용大用이 되고, 용성진종조사께서는 호법을 담당하는 대체大體가 되었다. 이 대체와 대용이 굴리어져서 천도교와 기독교장로회와 기독교감리회 그리고 불교 지도자들이 호국의 손을 잡게 되는 기미년 3·1독립운동 정신의 씨

앗이 되었다.'(《죽림》제261호)

어찌됐든 용성은 독립선언 계획에 깊이 관여했다. 이러한 사료는 앞으로 더 많이 발굴될 것이다. 미루어 당시 만해의 언행에는 용성의 뜻이 녹아 있었다고 봐야 할 것이다.

독립운동사에
영원히 남을 것

一. 금일 오인의 차거此擧는 정의·인도·생존·존영을 위하는 민
　　족적 요구이니 오직 자유적 정신을 발휘할 것이오, 결코 배
　　타적 감정으로 일주逸走하지 말라.

一. 최후의 일인까지 최후의 일각까지 민족의 정당한 의사를
　　쾌히 발표하라.

一. 일체의 행동은 가장 질서를 존중하여 오인의 주장과 태도
　　로 하여금 어디까지든지 광명정대하게 하라.

　〈독립선언서〉 '공약삼장'이다. 공약삼장은 독립선언서의 핵심
이었다. 일본 검사와 판사는 독립선언서보다 행동강령인 공약

삼장을 문제 삼아 내란죄 적용을 검토했다. 공약삼장 중에서도 두 번째 '최후의 일인까지, 최후의 일각까지'를 가장 불온하다며 문제 삼았다. '최후의 일인까지'라 함은 조선 사람들이 폭동을 하든지 전쟁을 일으키든지 마지막 한 사람까지 궐기하라는 말 아닌가.

그렇다면 공약삼장은 누가 작성했는가. 독립선언서는 육당六堂 최남선崔南善(1890~1957)이 작성한 것이 확실하지만 공약삼장은 만해와 최남선으로 엇갈린다. 우선 많은 학자와 지인들이 만해가 작성했다고 주장한다.

'선생이 공약삼장을 추서하였다.' (김관호, 〈심우장 견문기〉)

'한용운이 공약삼장을 추서했다.' (최범술, 《한용운 전집》)

'특히 '최후의 일인까지 최후의 일각까지'의 공약삼장은 순전히 그(만해)가 창안, 첨가하였던 것으로 이것도 세상에는 널리 알려지지 않은 숨은 사실이다.' (박노준·인권환, 《한용운 연구》)

'만해 스스로 선언서를 작성할 것을 주장하다가 최린에게 거절당하여 불쾌히 생각하고 공약삼장을 붙이자고 주장하여 승낙 받고 이를 추가하였다.' (신석호, 《3·1운동 50주년 기념논총》)

대체로 만해가 썼다는 설이 유력하다. 의연한 수감생활과 평소의 성정으로 볼 때도 만해는 공약삼장과 어울리지만 숱하게 기회주의적인 행태를 보였던 최남선과는 어울리지 않는다. 독립선언서에 서명도 하지 않고 평계를 대며 훗날을 염려한 처신

으로 볼 때 '최후의 일인까지 최후의 일각까지'라는 행동강령
은 육당과는 거리가 있어 보인다. 따라서 최남선을 깊이 연구한
김삼웅의 주장이 설득력을 지닌다.

'여러 가지 정황과 증언을 종합할 때 '공약삼장'은 만해의 작
품으로 보는 것이 타당할 것 같다. 일제가 '최후의 일인……'을
내란 죄목으로 몰아가던 재판에서 최남선에게 징역 2년 6월을
선고한 데 비해 만해에게는 최장기 3년형을 선고하였다. 3년형
은 만해와 손병희, 최린, 권동진, 오세창, 이종일, 이승훈, 함태
영 등 3·1운동의 주역들에게만 선고되었다. 이 한 가지 사실만
비추어 보아도 '만해 첨가설'이 더 설득력이 있어 보인다.'(김삼
웅,《만해 한용운 평전》)

또 독립선언서 공약삼장은 만해가 작성했지만, 이를 확장하
면 불교계의 의견이 투영되었다고 봐야 할 것이다. 다시 말해
용성의 의견도 반영했을 것이라 판단할 수 있다. 3·1혁명은 처
음에는 '대한제국 부흥운동'으로 시작하려 했다고 한다. 그러나
용성이 주장하여 독립운동으로 그 궤도를 수정했다고 문도들
은 주장한다.

'3·1독립운동은 맨 처음 민족대표 등이 대한제국 부흥운동
으로 시작한 것을 용성조사의 가르침에 의하여 한용운대사로
하여금 민족대표 등과 독립운동 주도자 등에게 대한민국 수립
운동으로 전개하여야 한다고 향도嚮導한 것이 이 독립운동의

핵심이다.' (죽림정사, 《죽림》 제261호)

1920년 7월 12일 오전 정동 경성지방법원 특별법정에서 민족대표들에 대한 공판이 열렸다. 잡혀간 지 16개월 만이었다. 민족대표들은 용수를 쓴 채 밧줄에 묶여서 법정으로 들어갔다. 일본 경찰이 주변을 겹겹이 에워싸고 있었다. 《동아일보》는 7월 13일자 '조선독립운동의 일대 사극史劇, 만인이 주목할 제1막이 개開하다'라는 제목의 기사에서 이날의 광경을 기술하고 있다.

'이 공판의 결과는 조선 민중에게 어떤 느낌을 줄 것인가. 공판 당일의 이른 아침 어제 개던 일기는 무엇 때문에 다시 흐리고 가는 비조차 오락가락하는데 지방법원 앞에서 전쟁을 하다시피 하여 간신히 방청권 한 장을 얻어 어떤 사람은 7시경부터 공판정에 들어온다. 순사와 간수의 호위한 중에 방청권의 검사는 서너 번씩 받고 법정 입구에서 엄중한 신체 수사를 당하여 조그만 바늘 끝이라도 쇠붙이만 있으면 모두 다 쪽지를 달아 보관하는 등, 경찰의 경계는 엄중을 지나 우스울 만큼 세밀하였다.

붉은 테를 둘씩이나 두른 경부님들의 안경 속으로 노려 뜨는 눈동자는 금시에 사람을 잡아먹을 듯이 살기가 등등한 즉 (…) 이에 따라 붉은 테를 하나만 두른 일본인 순사님도 코등

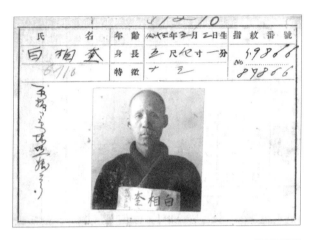

서대문 감옥에 수감된 용성의 수감카드
ⓒ국사편찬위원회

어리가 우뚝하여 이리왔다 저리갔다 하는 양은 참 무서웠다.'

신문 기사는 일본 경찰과 재판정을 한껏 조롱하고 있다.

그해 10월 30일 경성복심법원 정동 분실에서 선고 공판이 있었다. 용성은 보안법 위반혐의로 1년 6개월의 형을 받았다. 백용성의 수감카드를 보면 1919년 10월 30일 형기刑期가 시작되어 1921년 5월 5일(음력 3월 28일) 출소한 것으로 나와 있다. 감형 등의 조치가 없었던 것으로 보아 수감카드에 기재된 대로 형을 살았다고 보여진다. 1919년 3월 1일에 잡혀간 후 8개월 동안은 조사를 받고 다시 1년 6개월을 형을 살았으니 꼬박 2년 2개월을 감옥에 있었던 셈이다. 따라서 형기는 1년 6개월이지만 햇수로는 3년을 감옥에서 지냈다. 훗날 용성이 '감옥에서 3년을 지냈다'는 것은 그래서 틀린 말이 아니다.

3·1독립선언은 혁명이었다. 세계인이 주목했고, 그로 인해 세상이 바뀌었다. 비록 망명정부였지만 처음으로 나라를 대표하는 임시정부가 탄생했다. 가장 먼저 임시정부수립운동을 시작한 곳은 블라디보스토크였다. 3월 17일 독립선언을 하고 독자적으로 정부조직을 발표했다. 이어서 4월 11일 상해에서 임시정부를 선포했다. 그러다가 1919년 9월 6일 상해에서 대한민국 임시정부를 수립했다. 망명인사 1천여 명이 집결했다. 대한제국이 사라진 후 10년 만에 우리 민족이 세운 자주적인 정부

였다. 3·1정신을 이어받은 임시정부는 민주공화제를 내외에 천명했다.

'상해에 모여든 500여 명의 인원은 어느 곳에서 모여들었든지, 우리의 지도자인 연로한 선배요, 젊고 굳센 청년투사들이다. (…) 상해에 모여든 여러 청년들 중심으로 정부조직이 운동진전에 절대 필요하다는 소리가 안팎으로 점차 높아져, 각 곳에서 상해에 온 인사들이 각각 대표를 선출하고 임시의정원을 조직하여 임시정부를 만드니, 이것이 바로 대한민국임시정부이다.

이승만을 총리로 임명하고, 내무·외무·군무·재무·법무·교통 등의 부서가 조직되었다. 도산 안창호는 미주로부터 상해에 와서 내무총장으로 취임하였고, 각 부 총장은 멀리서 미처 도착하지 못했기 때문에 차장들을 대리로 국무회의를 진행하였다. 이동휘·문창범은 러시아령 연해주로부터 왔고, 이시영·남형우 등은 북경으로부터 모여들었다.'(김구,《백범일지》)

용성은 3·1혁명으로 탄생한 상해임시정부를 각별히 챙겼다. 사람을 보내 정보를 교환했고 독립운동 자금도 마련하여 전달했다. 해방되고 얼마 지나지 않아 임시정부 요원들이 종로 봉익동 대각사에 들렀다. 1945년 12월 12일 백범白凡 김구金九(1876~1949) 주석을 포함하여 황학수, 이시영, 김창숙 등 30여명은 용성의 영정 앞에서 향을 사르고 고개를 숙였다. 당시 대각사는 용성의 제자 동헌東軒, 회암檜庵 등이 지키고 있었다.

김구는 독립운동 자금 지원에 대해 감사의 뜻을 제자들에게 전했다. 그 자리에 있었던 김홍업 보살(당시 30세)은 이렇게 증언했다.

'김구 선생은 "용성 스님은 이미 열반해 아쉽지만 스님의 크고 깊은 뜻을 우리 동지들은 잊지 말아야 된다"고 말했어요.'(《불교신문》 1998년 3월 10일)

'김구 선생은 그날 밤 봉영회 만찬 자리에서 "선사께서 독립 자금을 보내주지 않았던들 임시정부를 운영하지 못할 뻔했다. 이뿐만 아니라 만주에 대각사와 선농당을 지어 독립운동하는 분들을 사찰에 숨겨주고, 그 가족들이 농사짓고 정착할 수 있도록 도와준 공로는 독립운동사에 영원히 잊지 못할 것"이라고 말했다.'(《중앙일보》 2015년 8월 15일)

임시정부 요원들의 대각사 방문은 당시에 화제를 모았고, 그날 찍은 사진은 비록 빛이 바랬지만 그날을 선명하게 증언해주고 있다. 백운 스님 또한 이런 증언을 했다.

"상좌들 사이에서 구두쇠로 유명했던 용성 스님은 사흘 나흘 굶고 버티며 아껴서 모은 돈을 독립자금으로 보냈다고 한다. 비밀요원이 내려오면 몰래 쥐어줬다고 한다. 그 당시의 비밀요원의 행색은 각설이였는데, 거지 옷을 입고, 양철통을 둘러메고, 각설이 타령을 하는 스님이었다. 궁핍한 시절이라, 주위 사람들은 대수롭지 않게 여겼지만, 각설이가 내려오면 용성 스님이 양철통 밑에 돈을 넣고, 그 위에 밥을 깔아서 보냈다고 한다. 하도 일본군의 감시가 심했던 터라 그렇게 위장하지 않으면 들켰을 일이다."(《부산불교 100년의 발자취》, 2014년)

용성의 이러한 행적은 잘 알려지지 않았다. 이제부터 우리는 용성의 행적을 제대로 찾아내어 역사 속에 정중히 모셔야 할 것이다.

백범 김구의 대각사 방문.
사진 하단에
'대한민국 림시정부 봉영회 긔념
1945.12.12.'라고 적혀 있다.

龍城

제3장

이놈이 무엇이 되려는가

태몽
그리고
죽림촌

용성은 1864년 5월 8일 전라도 남원군 하번암면 죽림촌(현재는 전북 장수군 번암면 죽림리)에서 태어났다. 아버지 백남현白南賢과 어머니 밀양 손씨孫氏 사이에 장남으로 속명은 상규相奎였다. 부부가 한날 똑같은 꿈을 꾸었다. 태몽이었다.

어떤 스님이 문을 열고 방에 들어왔다. 법복에서 빛이 났다. 스님이 말했다.

"나는 수원 백씨 남현 공을 아버지로 삼아 밀양 손씨 부인의 연화보궁을 빌려 다시 태어나고자 하오."

그렇게 말하고 손씨 부인의 오른쪽 옆구리로 들어갔다. 부부는 서로 같은 꿈이라며 신기하게 여겼다. 훗날 사람들은 그 꿈이 조선시대 순교한 환성지안喚醒志安(1664~1729) 스님의 환생을 예시한 것이라 했다.

'대선사께서는 조계종의 법맥을 제대로 이으신 제35대 법손 환성지안선사의 후예後裔이다.'(한용운 찬 '용성대선사 사리탑비명')

용성 자신도 경봉에게 보낸 편지에서 이렇게 말했다.

'본납은 멀리 환성에게 법을 이었으니 환성은 나의 스승이라 더 기록할 필요가 없습니다.'

'나는 임제선사의 37대손이다. 선사께서 천화遷化하신 뒤로 지금과 1,047년이 떨어져 있다.'(《용성선사어록》)

환성지안은 누구인가. 스님은 15세에 미지산 용문사로 출가했다. 정원淨源 스님으로부터 구족계를 받았다. 17세에 설제雪霽 스님을 찾아가 법맥을 이어받았다. 설제는 환성이 큰 그릇임을 알아보고 의발을 전해주었다. 임제종의 선지를 철저히 주창한 선사였으며, 조선 후기 화엄사상의 최고봉이었다. 당시 화엄학의 큰 산으로 추앙받던 모운慕雲 스님도 환성의 학식에 탄복하여 수백 명의 학인을 환성에게 맡기고 다른 사찰로 떠나갔다는 일화가 전해진다.

용모가 수려하고 음성은 맑으면서도 그윽했다고 한다. 어디를 가나 환성의 설법에 학인이 구름처럼 몰려들었다. 설법을 들은 학인들은 '교敎의 뜻을 논하면 만경창파萬頃蒼波가 넘치는 듯하고, 선禪의 이치를 펼치면 천길 벼랑이 솟는 듯하다'고

찬했다. 영조 1년(1725) 김제 금산사에서 열린 화엄대법회華嚴
大法會는 1,400명이 모여들었다. 이 법회가 정점이었다.

하늘을 찌르는 스님의 명성은 결국 화를 불러왔다. 왕조의
신하들과 유생들이 노려봤다. 금산사 대법회가 역모의 전조가
분명하다며 유림들이 들고 일어났다. 환성을 처벌하라는 상소
가 끊이지 않았다. 환성은 결국 지리산에서 붙잡혀 제주도로
끌려갔다. 그리고 유배지에 도착한 지 7일 만에 순교했다. 열반
에 들기 직전 허공을 향해 전법게를 외쳤다.

물 따라 내려 흘러가는 한 조각 일이니
필경 머리와 더불어 꼬리가 없도다
사자 새끼에게 더불어 부촉하노니
사자 울부짖는 소리 천지에 가득하도다
沿流一段事 竟無頭與尾
付余獅子兒 哮吼滿天地

법을 전할 사람이 없었다. 결국 법을 받아든 허공이 다시 그
법을 산하에 뿌렸을 것이다. 환성이 입적하자 제주도에서는 '산
이 사흘을 울고(山鳴三日) 바닷물이 넘쳐 올랐다(海水騰沸)'고
한다. 몸 하나 버림에 어찌 아까울 것이 있겠는가. 환성은 법맥
이 끊김에 사자울음을 토해냈을 것이다. 세속 나이 65세, 법랍

51세였다.

이후로 조선에서는 법맥을 이은 승려가 존재하지 않았다. 서산휴정西山休靜(1520~1604)→ 편양언기鞭羊彦機(1581~1644)→ 풍담의심楓潭義諶(1592~1665)→ 월담설제月潭雪霽(1632~1704)를 거쳐 환성지안으로 이어진 조선불교 임제 법통이 끊기고 말았다. 서산대사의 제자는 1,000명이 넘었고, 환성 스님의 법회에는 1,400명의 사부대중이 참석했지만 더 이상 사자상승師資相承의 소식은 들려오지 않았다. 이후 조선불교의 암흑기가 도래했다.

법맥이 끊긴 불교는 얼마나 왜소한가. 그래도 신도들의 기도는 끊이지 않았고, 누군가는 참선을 하고 염불을 했다. 그러한 원력으로 이 땅에 선승들이 출현했다. 그들은 숱한 역경을 딛고 다시 법을 세웠다. 그리고 그 법이 세상을 밝혔다.

용성이 태어난 죽림촌은 장안산長安山 아래에 있다. 장안산은 소백산맥의 서쪽 비탈면에서 동쪽으로 백운산(1,279m), 서쪽으로는 팔공산(1,151m)과 닿아있다. 영취산靈鷲山이라고도 부른다. 장수, 번암, 계남, 장계 등 네 개 면의 중앙에 솟아있다. 장안산에서 물줄기를 따라 서북쪽으로 흐르면 금강이, 서남쪽으로 흐르면 섬진강이 나타난다. 백운천과 용림천이 만나는 지점의 산 너머에 죽림촌이 있다. '엎드려 자는 소(臥牛)'의 형국으로 양지가 바른 곳이다.

일찍이 이서구李書九(1754~1825)는 죽림촌이 명당임을 간파
했다. 정조 17년(1793) 40세에 전라감사로 부임하여 부임지를
순시했을 때의 일이다. 장수에서 남원으로 가던 중 이곳 죽림
촌에 이르렀다. 이서구는 자신도 모르게 가던 길을 멈췄다. 그
리고 마을 앞에서 지세를 살폈다. 그의 눈에 비친 죽림촌은 명
당이었다. 볼수록 비범한 곳이었다. 이서구는 몸가짐을 바로하
고 죽림촌 뒷산을 향해 두 손을 모았다.

"백년 안에 이곳에서 대도인大道人이 나타나 나라를 구할 것
이다."

이서구는 붓을 들어 거침없이 시를 써 내려갔다.

장안산에서 내려온 용의 머리가 이르는 곳은
높은 봉우리 위 정상의 산혈에 있음이로다
지혜와 복덕이 구족한 도인이 머물러 지키면
3·8동방목 우리나라에 금은이 가득한 부유국 되리
長安來龍至頭處 穴在高峰上上頂
積德何人來占處 金八銀三富如海

이서구가 예언시를 지은 후 71년 만에 죽림촌에서 용성이
태어났다. 용성이 태어난 1864년은 심한 가뭄으로 산천초목이

시들어갔다. 새로 왕위에 오른 고종은 용성이 태어난 달인 5월에만 목멱산, 삼각산, 종묘, 용산강, 사직단 등에서 다섯 차례나 기우제를 지냈다. 보이는 가뭄도 문제지만 보이지 않는 '나라의 가뭄'이 더 심각했다. 나라 살림이 점점 말라갔고, 결국 백성들 살림살이가 타들어가기 시작했다.

고종 즉위 이후 조선은 위기의 연속이었다. 어쩌면 예고된 시련이었는지도 모른다. 고종의 아버지 흥선대원군 이하응李昰應은 아들을 왕으로 세우기 위해 하늘마저 놀랄 일을 벌였기 때문이었다. 바로 명당이라고 해서 사찰을 불태우고 탑을 허문 전대미문의 사건이었다. 사찰과 탑을 파괴함은 무간지옥에 떨어질 대죄였다. 조선이 얼마나 불교를 얕잡아 보았는지 알 수 있는 하나의 상징이었다. 황현黃玹(1855~1910)이 지은 《매천야록梅泉野錄》이나 실록, 야사를 통해 그 전말을 살펴보면 이렇다.

남연군 이구李球에게는 네 명의 아들이 있었다. 막내가 흥선군 이하응이었다. 흥선군이 지관地官을 앞세우고 아버지 묘를 이장시킬 명당자리를 찾아 나섰다. 지관이 충청도 가야산 가야사(대덕사)에 이르러 오래된 탑 하나를 가리키며 말했다.

"저곳은 큰 길지이니 얼마나 귀하게 될지 모릅니다."

흥선군은 가산을 정리하여 이만 냥을 만들었다. 그 절반을 주지에게 주면서 가야사를 불태우게 했다. 형들과 상의해서 부친을 탑 아래에 묻기로 했다. 이장하기 전날 탑 앞에서 밤을 맞았다. 한밤중에 세 형이 놀라서 깨어났다. 꿈에 갑자기 흰 옷을 입은 노인이 나타나 호통을 쳤다는 것이다.

"나는 탑신이다. 어찌 너희가 내 사는 곳을 뺏으려 드느냐? 네 아버지를 여기에 묻으면 너희 형제는 모두 죽을 것이다."

신기하게 세 형의 꿈이 같았다. 형들이 어찌할 바를 모르고 허둥댔다. 그러나 막내 흥선군은 달랐다. 흥분해서 소리쳤다.

"귀신이 나타났다면 명당이 분명하오. 명이란 타고난 것이니 귀신이 어찌 우리를 죽일 수 있겠습니까. 종실이 나날이 기울어 우리 형제들이 이렇게 떠돌고 있잖소. 이 참담한 현실을 직시하십시오. 다시는 장동 김씨 문전에서 옷자락을 끌지 않겠소. 빌어먹는 것보다는 한번 통쾌해져야 하지 않습니까. 나는 죽음이 두렵지 않으니 형님들은 더 말씀하지 마십시오."

형들이 입을 닫았다. 이른 아침 인부들이 석탑에 도끼질을 했다. 그런데 정말 아무리 내리쳐도 도끼가 튈뿐 석탑은 멀쩡했다. 이에 흥선군이 도끼를 치켜들고 하늘을 향해 꾸짖었다.

"무엄하구나. 도끼를 받아라!"

그러자 도끼가 탑신 속에 박혔다. 탑을 해체하고 남연군 시신을 그 밑에 묻었다. 하지만 안심이 되지 않았다. 누군가 몰래 파묘破墓할 수도 있었다. 관 위에 수만 근의 쇳덩이를 녹여 붓고 그 위에 흙을 비벼서 다졌다. 사람들은 남연군의 묘가 꿩이 엎드려 있는 형국의 복치형伏雉形으로 천하 명당이라며 감탄했다.

그로부터 7년 후 흥선군이 사내아이를 얻었다. 훗날 고종이었다. 고종이 왕이 된 후 왕실에서 가야사가 있던 음지에 보덕사報德寺를 지었다. 절은 웅장하고 단청이 화려했다.

흥선대원군이 예견한대로 고종 5년(1868) 독일 상인 오페르트 일당들이 숨어들어와 남연군의 무덤을 파헤쳤다. 두 번에 걸쳐 통상요구를 했지만 거절당한 오페르트 일당은 구만포九萬浦에 몰래 상륙해서 덕산군청을 습격했다. 그리고 곧장 덕산으로 올라가 남연군의 무덤을 파헤쳤다. 왕의 조부 묘를 도굴하여 시신을 미끼로 통상조약을 체결하려 했다. 하지만 남연군의 유택은 강철보다 단단했다. 결국 날이 밝아오고 그들은 도망쳐야 했다. 대원군은 이 사건 이후 나라 문을 더 굳게 걸어 잠궜다. 망국을 불러오는 쇄국정책이었다.

고종이 왕위에 오른 후 남연군의 묘를 둘러싼 여러 가지 설들이 떠돌았다. 터무니없는 얘기들도 많았다. 물론 대원군과 고종의 파란만장한 삶이 '가야산 명당 훼손'과 무관할 수도 있다. 하지만 천년고찰을 없애고 왕기王氣를 흡입했던 불경한 사실은 백성들이 나라의 길흉과 연관시킬 만했다.

조선은 속절없이 가라앉고 있었다. 꿈에 나타나 형제들을 꾸짖던 탑신이 도끼를 받아들인 것은 결국 왕족의 탐욕을 막아낼 수 없는 한계였다. 그 한계는 아주 작아진 불교의 한계이기도 했다. 왕실은 절을 없애고 후환이 두려워 다시 절을 짓고 승려들에게 절을 하도록 했다.

'덕산德山(충남 예산군) 상왕산象王山에 있는 일명 '가야산 보덕사'를 생왕산生王山 보덕사로 고쳤다. 새로 터를 잡아 새 절을 짓고 옛 절터에는 남연군의 묘를 면례緬禮(이장)한 뒤 벽담대사가 남연군의 묘를 수호하게 했다. 스님에게는 '수호일품대승守護一品大僧'이라는 품계를 주었다. 벽담대사가 입적한 후에는 스님의 제자들이 수호하였다.'(《동사열전東師列傳》 '벽담선백전碧潭禪伯傳')

용성이 태어난 조선 말기의 불교는 이렇듯 남루했다. 흥선군의 아들이 왕에 오른 다음 해에 용성은 세상에 나왔다. 나라와 불교가 모두 쇠약했다.

왜 고기를
놓아주느냐

죽림촌 백남현의 아들은 탯줄을 끊어도 울지 않았다. 또 어머니 품에 안겨서도 울지 않았다. 마을 사람들은 울지 않는 아이를 신기하게 바라봤다. 그러다가 생선 같이 비린 것이 곁에 있으면 크게 울었다. 또 시끄러운 소리가 들리면 얼굴을 찡그렸다. 아주 어렸을 때부터 비린내와 고기 냄새를 싫어했다.

여섯 살 때였다. 아버지를 따라 백운천에 낚시를 하러 갔다. 아버지는 연신 물고기를 낚아 어망 속에 집어넣었다. 어망 속 물고기는 퍼덕거리다가 입을 하늘로 쳐들고 뻐끔거렸다. 흡사 살려 달라 애원하는 것처럼 보였다. 상규는 고기를 모두 놓아주었다. 아버지는 놀라서 아들을 바라봤다.

"상규야, 왜 고기를 놓아주느냐?"

"아버지, 고기가 저를 보고 살려 달라고 했어요."

아버지는 아무 말도 하지 않았다.

한번은 봄날 어머니를 따라 장안산에 올랐다. 어머니가 막 고사리 하나를 꺾었다. 이를 보고 있던 상규가 갑자기 큰 소리로 울었다. 어머니가 왜 우느냐고 물었다.

"고사리 손을 그렇게 꺾으면 어떡해요. 얼마나 아프겠어요. 제발 그만 꺾어요."

어머니는 결국 빈 바구니로 산을 내려왔다. 상규의 손을 잡고 돌아오면서 어머니는 새삼 아들의 얼굴을 몇 번이나 들여다봤다.

'이놈이 무엇이 되려는가.'

또 집안 머슴의 동생이 전염병에 걸렸다. 사람들이 그를 마을에서 떨어진 토굴에 가두고 아무도 돌보지 않았다. 머슴의 동생은 굶주림과 추위에 떨었다. 이를 전해들은 상규가 토굴에 양식과 옷가지를 넣어주었다.

"내가 왔다는 말을 하지 마시게."

그런 선행은 마을 사람들 입에서 입으로 퍼졌고, 다시 부모 귀에 들어갔다. 부모는 속으로 태몽을 떠올렸다. 아버지는 애써 머리를 흔들었지만 그럴수록 더 생생하게 떠올랐다.

'저놈의 행위는 유가의 인(仁)일 거야.'

아버지는 상념에 잠기는 일이 잦아졌다. 상규의 태몽이 범상치 않았지만 결코 반갑지 않았다. 유교 집안의 장남을 불가로 보낸다는 것은 있을 수 없는 일이었다. 백씨 집안은 인근에서 인정하는 양반 집안이었다. 훗날 3·1혁명으로 옥에 있을 때 작성한 수감카드에도 백상규의 신분이 '양반'으로 기재되어 있다. 이렇듯 탄생 이전부터 불연에 닿아 있었지만 아버지는 아들을 불가에 넘기고 싶지 않았다. 아들의 승복 입은 모습은 상상만 해도 두려웠다.

상규는 유교 경전을 읽으며 자랐다. 다섯 살 무렵부터 아버지는 아들에게 《천자문》《동몽선습》《소학》《사기》 등을 가르쳤다. 상규는 총명했다. 이듬해 번암서당에 들어가 사서삼경을 배웠다.

아홉 살 여름이었다. 학동들의 글 읽는 소리에 매미 울음이 섞였다. 서당 훈장이 큰 기침을 했다. 학동들이 스승을 바라보자 훈장은 부채를 들어 흔들었다. 그리고 '합죽선合竹扇'이란 시제를 내리고 글을 지으라 했다.

모두 시를 지어 바쳤다. 학동들의 시를 읽던 훈장이 어느 순간 눈을 떼지 못했다. 바로 백상규의 시였다.

합죽선 부채를 크게 흔들어서
동정호 바람을 빌려오리라

大撓合竹扇
借來洞庭風

"동정호 바람을 빌려온다는 발상이 놀랍구나. 누구한테서 따로 배웠더냐?"
"진외塵外의 옛 책을 보고 흉내를 내봤습니다."
"천하제일의 호수를 붓으로 끌어오다니……"
훈장은 상규의 맑은 얼굴을 한참이나 바라보았다.
'어린 네가 벌써 속세를 벗어난 진외의 글을 보다니……'
훈장은 다른 아이들과 확실히 다름을 느꼈다. 상규는 공부도 공부지만 속세의 번잡함을 싫어했다. 상규는 또래의 아이들이 꽃을 꺾어 들고 다니자 이런 시를 지었다.

꽃을 꺾는 손길마다
춘심이 움직이네
摘花手裏動春心

어른들은 영특함에 혀를 내둘렀다. 상규의 특출함은 원근에 알려졌다. 그럼에도 상규는 이를 자랑하지 않았다. 조금도 내색하지 않았다. 조용히 책에 묻혀서 지냈다.
상규가 유년시절을 보내고 있던 시기에 조선은 나라 안팎이

요동을 쳤다. 고종이 즉위하고 모든 권력은 아버지 흥선대원군이 장악했다. 대원군은 세도정치를 청산하고 왕권 강화를 모색했다. 이때 조선의 바다는 강대국들의 통상 압박으로 긴장의 파고가 높았다. 끊임없이 찾아와 나라 문을 열라고 외쳤다. 하지만 대원군은 쇄국정책을 펴면서 이들의 요구를 묵살했다. 그러자 병인양요와 신미양요가 일어났다.

조선 정부가 유림들 주장을 받아들여 천주교를 탄압했다. 프랑스 선교사 아홉 명과 천주교 신도 8,000명을 살해하는 병인박해사건이 일어났다. 절두산切頭山의 처형으로 한강이 붉게 물들었다. 1866년 10월 프랑스 함대가 강화도로 쳐들어왔다. 아홉 명의 선교사가 죽었으니 9,000명의 조선인을 죽이겠다고 했다. 이른바 병인양요이다. 프랑스 함대는 강화도에 상륙하여 조선군과 치열한 총격전을 벌였다. 하지만 어둠을 틈타 정족산성에 들어간 조선군의 급습을 견디지 못하고 물러갔다.

5년 후인 1871년 신미양요가 일어났다. 이번에는 상대가 미국이었다. 통상을 요구하던 미국 상선이 대동강에서 조선군의 공격에 불타버렸다. 이에 미국 함대가 강화도로 침입했다. 조선군은 이에 맞서 격렬히 저항했지만 막강한 미국의 화력에 300여 명이 전사했다. 미국은 전투에서 이겼지만 더 이상의 확전은 원치 않았다. 이내 물러났다.

두 차례의 전투에서 서양 함대를 물리친 대원군은 나라 문을 더욱 굳게 잠그고 전국 곳곳에 척화비斥和碑를 세웠다.

서양 오랑캐가 침범하는데
싸우지 않으면 화친하는 것이요,
화친을 주장하는 것은 나라를 팔아먹는 것이다.
洋夷侵犯 非戰則和 主和賣國

그러나 조선은 다시 권력투쟁의 소용돌이에 빠져들었다. 흥선대원군과 명성왕후의 갈등은 결국 외세를 경쟁적으로 끌어들이는 최악의 국면으로 치달았다. 이때 조선을 노려보는 나라가 있었다. 가장 가까운 일본이었다. 일본은 정한론征韓論을 내세우며 치밀하게 조선 진출을 탐색하고 있었다.

조선이 내부에서 권력투쟁을 벌이자 곧바로 군함을 보냈다. 역시 강화도 앞바다였다. 근대식 증기군함은 식수를 구한다는 구실로 선원 수십 명을 강화도에 상륙시켰다. 강화도 조선 수비대가 당연히 방어사격을 가했다. 일본은 이를 트집 잡아 함포사격을 가하며 교전을 벌였다. 기획 도발이었다. 일본은 각본대로 이를 빌미로 협상을 요구했다. 결국 1876년 2월 한반도 역사상 처음으로 국제조약을 맺었으니 바로 강화도조약이라 불리는 병자수호조약이었다.

결국 조선은 나라 문을 열었다. 이에 열강들의 배가 탐욕을 잔뜩 싣고 속속 입항했다. 용성의 글 읽는 소리가 죽림리 대나무를 흔들 때의 일이다. 용성이 온몸을 던져 평생 저항해야 했던 무리가 조선으로 들어오기 시작했다. 상규는 까맣게 모르고 그저 책속에서 인간의 도리를 깨치고 있었다.

꿈속의
부처님

상규가 꿈을 꾸었다. 14세 소년의 꿈속으로 부처님이 들어오셨
다. 붉은 수탉 수십 마리가 머리를 치켜들고 울었다. 울음소리
가 우렁찼다. 해와 달이 밝으니 환희심이 가득했다. 홀연 남쪽
을 향해 걸었다. 산 하나가 우뚝 솟아 있었다. 산세가 수려했다.
산 속으로 들어가니 암자가 나타나고 법당에는 여러 부처님이
앉아 있었다. 그중 가장 왼편에 모셔진 부처님이 상규를 불렀
다. 다가가자 금빛 손을 들어 상규의 정수리를 만졌다. 오른손
을 끌어 손바닥에 글자를 써주었다.

'따'

그리고 큰 소리로 말했다.

"너에게 당부하나니 명심하고 잊지 말라."

꿈에서 깨었지만 상규는 부처님이 써준 글자와 말씀이 선명했다.

'부처님이 왜 '입 이叭' 자를 써주셨을까.'

상규는 꿈에 본 산과 암자를 찾아가보고 싶었다.

그러던 어느 날 집을 나섰다. 채 어둠이 빠지지 않은 새벽녘이었다. 이상하게 누군가 길 안내를 하는 것처럼 느껴졌다. 걷다보니 초행이지만 길이 무척 낯익었다. 얼마나 걸었을까. 이윽고 지리산 교룡산성蛟龍山城 덕밀암德密庵이 나타났다. 암자에 들어서서 법당 문을 열었다. 순간 상규는 깜짝 놀랐다. 바로 꿈에 본 부처님이 앉아계셨다. 놀라서 어찌할 바를 모르고 법당을 뛰쳐나왔다. 그때 한 노승이 상규에게 다가왔다.

"백씨 학동이 아닌가?"

"그렇소만 저를 어찌 아신단 말이오. 저는 뵌 적이 없습니다."

"물론 그럴 것이네. 나는 이곳 은적당隱寂堂에 숨어 지내는 늙은이오. 혜월慧月이라 부른다네. 내가 어제 밤 기이한 꿈을 꾸었소. 부처님께서 수법授法 제자들을 데리고 나타나셨는데 가섭 존자부터 환성지안조사까지 거느리고 오셨다네. 그런데 한 동자승이 환성지안조사의 손을 잡고 따라오는 거야. 이상한 것은 동자승이 지엄한 고승 지안조사에게 말을 놓으며 '그대는 나의 전신前身이요, 나는 그대의 후신後身'이라고 하더구만. 그리고 누군가 동자승이 백씨라고 나에게 알려주었어. 하도 신기해서 이 늙은이가 얘기를 더 듣고 싶어 귀를 기울이는데 갑자기 범종이 우렁차게 울리더라고. 그만 잠이 깨어 일어나보니 방 안에 향기가 진동하였네."

혜월은 종일 소년을 기다리고 있었고, 상규가 나타나자 꿈에 보았던 백씨 동자승임을 대번에 알아봤다고 했다. 상규는 노승의 얘기가 터무니없게 들리지 않았다. 자신에게 엄청난 일들이 일어나고 있음을 알았다. 거역할 수 없는 것들이었다. 그리고 중요한 것은 그런 것들이 싫지 않음이었다.

날이 어두워 상규는 덕밀암 요사채에서 하룻밤을 보냈다. 상규는 덕밀암에서 벌어지고 있는 일들을 하나씩 떠올려 보았다.

'어떻게 꿈속의 부처님이 실제로 나타날 수 있을까. 왜 스님의 꿈속에 내가 나타났을까. 꿈에서 깨어보니 정말 향기가 진동했을까.'

떠올릴수록 기이했다.

상규에게는 하늘이 무너지는 일이 생겼다. 어머니가 누이동생을 낳고는 홀연 세상을 떠났다. 사랑하는 사람을 떠나보내는 것, 그보다 슬픈 일은 없었다. 누구나 언젠가는 죽는다는 것은 당연한 듯했지만 땅이 꺼지는 충격이었다. 그럴수록 덕밀암이 생각났다. 속세를 떠나고 싶었다. 서당 공부도 시들해졌다. 덕밀암에서 다른 공부를 해보고 싶었다. 어느 봄날 상규는 출가시를 지었다.

전생의 일을 잊지 아니하고
꿈에서 부처님이 수기하셨도다
덕밀암으로 출가하니
그 부처님이 꿈에 친견한 부처님이로다
不忘前世事 夢中佛授記
出家德密庵 其佛親夢佛

상규는 새벽에 집을 나섰다. 아버지에게 편지 한 장을 남기고 걸음을 재촉했다. 고갯마루에서 자신이 빠져나온 마을을 돌아봤다. 모든 것이 있는데 어머니만 없었다. 그렇게 서둘렀지만 상규는 오후 늦게서야 교룡산성 홍예문을 지날 수 있었다.

교룡산성 덕밀암은 동학東學을 창도한 수운水雲 최제우崔濟愚(1824~1864)가 은거했던 곳이다. 최제우는 경주 양반 집안 출신으로 첫 이름이 복술福述이었다. 아버지를 여의고 가세가 기울자 장사를 시작했다. 떠돌아 다녀보니 인심은 각박하고 세상은 어지러웠다. 이는 천명天命을 어겼기 때문이라 여겼다. 서른이 넘어서 유랑생활을 청산하고 구도의 길에 들어섰다. 그것은 천명을 찾는 일이었다. 정진을 거듭하여 1860년 도를 깨쳤다. 동학이 모습을 드러낸 것이다.

동학은 당시 천주교를 중심으로 하는 서양의 서학西學에 맞선다는 의미였다. 최제우는 천주 앞에 모든 사람이 평등하다고 설파했다. 굶주림과 질병으로 고통받는 백성들은 환호했다. 하지만 조정에서는 불온한 시선으로 바라보며 어떻게든 꼬투리를 잡으려 했다. 수운은 1861년 2월 그믐에 전라도로 건너와 교룡산성에 숨어들었다. 그런 수운을 은적당에 숨겨준 이가 있었다. 바로 승려 혜월이었다.

최제우는 1862년 3월까지 남원의 은적암에서 동학사상을 정리했다. 동학의 경전이나 다름없는 《동경대전東經大典》을 지었다. 모든 사람의 마음속에 천주가 있다는 '시천주侍天主 사상'을 정립했다. 그리고 다시 세상 속으로 들어갔다. 시간이 지날수록 교세가 확장되자 조정에서 동학 교조 최제우를 잡아들이라 명했다. 그리고 사도邪道로 정학正學을 어지럽혔다는 이유로 참수했다.

'최복술崔福述(최제우)이 그들의 두목이라는 것은 자기 자백과 사실 조사를 통한 단안斷案이 있으니 해당 도신道臣에게 군사와 백성들을 많이 모아놓은 가운데 효수梟首하여 뭇사람들을 경각시킬 것입니다. (…) 정학이 밝아지지 못하고 사설邪說이 횡행하므로 혼란을 좋아하고 재화災禍를 즐기는 무리들이 거짓말과 헛소문을 퍼뜨려 점점 젖어들고 익숙하게 하여 결국 이 지경에까지 이르렀습니다.'(《고종실록》 1864년 3월 2일)

최제우의 사상은 2대 교주 최시형崔時亨(1827~1898)의 '사람을 하늘처럼 섬긴다'는 사인여천事人如天, 3대 교주 손병희의 '사람이 곧 하늘이다'는 인내천人乃天 사상으로 이어졌다.

1894년에 농민혁명이 일어나 동학은 들불처럼 번졌다. 하지만 농민전쟁이 진화된 후에는 동학 또한 큰 타격을 입었다. 민초들 사이에서 겨우 명맥을 유지하다 1897년 손병희가 3대 교주에 오르며 부활했고, 1905년 천도교天道敎로 이름을 바꿨다.

백상규가 태어난 해에 최제우는 죽임을 당했다. 그로부터 16년 후에 상규는 덕밀암의 산문을 넘어왔다. 은적당에는 아직 혜월 스님이 머물고 있었다. 혜월의 여생은 은적당에 묶여 있었다. 동학교주 수운을 숨겨준 죄로 산문 출입을 할 수 없었기 때문이었다. 교룡산성이 유배지나 다름없는 반 귀양살이였다. 승적 또한 박탈당했다.

백상규는 훗날 최제우 사상을 이어받은 손병희와 교유交遊하고 3·1혁명 민족대표 33인에 나란히 이름을 올렸다. 손병희는 천도교, 백상규는 불교계 대표였다. 남원 지리산 교룡산성은 민족정신이 깨어난 성소聖所였다. 손병희와 백상규는 교룡산성 덕밀암에서 이미 인연을 맺고 있었다.

나는
너를 안다

상규는 은적당에서 혜월 스님에게 절을 올렸다. 혜월이 웃었다. 네가 다시 올 줄 알고 있었다는 듯 미소가 따뜻했다.

혜월의 보살핌은 깊었다. 상규에게 《대방광불화엄경大方廣佛華嚴經》〈보현행원품普賢行願品〉을 읽으라 했다. 공부의 맛이 달랐다. 모르면 혜월에게 달려갔다. 상규에게는 전혀 다른 아침 해가 솟아났다.

속가의 아버지는 달랐다. 상규가 없는 집안은 찬바람만 불어왔다. 막 떠오르는 아침 해마저 창백하기 그지없었다. 상규를 그냥 둘 수 없었다. 앞길이 구만리 같은 아들이 적막과 허무를 심는 불교에 입문하겠다니 기가 막혔다. 문중에도 낯을 들 수 없는 일이었다.

세인들이 볼 때 상규의 집안은 번듯했다. 바로 고려 말 충신 백장白莊(1342~1415)의 후손이었다. 상규는 백장의 20세손이었다. 백장은 공민왕 때 대제학을 지냈다. 고려가 망하자 홀연 강원도 치악산으로 떠났다. 그러자 그를 보러 선비들이 구름처럼 몰려들었다. 이성계가 벼슬길에 오를 것을 강권했지만 이를 거절했다. 체면을 구긴 이성계는 백장을 유배 보냈다.

그 후 태종이 다시 이조판서 등에 제수했지만 이 또한 간단히 거절해버렸다. 다시 유배를 택했다. 그 유배지가 바로 전라도 장수현이었다. 백장은 장수현 장계長溪에 청심정清心亭을 짓고 후학을 양성했다. 훗날 조선의 명재상으로 이름을 높인 황희黃喜도 당시 근처에 유배를 왔다. 그는 아침저녁으로 백장에게 문안 인사를 드렸다고 한다. 백장은 '동방의 백이伯夷'로 추앙받았고, '백충신묘白忠信墓'로 불리는 유택은 장수군 호덕동에 있다.

그런 후손의 자부심이 하늘처럼 높았건만 아들은 비천한 중이 되겠다고 했다. 비범하여 나라의 동량이 되리라 여겼던 아들이 길 위를 떠돌며 빌어먹는 중이 되겠다니 참담하기만 했다. 덕밀암으로 사람을 보내도 아들은 오지 않았다. 아버지가 직접 덕밀암으로 찾아갔다. 그럼에도 아버지는 찔리는 데가 있었다. 바로 태몽이었다. 그리고 본처를 잃고 새로 맞은 후처의 성정性情이었다.

후처는 찬 사람이었다. 상규를 함부로 대했다. 어머니의 죽음을 받아들일 수 없었던 아들은 조그만 일에도 상처를 받았다. 상규는 새어머니에게서 포근함이란 찾아볼 수 없었다. 후처로서도 돌아서면 풀이 자라고 일어서면 일이 기다리는 농촌에서 글을 읽고 사색하는 전처의 아들이 좋게 보일 리가 없었을 것이다. 상규의 방황은 끝이 보이지 않았다. 마음 둘 데가 없었다. 집에 들어가면 계모의 학대가 기다리고 있고, 서당에서 배우는 것들은 속세에 질려버린 상규의 마음을 잡아주지 못했다.

"용성 스님이 출가하기 전 계모의 학대와 구박을 많이 받았다는 촌노들의 증언이다." (윤효암,《불교신문》)

아버지는 해가 저물어서야 덕밀암에 도착했다. 아들은 등잔불 아래서 글을 읽고 있었다. 그날 밤 부자가 작은 방에서 한 이불을 덮었다.

"무슨 책을 읽고 있었느냐."

"공맹孔孟은 아닙니다."

아버지는 다시 부처가 나타났던 꿈이 생각났다. 같은 꿈을 꾸었던 부인은 세상에 없었다. 아버지는 봄밤이 아팠다. 소쩍새가 울었다.

"공맹이 아니라면 허무와 적멸을 뒤적이는 불경이란 말이더냐."

아들은 아무 말이 없었다.

"아직도 어미를 떠나보내지 못했더냐."

아들은 또 말이 없었다.

"날이 밝으면 떠나자."

그래도 아들은 말이 없었다.

다음날 부자는 새벽에 길을 나섰다. 혜월은 염주를 굴리며 그 뒤를 지켜보고 있었다.

"나무관세음보살!"

집으로 돌아왔지만 예전의 상규가 아니었다. 무슨 일이 생겨도 뒷전에서 어물거렸고, 또래들과도 어울리지 않았다. 세상일은 도무지 흥미가 없어 보였다. 새어머니와 사이는 더욱 틀어졌다. 그때 상규 머릿속을 맴도는 시 한 편이 있었다. 어느 날 마을 선비에게서 들은 후로 상규 가슴에 박혀있었다.

들으니 어떤 서역승西域僧이 태백산에 있는데
아란야는 하늘에서 삼백 자 떨어져 있구나
이 스님의 나이를 어떻게 알 것인가
손수 심은 푸른 솔이 이제 열 아름 되었구나
聞爾胡僧在太白 蘭若去天三百尺
此僧年紀那得知 手植青松今十圍

상규는 속세를 떠나고 싶었다. 훗날 상규는 출가의 심경을 이 시와 관련지어 이렇게 술회했다. 1936년 《삼천리》에 실은 〈나의 참회록〉이라는 제목의 기고문이다.

'이 글귀는 20년 후의 내 흉금에 지극히 힘찬 자극을 주고도 남음이 있었다. 삭발한 승려가 되어 입산수도하기로 결심을 하고 출가하던 때의 나는 이 글귀를 무한히 즐겨하였다. 하루에도 몇 번 입속으로 외워보기도 하였었다. 그러나 냉정히 말하면 '手植靑松今十圍(손수 심은 푸른 솔 이제 열 아름 되었구나)'의 신념을 굳게 먹고 불도의 길로 나섰다기보다도 솔직한 고백으로 말한다면 어린 시절의 내 가정에 대해서 나는 정신적으로 적지 않은 불만을 품고 있었기 때문이었다. 그것은 나이 어린 나에게 닥쳐오는 계모의 지나친 학대였다. 계모의 학대는 스무 살 전후의 철없는 나로 하여금 포근한 가정을 뛰쳐나가게 하고야 말았었다.'

1879년 봄, 밤이 제법 깊었다. 상규는 아버지 앞에 무릎을 꿇었다.

"아버님, 아무래도 집을 나가야겠습니다."

아버지는 말이 없었다. 멀리서 소쩍새가 울었다. 이윽고 아버지가 입을 열었다.

"그래, 어디로 가려는 것이냐."

"우선 덕밀암으로 혜월 스님을 찾아갈까 합니다."

"언제 떠날 셈이냐?"

"내일 아침 일찍 나서려 합니다."

"나는 너를 안다. 그래서 잠을 수가 없구나."

상규가 큰절을 올렸다. 일어서서 안방 문을 열고 나왔다. 문이 채 닫히기 전에 아버지의 한숨소리가 새어 나왔다. 상규는 문을 닫고 한참을 문 앞에 서있었다.

그날 밤 상규는 잠을 이룰 수 없었다. 간간이 뒷산 대숲이 울었다. 아침 일찍 일어나 행장을 꾸렸다. 마을 골목길은 어둠이 채 빠지지 않았다. 마을 끝 정자나무 밑에 이르자 키 큰 사람이 서있었다. 아버지였다. 다시 땅바닥에서 큰절을 올렸다. 아버지가 상규를 일으켜 세웠다.

"어서 가거라."

부자는 그렇게 헤어졌다. 상규 나이 열여섯이었다.

교룡산성 덕밀암에는 여전히 혜월 스님이 있었다. 2년이 흘렀지만 스님의 모습은 변함이 없었다. 용성만이 훌쩍 커버렸다.

"이제 대장부 풍모로구나. 그래 아버지께서 속세의 끈을 풀어주었나 보군. 진짜 출격대장부가 돼야지."

혜월은 상규의 법호를 용성龍城으로 지어 내렸다. 용성은 남원 고을의 옛 이름이었다. 어쩌면 상규가 꿈에 본 교룡산성을 '용성'으로 줄였는지도 모른다. 또 혜월이 범종소리가 진동하는 바람에 꿈에서 깨어났음을 예사롭지 않게 여겨 법명을 진종震鐘으로 하라 일렀다. 어느 날 용성이 혜월 앞에 무릎을 꿇었다.

"스님 삭발을 해주십시오."

혜월은 선뜻 답을 안 했다. 뜻밖이었다. 용성을 한참 동안 바라만 보고 있었다.

"나는 네 머리를 깎아 줄 수 없다. 천도교 수운 교조를 접촉했다는 이유로 체탈도첩을 당한 것을 알고 있지 않느냐. 저들의 처사가 부당하다 해도 무적승無籍僧이 제자를 둘 수는 없다. 번듯한 화상에게 계를 받고 득도해야지. 또 번듯한 절에서 공부도 하고. 너는 해인사로 가거라."

다음 날 혜월은 용성에게 편지를 내밀었다.

"화월華月 스님을 찾거라. 내 사제이다. 이 편지를 보여주거라."

용성이 해인사를 찾아갔다. 해인사는 들어가는 길부터 범상치 않았다. 산속인 듯했지만 산길은 끝없이 이어졌다. 초여름 가야산은 마냥 싱그러웠다. 홍류동 계곡의 물이 바위에 부딪히며 솟아올랐다. 우렁찬 소리도 함께 튀어 올랐다. 흡사 용성에게 어서 오라고 노래하는 것 같고, 또 한편으로는 왜 오느냐고 호통을 치는 것 같았다. 기기묘묘한 암석이 즐비하고, 느닷없이 절벽이 나타났다. 또 거대한 노송이 용성을 굽어보고 있었다. 한참을 걸어가다 보니 일주문이 나타났다.

'伽倻山海印寺가야산해인사'

용성은 지금껏 덜렁 홀로 서있는 대문을 본 적이 없었다. 게다가 그 크기가 엄청났고, 글씨 또한 예사롭지 않아 보였다. 일주문을 지나려니 괜히 주눅이 들었다.

해인사는 하나의 세상이었다. 모든 것이 크고 듬직했다. 스님들 또한 늠름해 보였다. 대적광전大寂光殿에 들어가 부처님께 절을 올렸다. 비로소 팔만대장경이 모셔져 있는 법보종찰法寶宗刹에 왔다는 실감이 났다. 대장경판전 앞에서는 절로 고개가 숙여졌다. 말로만 듣던 팔만대장경. 용성은 대장경이 새겨진 경판 하나하나를 살펴보며 새삼 불교의 힘을 느꼈다. 경판들이 가부좌를 틀고 정진하는 것처럼 보였다. 장경각藏經閣 안의 침묵이 그렇게 좋았다.

극락암에 있는 화월 스님을 찾아가 인사를 드렸다. 혜월의 편지를 읽은 화월은 환하게 웃으며 용성을 바라봤다.

"사형이 물건을 하나 보냈구나."

용성은 해인사 극락암에서 삭발을 했다. 용성은 다시는 속가에 가지 않았다. 그렇게 극락암 암주 화월을 은사로 득도得度했다.

龍城

제4장

고기잡이 배는 어디로 갔는가

마군은 강하고
법은 약하다

해인사에서 사미승으로 몇 달을 보냈다. 화월은 용성을 의성 등운산 고운사孤雲寺로 보냈다. 고운사는 신라 신문왕 때 의상 대사義湘大師가 창건했다. 풍수지리사상을 주창한 도선국사道詵國師(827~898)가 가람을 크게 일으켰다. 당시 다섯 개의 법당에 열 개의 요사채가 있었다고 전해진다.

고운사에는 주력呪力 수행으로 깨달음을 얻은 수월영민水月永旻(1817~1893) 스님이 주석하고 있었다. 수월은 10년간의 면벽수행 이후에도 제방에서 계속 정진했다. 학덕이 높아 유생들이 고개를 숙였다. 승려가 천대받던 시절임에도 벼슬아치들이 예물을 바치며 발밑에 엎드렸다. 몸 어디에도 욕심이 붙어있지 않았다. 새들이 날아들어 발등과 머리, 어깨에 앉아 노닐었다고 전해진다. 천수다라니 수행을 통해 생전에 아홉 차례에 걸쳐 눈과 이에서 64과의 사리가 나왔다. 제자들이 생사리를 봉안하고자 사리탑을 세우려 했다. 스님은 이를 일축하며 크게 꾸짖었다.

"사리는 누구에게나 본래 있는 것이다. 특별하지 않으니 앞으로는 누구도 일체 거론하지 말라."

수월은 주력 수행을 강조했다. 무슨 공부든지 일념으로 하라 이르고 천수다라니만으로도 도를 이룰 수 있다고 말했다. 수월은 제자들에게 쉬지 말고 정진하라 일렀다.

"생사生死가 가장 큰일인데 어찌 촌음寸陰을 아끼지 않는가?"

생사의 굴레를 벗어버린 스님답게 죽음을 의연하게 불러들였다. 입적이 다가오자 제자들에게 당부했다.

"소리 내어 울지 마라. 빈소를 차리지 말라."

화월은 용성을 수월에게 보내며 주력 수행을 제대로 해보라고 당부했다. 용성이 예순세 살 수월 앞에 엎드렸다. 들은 대로 수월은 고승이었다. 표정은 온화했고 미소는 그윽했다. 그러면서도 범접하기 어려운 위엄이 서려있었다. 절을 마친 열여섯 살 용성이 물었다.

"나고 죽음이 큰일인데, 무상無常은 신속하기만 합니다. 어찌해야 생전에 견성할 수 있습니까?"

수월이 막 고개를 든 용성의 얼굴을 봤다. 얼굴이 맑았다. 평소 '생사가 가장 큰일인데 어찌 촌음을 아끼지 않느냐'고 대중을 다그쳤는데 앳된 사미승이 노승의 사자후를 찔렀다.

"글을 아는가?"

"속가에서 조금 배웠습니다."

"경經을 읽으면 좋겠으나 우선 숙세宿世의 업장業障부터 없애야 할 것이야."

"그렇다면 어찌해야 하는지요?"

수월이 게송을 읊었다.

성인이 가신 지 오래되어 마군은 강하고 법은 약하네
지난 세상 업장이 무겁고 선은 약해 이를 물리치기 어려우니
삼보전에 예경을 정성스레 하고 부지런히 대비주를 염송하면
자연히 업장이 소멸되고 마음광명을 뚫어 통하리라
去聖時遙 魔强法弱 宿業障重 善弱難排
誠禮三寶 勤誦大悲呪 自然業障消滅 心光透漏

근송대비주勤誦大悲呪. 수월 스님은 '부지런히 〈신묘장구대다라니神妙章句大陀羅尼〉를 염송하라'고 했다. 악업을 금하고

《오도의 진리》는
용성이 대각교 수행의 요체와
사상적 지향점을 자문자답 형식으로
설명한 소책자이다.
일반 대중들에게 본성, 각, 대원
각성, 수행 방법 등을
다양한 비유를 통해 설명한 것이 특징이다.
1937년 6월 9일 삼장역회에서 펴냈다.

탐욕, 노여움, 어리석음의 세 가지 독을 가라앉혀 깨달음에 다
다르게 해줄 것을 기원하는 진언이다. 가장 효율적인 업장소
멸의 방편으로 알려졌다. 전생에 쌓인 업장은 용성 자신도 알
수 없는 것 아닌가. 수월은 '마군은 강하고 법은 약한 시대'의
업장을 소멸시키라고 일렀다. 용성은 '천수진언千手眞言'과 '옴
마니반메훔' 육자주六字呪를 밤낮으로 염송했다. 용성은 훗날
《오도의 진리》에서 주력 수행에 대해 이렇게 설명했다.

'관세음보살 육자대명왕진언이 옴마니반메훔이다. 이 주력을
지극한 마음으로 행주좌와에 끊임없이 외워라. 처음에는 소리
를 내어 외우되 글자 글자를 역력하고 분명하게 하여 자기 귀
에 낱낱이 들리도록 10만 편을 외워라. 그 다음에는 입도 움직
이지 않고 다만 마음만으로 10만 편을 외워라. 또 그 다음에는

마음도 움직이지 말고 오직 옴마나반메훔만을 관하여 외워라. 다만 옴 자나 훔 자나 한 글자만 관하는 것도 좋을 것이다.'

그렇게 9개월이 지났다. 어느 날 고운사로 혜월이 편지를 보내왔다. 스님은 제자가 주력 수행에 전념하고 있음을 알고 새로운 수행처를 알려주었다. 바로 양주 고령산 보광사普光寺였다. 보광사 도솔암은 '수도의 인연지지因緣之地'라며 그곳에서 제대로 수행을 해보라고 권했다.

보광사는 도선국사가 지은 비보사찰裨補寺刹이었다. 조선조에는 영조의 생모 숙빈 최씨의 능침사찰로 우뚝 솟았다가 임진왜란으로 폐허가 되었다. 다시 조선말 대원군, 고종과 명성왕후 등 왕실의 원당이 되어 사세를 떨쳤다. 환공치조幻空治兆(?~1870) 스님이 보광거사 유운劉雲(1821~1884) 등 신도 수십 명과 함께 정원사淨願社를 결사하여 30여 년 동안 극락왕생을 기원하며 수행했다.

보광사 염불당에서는 염불 소리가 끊이지 않았다. 조선 후기에는 어느 사찰이든 염불당을 두었다. 미타신앙이 널리 퍼져 만일회를 결성하여 염불법회도 성행했다. 이곳 보광사에서 1896년에 추파서장秋波瑞璋 스님이 상궁 천씨의 후원으로 20년간 미타회를 전개한 것도 이와 무관치 않았다. 그 무렵 인파仁坡 스님이 고종의 후궁인 순빈 엄씨와 상궁들의 도움을 받아 탱화를 봉안하고 대웅전 등을 중창했다.

용성은 1882년 3월 보광사 산문을 넘었다. 도솔암은 보광사 큰절에서 산길을 타고 올라가야 했다. 홀로 주력 수행을 계속했다. 도솔암은 산신도량으로 알려져 있었다. 용성은 몸을 씻고 향을 피우며 일심정성으로 진언을 외웠다. 곁에서 이를 지켜보는 이들은 그 결기가 무서웠다. 자연 용성의 수행 소문은 아래 큰절까지 내려갔다. 하루는 인파 스님이 도솔암으로 올라왔다. 그날도 법당에서 용성은 대비심주大悲心呪를 염송하고 있었다. 인파 노스님의 얼굴에 인자한 미소가 가득 퍼졌다.

"그래 공부는 잘 되시는가?"

"행주좌와 어묵동정 간에 쉼 없이 외우고 있습니다. 오로지 마음으로 진언을 외우다보면 난심亂心이 가라앉기도 합니다."

"기특하고만. 주력 수행은 전생의 과보를 녹일 수 있지. 자력으로 마음의 힘을 기르는 것이고, 타력으로는 부처님의 가피를 입는 것이야. 난심이 없어지면 도력道力이 돋을 테니 정진을 멈추지 말게."

용성은 인파의 그윽한 눈길이 힘이 되었다. 인파는 용성을 굳게 믿고 있었다. 인파는 행적을 남기지 않았다. 그래도 이런 고승이 있어서 한국불교는 다시 일어설 수 있었다. 용성은 인파 스님을 이렇게 영찬影讚하고 있다.

자취를 털어 낼수록 흔적은 이루어지고

숨고자 할수록 더욱 드러나는구나.
솔솔 솔바람 불고
우수수 노송에 비가 내린다.

아무리 허공을 때려 부수고
흰 구름을 고함쳐 흩어지게 하더라도
역시 쓸데없는 말이고
건곤을 흔들리게 하고
몹시 가문 여름 하늘에 벼락이라도
역시 특별한 것이 아니다.

알겠는가?
악양루岳陽樓에 뱃사공이고
동정호洞庭湖의 물결이다.

이것이
무슨 물건인가

어느 봄날 도솔암에서 대비심주 기도법회가 열렸다. 용성도 참석했다. 그날따라 법회를 마쳤지만 꼼짝을 하지 못하고 있었다. 여운이 길게 남았다. 다른 사람들은 모두 빠져나가고 홀로 남았다. 용성은 일어나 법당 문을 나섰다. 그때 바로 눈앞에 호랑이가 앉아있었다. 서로 눈이 마주쳤다.

이때 상황을 동헌 스님으로부터 전해 들은 법륜 스님은 이렇게 전했다.

"선사께서 놀라 황급히 법당 안으로 들어갔다고 합니다. 실로 백척간두百尺竿頭의 상황이었지요. 그렇게 앉아있는데 그때 큰 의정疑精이 일었다고 합니다. 그리고 며칠 만에 산하대지가 무너지는 경계가 나타났다고 합니다.”

호랑이가 마음에 불을 지폈다. 그 순간 홀연 한 생각이 일었다.

‘이 천지와 세계는 무엇으로 근본이 되었는가?’

다시 의심이 들었다.

‘천지는 말할 것도 없이 내가 나를 알지 못하는데, 천지의 근본을 알려고 하는 것은 너무나 먼 일이다. 그러면 내가 보고 듣고 깨닫고 아는 것의 근본은 어떻게 된 것인가?’

그런 후 다시 한 생각이 일어났다.

‘그러한 의심은 그만두고 지금 이 생각이 어디서 일어나는가?’

이렇게 살피고 의정에 들었다. 의심이 불처럼 이글거렸다. 낮과 밤이 어떻게 지나가는지 알지 못했다. 그렇게 6일이 흘렀다. 용성은 홀연 통桶의 밑바닥이 빠지는 느낌을 받았다. 밖으로는 천지의 삼라만상이, 안으로는 몸과 분별하는 마음 전체가 본래 공하여 한 물건도 없는 것처럼 여겨졌다.

‘내게 한 물건이 있는데 위로 하늘을 버티고 아래로 땅을 고였으며 밝은 것은 일월과 같고 검기는 칠통과 같아서 항상 나의 동정動靜하는 가운데에 있으니 이것이 무슨 물건인가?’

용성은 게송을 읊었다.

오온 산중에 소를 찾는 나그네가

텅 빈 집에 홀로 앉으니 달빛이 고고하구나

모나고 둥글고 길고 짧고, 그 누가 말하는 것인가?

하나의 불덩어리가 대천세계를 태우는구나

五蘊山中尋牛客 獨坐虛堂一輪孤

方圓長短誰是道 一團火炎燒大千

대비심주에서 일어난 불덩이가 모든 것을 태웠다. 용성에게 찾아온 첫 소식이었다. 용성은 주력 수행을 중시했다. 경전이 껍데기(糠)라면 육자주는 흰 쌀알(白米)에 비유했다. 그리고 염불 수행도 강조했다. 훗날에도 자신의 수행을 후학들에게 가감 없이 전해주었다.

'선지식으로서 관세음과 화두가 둘이 아니라는 말을 하는 것은 용성 스님뿐이었다. 아무도 그런 말 하는 사람을 나는 못 보았다. 이 점에 있어 용성 스님은 사뭇 원융한 종사라는 느낌 이다. 망월사에서 천일기도를 할 때에도 그랬다. 아침에 참선하 고 공양할 때에 발우를 펴고 천수물을 돌리고 나서 대중이 일 제히 천수다라니를 세 편 외웠다.'(조용명,《불광》67호,〈노사老師 의 운수雲水 시절〉)

용성은 관세음을 부르는 사람과 삼매에 든 사람이 둘이 아 니라 하나라고 가르쳤다. 근기가 약한 사람은 당연 염불과 주력 수행에 의존해야 하지만 선 수행을 하는 납자들도 염불을 간과해서는 안 된다고 일렀다. 화두가 최상이고 염불은 열등한 것이 아니라며 선 수행만을 고집하는 납자들의 편견을 일깨워 주었다.

"관음의 묘한 힘(觀音妙智力)이 세상의 고통과 고난을 능히 구한다(能救世間苦)는 말씀을 믿어야 한다."

진언을 외는 주력 수행이나 아미타불이나 관세음보살 등을 부르는 염불 수행이나 결국 마지막은 깨달음에 닿아 있어야 했다. 진언이나 염불을 화두로 잡으면 그 또한 참선 수행과 다르지 않았다. 용성은 이렇게 말했다.

"아미타 공안을 참구하여 극락세계에 가서 부처님을 친견하고 위없는 도를 성취한다."

아미타가 바로 공안이라는 것이다. '아미타불이 무엇인고? 또 어떤 것이 아미타불인고?' 하고 의심하고 의심하면 자력과 타력이 일치하여 나아갈 수 있었다. 미타 공안을 의심하여 가면 참선과 염불이 둘이 아니고 견성성불과 왕생극락이 모두 자기 마음속에 있다는 것이다.

완전하지
않구나

용성은 자신이 얻은 한소식의 경계가 무엇인지 궁금했다. 혹시 깨달음은 아닌지 설레기도 했다. 선지식을 찾아 나섰다. 그때의 상황을 《선한문역 선문촬요》에서 이렇게 회상했다.

'거금 40년 전에 선각자를 찾아 도처에 다니니, 그 행색은 폐의걸식敝衣乞食이 나의 직분에 족한지라. 청천靑天에 나는 학과 같이 백운을 벗 삼고 사해팔방四海八方을 두루 다니니 청풍명월이 나의 집이었다.'

용성은 금강산을 찾아갔다. 금강이란 이름은 《화엄경》에 '해동에 법기보살法起菩薩이 상주하는 금강산이 있다'고 한 데서 유래했다고 한다. 금강산이야말로 이름처럼 절마다 고승이 있

《선한문역 선문촬요》는 간화선 수행에
핵심이 되는 선어록을 묶은《선문촬요》를
우리말로 번역해 펴낸 저술이다.
이 책은《선문촬요》전체를 번역하지 않고,
수행에 긴요하다고 판단한 일부 내용만을
편집하여 의역하였다. 5권 1책이며
1924년 6월 15일에 삼장역회에서 펴냈다.

으니 곧 《금강경》을 품고 있음이었다. 용성은 걷고 또 걸어서
금강산에 들었다. 몇 날을 구경하다가 문득 다시 공부해야겠다
고 마음먹었다. 용성은 표훈사表訓寺로 걸음을 옮겼다.

만폭동 어귀에 자리한 표훈사는 유점사楡岾寺, 장안사長安
寺, 신계사神溪寺와 함께 금강산 4대사찰이었다. 금강산의 1만
2천봉마다 머무는 보살들의 으뜸이 법기봉法起峯이고 그 법기
보살을 주존主尊으로 모시고 있었다. 법당 이름이 반야보전인
것도 주존인 법기보살이 늘 반야般若를 설법하기 때문에 지어
졌다고 한다. 표훈사에는 당대의 선지식 무융無融이 주석하며
후학을 가르치고 있었다.

용성이 표훈사 뜰에 들어섰다. 법기봉이 내려다보고 있었다.
칠층석탑이 단정했다. 용성은 무융 스님을 참례하고 자신의 공

부를 얘기했다.

"일러보거라."

"한순간 일념이 마치 칠통 밑이 빠져버린 듯했습니다."

무융이 열아홉 살 용성을 내려다봤다.

"일념이 마치 칠통 밑이 빠져버린 듯하다고 했느냐?"

"예."

"그렇다면 그것을 알 수 있는 놈은 무슨 물건인가?"

용성은 답을 하지 못했다. 그야말로 은산철벽銀山鐵壁이었다. 침묵이 무서웠다. 표훈사를 내려다보고 있는 법기봉이 금방이라도 무너져 내릴 듯했다. 이윽고 무융이 입을 열었다.

"완전하지 않구나."

무융은 용성이 어떤 공부를 했는지 자세하게 물었다.

"주력 수행은 전생의 업을 다스리기 위함이다."

"앞으로 어떤 공부를 해야 합니까?"

"화두를 들어라."

무융은 '조주무자趙州無字' 화두를 내렸다.

"당나라 때 한 수행승이 선사 조주趙州(778~897)에게 물었다. '개에게도 불성이 있습니까?' 하고. 그러자 조주 스님이 '없다(無)'고 했다. 수행승은 '일체중생에게는 모두 불성이 있는데 왜 개에게는 불성이 없다고 했는가'를 의심했다. 이것이 무자 화두이다. 이 의문을 타파해보거라."

용성은 화두를 받고 양주 보광사 도솔암으로 돌아왔다. 1884년 3월에 조사활구 간화선看話禪을 시작했다. 용성이 스물한 살이었다.

그해 부처님오신날에 《육조단경六祖壇經》을 손에 쥐었다. 용성은 《단경》 속으로 빨려 들어갔다. 혜능은 곁에 없지만 용성은 경經 속으로 들어가 평생 스승으로 섬겼다.

'젊은 나이에 발심하여 단포자單袍子·일납자一衲子로 청천에 뜬 학과 같이 사해팔방에 훨훨 다녔는데, 1884년 4월 8일에 경기도 양주 보광사에서 비로소 《단경》을 얻은 후로 항상 이 경으로 선생을 삼아 도를 닦아왔었다.' (용성, 《육조단경요역》)

무자 화두를 들었다. 그러나 깨달음의 길은 참으로 아득했다. 무자 화두가 무엇인가. 거대한 의심덩어리를 어찌 벗어던질 수 있는가. 망상이 자꾸 일어났다. 그래서 조용한 곳에서 화두를 드니 이번에는 수마睡魔가 슬며시 들어왔다. 다시 분주한 곳에 이르니 산란심散亂心이 일었다.

그럴수록 화두만 들었다. 어느 날은 공부가 안 된다고 조급증을 내자 육단심肉團心이 동하여 가슴이 답답하고 머리가 깨질 듯 아팠다. 그리고 코피가 쏟아졌다. 그래도 용성은 간절했다. 훗날 박산무이博山無異(1575~1630)선사의 말을 인용하여 후학들에게 부디 간절히 공부하라 이렇게 일렀다.

"공부를 하는 데 가장 요긴한 것이 이 '간절할 절切 자'이다.

간절하다는 말이 가장 힘이 있다. 간절하지 않으면 나태함이 일어나고 나태함이 생기면 제멋대로 방일하여 이르지 않는 곳이 없을 것이다. 만약 공부에 마음을 쓰는 것이 진실로 간절하다면 방일이나 나태가 어찌 부산하게 일어날 수 있겠는가. 간절하다는 말은 바로 그 자리에서 선과 악 그리고 무기無記의 삼성三性을 초월한다. 마음을 쓰는 것이 매우 간절하면 선을 생각하지도 않고, 마음을 쓰는 것이 매우 간절하면 악을 생각하지도 않으며, 마음을 쓰는 것이 매우 간절하면 무기에도 떨어지지 않는다. 화두가 간절하면 도거掉擧(들뜨고 혼란스러운 마

《용성선사어록》은 선사로서의 진면목을 확인할 수 있는 대표적인 저술이다. 대중들에게 했던 법어를 비롯해 전통적인 불교에 대한 관점, 대각교에 대한 입론, 교육과 포교 그리고 당시 사회문제에 이르기까지의 광범위한 입장을 확인할 수 있는 사상서이다. 용성의 상수제자인 동산東山이 편집하여 1941년 9월 20일 삼장역회에서 간행하였다.

음상태)도 없고 화두가 간절하면 혼침昏沈(혼미하고 침울한 마음
상태)도 없다. 간절하다는 말이 가장 친절한 글귀이다. 마음을
쓰는 것이 친절하면 틈이 없기 때문에 마귀가 침입할 수 없고,
마음을 쓰는 것이 친절하여 유무有無 등을 생각으로 헤아리지
않으니, 즉 외도에 떨어지지 않는다.”

용성은 자신의 수행 체험을 돌아보며《선가귀감》에 나온 서
산대사의 가르침을 인용하여 가르쳤다.

“굶주릴 때 밥을 생각하듯이 하고, 갈증이 날 때 물을 생각
하듯이 하며, 어린아이가 엄마를 그리워하듯이 하고, 암탉이
알을 품듯이 하며, 고양이가 쥐를 잡듯이 해서 긴장과 이완이
적절해야 한다.”

그렇다고 간절함만으로 도를 이룰 수는 없었다. '신령스런 광
명이 어둡지 않아 만고에 아름다운 법도이니, 이 문안에 들어
올 때는 지해知解를 두지 말라'고《선가귀감》에서 일렀지만 알
음알이는 끊임없이 수도승을 괴롭혔다. 용성은《용성선사어록》
에서 알음알이를 경계하는 가르침을 남겼다.

'지知, 이 한 단어가 모든 재앙의 문이라서 백천 가지로 도를
장애하는 문이 이로부터 생기는 것이다.'

모든 지식들이 도道의 길을 막고 있었다. 알음알이에서 비롯
된 보고 들은 것들과 세상의 이치들이 사량思量이라는 병이 되
었다. 조주가 말한 '무'라는 것이 자꾸 '있다 없다'로 머릿속을

어지럽혔다. 머리를 흔들어 고요에 잠기면 천 가지 생각과 만 가지 사념이 솟아났다. 그러다 지쳐 조주가 '무'라 말한 것이 과연 참구할 가치가 있는가 하며 슬며시 의심이 풀어져버리기도 했다. 또 옛 선사가 남긴 문구를 떠올리며 그 안에 기대기도 했고, 스스로 미혹하다며 부처님과 조사들의 현묘한 관문을 뚫을 수 없다고 체념을 하기도 했다.

훗날 용성은 일찍이 선사들이 일깨운 열 가지 선병禪病을 이렇게 열거했다.

'유와 무로 이해하는 것, 진무로 이해하는 것, 도리로 이해하는 것, 의근意根으로 헤아리는 것, 눈썹을 올리거나 눈을 깜박이는 곳에서 근본을 헤아리는 것, 언어로 살 궁리를 모색하는 것, 표류하다가 일없이 상자 속에 안주하는 것, 화두가 제기된 곳에서 알아맞히려 하는 것, 문장에서 깨달음을 이끌어내는 것, 미혹으로 깨달음을 기다리는 것 등이 열 가지 선병이다.'

1883년 표훈사에는 당대의 선지식 무융無融이 주석하며
후학을 가르치고 있었다. 스무 살 용성은 무융선사의 지도로
무자無字 화두를 참구했다.

해동율맥을
잇다

용성은 멈추지 않았다. 아무것도 믿을 수 없고, 무엇도 보이지 않았지만 화두를 놓지 않았다. 이때 체험을 바탕으로 용성은 납자들에게 《수심론》에서 바른 수행법을 이렇게 남겼다.

'화정에 의정을 일으키되, 큰 불구덩이와 같이 의심하고 의심해야 한다. 마치 한 명의 대장이 맨손에 홀로 보검을 빼어 들고 백만 군중에 들어가는 것과 같이 용맹하게 분투하여야 한다. 그와 같이 하여야 사대四大가 공空한 것을 성취하나니, 마음공부하는 사람도 이와 같다.

또한 마음공부 하는 데는 아는 것이 큰 병이니, 모든 아는 것을 버리고 단지 화두에 의심만 낼 것이다. 또한 마음공부 하는 사람은 단지 화두에 의심만 하고, 고요하고 분주한 것에 마음을 관계하지 말아야 한다.

마음공부 하는 사람은 화두로 망상을 제거하려 하지 말며, 화두에 생각을 붙들어 매려고도 하지 말며, 다만 화두만 잡아 의심만 해야 한다.

마음공부 하는 사람은 마음을 깨끗하게 하고 고요하게 하여 의심하되, 혼침과 산란에 빠지지 말아야 한다. 무릇 공부하는 사람이 고요한 곳에 앉아 정신이 혼혼무기昏昏無氣하며, 맑고 적적한 데에 빠져서 공부를 삼으면 이것은 큰 병통으로 공부가 아니다.'

용성은 수행자의 바른 자세를 이렇게 설파했다.

'마음공부에는 세 가지 요점이 있다. 크게 믿는 마음(大信心), 크게 격분하는 마음(大憤心), 크게 의심하는 마음(大疑心)이다.

공부를 해나가는 것은 모기가 쇠로 된 소의 등에 올라앉아 이것저것 묻지 않고 입 뿌리를 내릴 수 없는 곳에 목숨을 버리기로 작정하고 한번 뚫으면 몸조차 뚫어 들어가는 것처럼 해야 한다.

공부를 해나가는 것은 거문고 타는 법과 같아서 줄이 팽팽해도 소리가 나지 않고 줄이 늘어져도 소리가 나지 않는 것과 같다. 공부도 이와 같아서 급하게 하면 육단심肉團心이 동요하

《수심론》은 용성이 문답식으로 설명한 선의 개설서이다.
간화선 수행법에 대한 개요, 성격, 문제점 등을 대중들이
알기 쉽게 정리한 교과서이다.
1936년 4월 6일 대각교중앙본부에서 펴냈다.

여 상기병上氣病이 나고, 한가하게 하면 혼침에 떨어지게 되니,
성성적적惺惺寂寂하고 밀밀면면密密綿綿하게 해야 한다.'

　용성의 가르침은 절절했다. 용성은 화두를 급히 잡다가 두통
에 시달리고 피를 토하기도 했다. 어느 날 보니 수행이 재미가
없어졌다. 재미가 없는 것이 마치 쇠붙이나 나무껍질을 씹는
것과 같았다. 그러나 그때가 바로 힘을 다하기에 좋은 때였다.

　용성이 삼매에 들면 고요함(靜)과 깨끗함(淨)을 벗어나지 않
았다. 어느 날 선정에서 나오니 몸과 마음이 가볍고 청명했다.

기운이 엄숙하고 풍기가 맑아서 동정動靜의 경계가 가을 하늘처럼 맑았다. 또 가을 하늘의 경계를 지나 가을 들판의 물과 같고 옛 사당 속의 향로와 같았다. 고요하고 고요하고, 또렷하고 또렷해서 마음이 다니지 않았다. 화두는 면밀하게 끊어지지 않았다. 그러던 어느 날《경덕전등록景德傳燈錄》에 실린 향엄지한香嚴智閑(?~898) 선사 계송을 읽다가 무릎을 쳤다.

지난해 가난은 아직 가난함이 아니더니
올해 가난은 비로소 가난이로다
지난해 가난은 송곳 꽂을 땅이라도 있더니
올해 가난은 송곳마저도 없구나
去年貧未是貧 今年貧始是貧
去年貧猶有卓錐之地 今年貧錐也無

이는 지난해에는 아직 진정한 가난을 몰랐지만 올해는 진정 가난이 찾아왔음이었다. 지난해에는 번뇌가 송곳처럼 튀어나왔지만 올해는 송곳처럼 튀어나온 번뇌가 없어졌음을 의미했다.
"향엄 스님이 내 공부의 경계를 일러주고 있구나."
용성은 비로소 정情에 사로잡히지 않고 뜻에 얽매이지 않았다. 수도를 마친 용성이 계송을 읊었다.

먹구름을 헤치고 안개를 걷으면서 문수를 찾다가
비로소 문수에 이르니 넓고 텅 빈 듯이 공하구나
색은 색이고 공은 공이여, 다시 공으로 돌아가고
공은 공이고 색은 색이여, 거듭하여 무진하구나
排雲攪霧尋文殊 始到文殊廓然空
色色空空還復空 空空色色重無盡

이렇듯 치열하게 수행을 하고 있을 때 영취산 통도사에서 기별이 왔다. 선곡율사가 금강계단金剛戒壇을 마련하고 전법을 하겠다는 것이었다. 용성은 선곡으로부터 비구계比丘戒와 보살계菩薩戒를 수지했다. 해동율맥海東律脈을 이어받았다. 1884년 용성 나이 스물한 살이었다.

한국불교의 율맥은 자장율사 이래로 면면이 이어져왔다. 자장은 중원으로 건너가 문수보살을 친견하고 가사와 부처님 사리를 받아 신라로 돌아왔다. 자장은 통도사에 금강계단을 마련했다. 문수보살이 내려준 도식圖式을 그대로 따랐다. 선덕왕이 계단 아래서 대계大戒를 받았다.

하지만 조선시대에는 환성지안 스님 순교로 율맥이 단절되었다. 다시 계율을 세워야 했다. 금담金潭(1765~1848)이 제자 대은大隱(1780~1841)과 서상수계瑞祥受戒 서원을 세웠다.

순조 26년(1826) 7월 1일 지리산 칠불선원에서 밤낮으로 계

戒를 내려달라는 기도를 올렸다. 그렇게 7일이 지나자 허공에서 빛이 내려왔다. 그런데 스승 금담이 아닌 대은의 정수리에 상서로운 빛이 내렸다. 또 저절로 향에 불이 붙어 사위가 향기로웠다. 환성이 순교를 하며 허공에 전법게를 외친 지 어림 100년 만이었다. 법을 받을 사람이 없어 '사자 울부짖는 소리만 천지에 가득했던' 환성의 마지막 외침이 서려있던 허공, 그 허공에서 마침내 빛이 내려왔다. 계맥을 잇는 상서로운 순간이었다. 스승 금담은 제자의 정수리에 내리는 빛을 보며 감복했다. 금담이 말했다.

"경經에 이르길 '오직 계戒로써 아버지와 아들이 서로 이어지듯 스승으로 삼으라'고 하였다."

금담은 열여섯 살 아래인 제자 대은에게 오체투지 절을 올렸다. 이제는 제자가 스승이었다. 대은으로부터 대계와 구족계具足戒를 받았다. 대은은 해동율맥 초조의 자리에 올랐고, 금담은 스스로 제2조를 자처했다.

해동율맥은 대은, 금담을 거쳐 초의草衣(1786~1866)-범해각안梵海覺岸(1820~1896)-선곡으로 이어졌다. 그리고 용성이 율맥을 이어받아 조선불교중흥율 제6조가 되었다. 해동율맥의 계승자인 선곡이 용성에게 계를 전수한 것은 불교사에 실로 상서로운 일이었다. 용성은 누구도 범접할 수 없는 청정 비구의 길을 걸었고 암울했던 불교의 새 길을 열었기 때문이다.

돌아보면 계를 잃은 지난날의 불교는 부처의 종교가 아니었다. 부처님은 최후에 이렇게 말했다.

"계율로서 스승을 삼아라."

용성은 이를 잊지 않았다. 시류時流를 평계로 파계破戒를 하는 무리들과는 어울리지 않았다. 어떤 유혹에도 흔들리지 않았다. 용성은 선승의 길을 걸으며《각설범망경覺說梵網經》에서 그들을 꾸짖었다.

'이제 야생 여우와 정령의 무리가 옛 가르침(龜瓦)을 마음대로 꿰어 맞춰서 옛 성인을 모방해서, 술 마시고 고기 먹으며, 성내고 살생하며, 간음姦淫하고 간탐慳貪하는 등을 행하면서 "반야般若에 방해가 되지 않는다"라고 한다. 혹은 "진묵震黙은 술을 마셨고, 보지공寶誌公은 비둘기를 먹었고, 무염족왕無厭足王은 살생을 행하고, 바수밀녀婆須密女는 간음을 행하였다" 라고 말하며, 자기를 옛날 성인에 감히 견주어서 술 마시고 고기 먹으며, 간음하고 분노하며, 어리석은 행동들을 거침없이 행하되 조금도 스스로 부끄러워하는 마음이 없다.

혹 계율을 지녀서 수행하는 사람을 보면 "상相에 집착하는 소기小機"라고 하여 비방하며, 심한 경우는 계를 지니며 수행하는 사람을 원수와 같이 질시하는 자도 넘치듯이 많다.'

용성은 이후 해인사, 범어사, 함북 회령 대흥사 등에 금강계단을 개설하고 제자들에게 계를 내렸다.

회암준휘檜庵俊輝, 단암성호檀庵性昊, 대하우성大阿愚惺, 선파학성仙坡學成, 동산혜일東山慧日, 동헌완규東軒完圭, 고암상언古庵祥彥, 자운성우慈雲盛祐, 인곡창수仁谷昌洙, 동암성수東庵性洙, 동곡법명東谷法明, 경성덕율警惺德律, 고봉태수高峰泰秀, 중봉태일中峯泰一, 향산종원香山種遠, 봉암대희峰庵大喜, 벽허상휘碧虛常輝, 운산성주雲山性周, 덕운기윤德雲基允, 자운기정慈雲基正, 해문영주海門永周, 해운재국海雲載國, 포우혜명抱牛慧明, 자항선주慈航善柱, 계월경선溪月敬善, 보우용기普雨龍起, 금포수현錦圃守玄, 보경봉운普鏡峯雲, 성봉응성性峰應惺, 도암정훈道庵禎熏, 성암경련聖庵景鍊, 동호화소東湖花笑, 연호성민蓮湖性玟, 상락아정常樂我淨, 보광태연寶光泰衍, 석성화경石城和璟, 금해석선金海石船, 경하재영景霞載英, 진용광진眞龍幌震, 동명재민東溟在敏, 야천종이野泉宗伊, 백하덕수白荷德秀, 범하도홍梵河道弘, 경봉정석鏡峰靖錫, 전강영신田岡永信 등이 그들이다. 용성의 수계제자들은 한국불교사의 별들로 지금도 빛나고 있다.

오도悟道

용성은 송광사 감로암甘露庵에서 호붕浩鵬 강백을 의지하여 《대승기신론》과 《묘법연화경》을 보았다. 곡성 태안사泰安寺에서 수경水鏡 강백을 의지하여 《선요禪要》와 《서장書狀》을 보았다. 청화산에서는 석교石橋 율사의 《범망경》과 《사분율》을 들었다. 다시 송광사에서 호붕 강백의 《화엄경》, 해인사에서는 월화月華 강백의 《선문염송》을 들었다.

이때 용성은 33인의 선백禪伯들과 지리산 상선암에서 하안거를, 이듬해에는 청화산에서 하안거를 났다. 용성과 함께 공부한 선백 33인이 누구인지는 알 수 없다. 그래도 세속에 물든 불교를 혁신하자며, 또 풍전등화의 나라를 구하자며 구도의 여정에 나선 무리일 것이다.

대승사에서 강백 월화 스님에 의지해서 《화엄경》〈십지품〉과 《치문緇門》을 보았다. 어느 날 강주화상이 물었다.

"당나귀의 일이 끝나기 전에 말(馬)의 일이 도래한다는 뜻이 무엇인가?"

용성이 대답했다.

"장안의 큰 길은 실처럼 어지러워서 오고 가는 사람들이 끝내 멈추지 않습니다."

어느 날에는 호명護明 스님이 물었다.

"밝고 밝은 온갖 풀잎이 밝고 밝은 조사의 뜻이라고 하는데, 어떻게 이해하고 있는가?"

용성이 답했다.

"사불산에는 꽃이 붉고 버들은 푸르니 스님의 마음 가는대로 즐기십시오."

다시 물었다.

"무엇이 노지露地에 있는 백우白牛인가?"

용성이 대답했다.

"뿔 두 개와 다리 네 개가 참으로 분명합니다."

호명 스님이 다시 물었다.

"어떻게 알 수 있는가?"

용성이 답했다.

"앎을 어찌하여 사용하겠습니까?"

　용성은 수행처를 옮겼다. 지리산 금강대에서 동안거를 했다. 그리고 이듬해 1885년 조계산 송광사 삼일암三日庵에서 하안거를 했다. 송광사는 승보종찰僧寶宗刹이다. 보조국사普照國師 지눌 스님을 비롯하여 열여섯 명의 국사國師가 나왔다. 삼일암은 암자가 아니라 당우堂宇이다. 송광사 16국사 중 제9대 조사 담당국사湛堂國師가 이곳의 물을 마시고 3일 만에 오도했으므로 붙여진 이름이다. 용성은 숱한 고승들이 깨친 선방에서 큰 마군들과 마지막 담판을 벌였다.

　용성은 오로지 화두만을 붙들었다. 또 좌선만을 고집하지 않았다. 소에 멍에를 걸었을 때 수레가 움직이지 않으면 소를 때려야지 수레를 때려서는 아무 소용이 없었다. 몸이 따르지 않는데 '앉아서 수행'만 고집하는 것은 수레를 때리는 것이었다. 행주좌와를 잘 닦여진 마음이 시키는 대로 했다. 마지막 남은 것은 집착을 떼어내는 것이었다. 잘 닦여진 마음도 없애는 것이었다. 어찌 보면 중도의 가르침이었다. 양변의 가운데를 취하고, 그 가운데도 없애는 것, 그것이 깨달음이었다. 용성은 훗날 그 경계를 고봉원묘高峰原妙(1238~1295)선사의 게송을 끌어와서 이렇게 알려줬다.

　'그 의심이 식정이 없어지고 마음이 끊어진 곳에 도달하면

금 까마귀가 한밤중에 하늘을 뚫고 날아가리라.'

어느 여름날 큰 소식이 들어왔다. 화두가 물속에 비치는 달빛의 광명이 여울목 물결 가운데서도 활발하게 요동치는 것처럼 건드려도 흩어지지 않고 흔들어도 움직이지 않았다. 중심이 고요하여 흔들리지 아니하며 밖으로 흔들려도 요동하지 않았다. 그리고 그해 9월 《전등록》을 보다가 한 구절에 눈이 멈췄다.

동짓달이 당겨진 활과 같으니
비는 적고 바람은 많이 불 것이다
月似彎弓 少雨多風

한 번도 찾아온 적이 없는 그 무엇이 용성을 휘감았다. 이때 깨달았다. 무자 화두를 깨쳤다. 악취나는 근식根識을 깨뜨려버렸다. 또한 '일면불日面佛 월면불月面佛'이란 화두를 깨쳤다. '일면불 월면불'이라는 화두를 붙든 것이 아니라 무자 화두를 깨치고 난 후의 자유를 표출했다고 보여진다.

당나라 마조도일馬組道一(709~788)선사가 열반하기 직전 원주가 아침에 문안을 드렸다.

"밤새 존후尊候 어떠하셨습니까?"

마조가 말했다.

"일면불 월면불."

이 공안에 대한 해석은 구구하지만 우리는 정확한 뜻을 알수 없다. 하지만 삶이든 죽음이든 아무 차이를 두지 않는 대자유인의 모습을 본다. 짐작컨데 해가 비치는 곳도 불성이요, 달이 비추는 곳도 불성이 들어있음 아니던가. 그것은 굼벵이가 매미가 되듯이 범부를 뒤집어 성인을 이루는 신통묘용이었다.

용성은 해인사에 들러 게송을 읊었다. 송광사 삼일암에서 얻은 경계를 나타냈다. 1885년 하안거를 마친 늦은 여름이었다.

가야산의 명성과 평판이 청구에 높으니
마음 밝힌 도사들이 얼마나 왕래하였던가
우뚝 솟은 기암은 비늘처럼 포개어져 있고
빽빽한 잣나무는 서로 이어져 푸르구나
고개 돌려 산을 보니 저녁노을에 취하고
나무에 기대어 깊이 졸다보니 해는 벌써 기울었네
무한한 흰 구름은 골짜기마다 가득하고
크게 울리는 범종소리는 푸른 하늘에 사무친다

伽倻名價高青丘 明心道師幾往來
矗矗奇巖疊鱗高 密密栢樹相連青
回首看山醉流霞 倚樹沈眠日已斜
無限白雲滿洞鎖 洪鐘轟轟碧空衝

1886년 다시 송광사 삼일암으로 돌아와 하안거를 났다. 이때 용성은 육조혜능六祖慧能(638~713)이 이른 '마음자리에 잘못도 없고 문란함도 없고 어리석음도 없는' 경계를 체험했다. 마음 닦는 수행을 마쳐 '머무는 바 없이 마음을 내는' 경지에 있었다. 말이 끊어지고 마음이 없어졌음이었다. 선승들은 용성의 용맹정진에 탄복했다. 용성은 어떤 일에도 매임이 없었다. 행주좌와에 자유가 스며들었다.

그리고 1886년 가을이었다. 나룻배로 낙동강을 건너며 먼 산을 바라보았다. 산, 강물, 달, 배, 갈대가 있음으로 없었다. 다시 없음으로 있었다. 용성이 게송을 읊었다. 각자覺者의 노래였다.

금오산의 천년의 달이요
낙동강엔 만 리의 파도로다
고기잡이 배는 어디로 갔는가
옛날처럼 갈대꽃에서 자는구나
金烏千秋月 洛東萬里波
漁舟何處去 依舊宿蘆花

자신과의
법거량

용성은 깨친 후 다시 토굴 속으로 들어갔다. 자신에게 물었다.

'나로부터 얼마나 자유로운가?'

그것은 무아無我를 머로 알고 있음이었다. 결국 나로부터 완전히 자유로워짐은 아만我慢을 없애는 것이었다. 무의식에 웅크리고 있는 자만과 교만을 없애야 했다. 마음속에서 일어나는 '비교하는 먼지'를 없애야 진정한 도를 이룰 수 있었다. 용성은 《청공원일晴空圓日》에서 진정한 도에 대해 이렇게 말했다.

'인위적인 조작이 있는 마음 닦음과 인위적인 조작이 없는 마음 닦음이 둘 다 망상이니, 집착해서는 안 된다. 만약 '무심한 마음'을 내어 수행하면 여기에 걸려 자유를 잃게 되고, 만약

'유심한 마음'을 내어 수행하면 여기에 걸려 자유를 잃게 되며, 만약 '공적한 마음'을 내어 수행하면 여기에 걸려 자유를 잃게 되고, 만약 '청정한 마음'을 내어 수행하면 여기에 걸려 자유를 잃게 되며, 만약 '허령불매虛靈不昧한 마음'을 내어 수행하면 여기에 걸려 자유를 잃게 된다.

이런 등의 갖가지 마음 닦는 수행이 모두 마음을 머물러서 하는 수행이다. 그러므로 말씀하시기를 '반드시 머무는 바 없이 마음을 내라'고 하셨다.

그대는 아는가? 비유하면 맑은 거울이 무심해서 온갖 영상물을 비추는 것처럼, 깨친 뒤에 마음을 닦는 것도 역시 그렇다. 자기의 천진한 오묘한 바탕을 본래 어디에도 머물러 집착함이 없어 텅 비었으면서도 신령하고 공교하면서도 오묘하다. 어디에서고 고요하면서도 아는 작용이 있어서 닦지 않으면서도 닦고, 실천하지 않으면서도 실천하기 때문에 이것을 '도道'라고 한다.'

1887년 봄이었다. 용성은 전라도 금구군 용안대龍眼臺에 머물렀다. 당시에는 용성의 깨달음을 인가해줄 만한 고승이 없었다. 소위 인가란 것도 임제의 '할喝'과 덕산의 '방棒'을 남발하며 흉내만 내고 있었다. 용성은 깨달음의 경지가 어떤 것인지 스스로 묻고 답했다. 자신과의 법거량을 통해 스스로 인가를 받는, 어쩌면 사자상승의 의식이었다. 용성은《수심론》속에 이를 밝혀 세상에 남겨놓았다.

'세상 사람들이 능소能所가 끊어져서 아무 재미도 없고 찾을 수도 없이(無滋味沒莫索), 한 곳에 앉아 일대사인연一大事因緣을 다 마쳤다고 하여 몽둥이질하기를 비 오듯이 하며, 호령하기를 우레같이 하여도 도道의 근원을 모두 통달하지 못한 것이다 하거나 여기서 한 걸음 더 나아가서 '물은 물이고 산은 산이어서 각각 있는 그대로다(水水山山各完然)' 하는 이와 같은 평상시 문답을 좋아하지만, 그들은 다분히 가장 오묘한 골자骨子를 깨닫지 못한 것이다. 그대는 어떻게 깨쳤는가?

요즘 내가 보니 공부하는 사람은 격외소리(格外談)를 좋아하여, 서로 모이면 방도 주고 할도 하고 격외소리도 한다. 그러나 자세히 점검해보면 자신의 말이 서로 어긋나는 것도 있으며, 격외소리를 해놓고 자신이 알지 못하는 것도 허다하다. 소위 격외담이라는 것이 큰 폐단이 되었다. 그대는 격외소리를 하지 말고, 뜻과 이치에 맞게 분명히 말하여라.

입으로 불을 말하여도 입은 불타지 않는다(道火不曾燒却口). 능소가 끊어진 곳이 그대의 본성인가? 능소가 끊어진 곳을 타파하고 뿌리조차 뽑아내어, 참된 자취(眞蹟)가 없는 것이 그대의 본성인가? 능소가 끊어져 말할 수 없는 것과 이 존귀한 두각(尊貴頭角)을 타파하고 다시 한 걸음을 나가는 것이 분명하다. 그러나 그 속에 가장 묘한 골자를 그대는 어떻게 깨쳤는가?

격외소리 하지 말고 말로써 분명히 표시하라.'

용성은 스스로에게 답했다.

'나의 본성은 능소가 끊어진 것으로 알 수도 없고, 대용이 숨김없이 나타난 것을 알 수 없다(大用全彰). 비유로써 말하면 바닷물 전체가 짜지만, 그 짠맛 자체가 화장찰해미진수華藏刹 海微塵數와 같은 갖가지 이름과 모양이 없으니 보고 들을 수 없다. 그러나 이름과 모양이 없다고 짠맛이 없는 것이 아니다. 이와 같이 우리의 본연각성本然覺性도 그 깨달음 자체가 세계 해미진수世界海微塵數와 같은 이름과 모양이 없어서 마음도 아니고, 각覺도 아니며, 성품性品도 아니다. 그러나 모든 이름과 모양이 없다고 각이 없는 것이 아니다.

이름과 모양이 없지만 억지로 이름과 모양을 붙여서 말한다면, 각이 곧 나의 본성이다. 그 각 자체가 갖가지 모양이 없는 까닭에, 본래 공空한 것이라 하지만 공한 것이 아니다. 또한 공한 것이 아니라 하지만, 일체 갖가지 이름과 모양이 없는 까닭에 공한 것이라 한다. 그러므로 이름과 모양을 붙여서 말한다면 각이 곧 나의 본성이다.

바닷물이 고요할 때에도 전체는 짠맛이 나고, 천파만파千波 萬波가 도도하게 물결칠 때도 바닷물 전체는 짠맛이 나며, 바닷물이 흐릴 때도 전체는 짠맛이 나고, 바닷물이 청정할 때도 전체는 짠맛이 나는 것이다. 이와 같이 각의 성품은 성인에게 있어도 더하지 않고, 범부에게 있어도 덜하지 않으며, 번뇌 속에 있어도 어지럽지 않고, 선정禪定 속에 있어도 고요하지 않으니 이것이 본연한 각의 성품(覺性)이다.

각인 진공眞空과 각인 묘유妙有가 원융무애圓融無碍하니 각은 스스로 각이 아닌 까닭에 각도 아니다. 또한 진공은 스스로 진공이 아니기 때문에 진공도 아니며, 묘유는 스스로 묘유가 아니기 때문에 묘유도 아니다. 그러므로 각인 진공이고 진공인 각이며, 각인 묘유이고 묘유인 각이니 세 가지가 원융하여 함께 한 기틀(機)이다.'

모악산 용안대에 도식선사道植禪師가 주석하고 있었다. 용성이 찾아가 머리를 조아렸다. 도식이 물었다.

"그대는 임제 늙은이를 보았는가?"

용성이 외쳤다.

"할!"

선사가 다시 주장자를 내리쳤다. 용성이 다시 외쳤다.

"할!"

도식이 다시 주장자를 내리치고는 슬며시 일어났다.

"이 늙은이가 한바탕 낭패하고 말았구나."

선사는 한 무더기 웃음을 남기고 사라졌다.

용성은 그날 이후 홀연 사라졌다. 속세에 일체의 그림자를 남기지 않았다. 1900년에 모습을 드러낼 때까지 13년 동안 무슨 일이 있었을까. 훗날 제자들에게도 그 기간 동안 무슨 일을 했는지 들려주지 않았다. 하지만 하화중생下化衆生의 길을 모색했음은 분명하다. 자신을 닦고 또 닦았을 것이다.

제5장

달과 떡이 얼마나 떨어져 있는가

솟아나는
친일승들

동학혁명이 일어났다. 농민들이 땅을 일구던 농기구를 무기로 들었다. 박은식은 동학을 이렇게 묘사했다.

'동학이라는 것이 발단은 미미했지만 그 결과는 심대했다. 한 점의 불꽃이 넓은 들판을 불태우듯, 물방울 하나하나가 흘러서 강물을 이루듯, 한국의 대란과 중일대전(청일전쟁)이 이로 비롯되었다.' (박은식,《한국통사》)

1894년 2월 고부군수 조병갑趙秉甲의 가렴주구苛斂誅求에 농민들의 분노가 폭발했다.

'조병갑은 죽은 군수 조규순의 서자로 탐욕스럽고 가혹했다. 계사년(1893)에 날이 가물어 흉년이 들었는데도 이를 무시하고

세금을 거두어들이니 마침내 난리를 일으켰다.' (황현,《매천야록》)

난민과 동학교도들이 결합했다. 수탈에 정면으로 맞섰다. 맨 앞에 전봉준全琫準(1855~1895)이 있었다. 농민은 수탈의 대상이었지만 농민이 없는 조선은 껍데기에 불과했다. 농민은 하늘을 떠받치는 기둥이며 나라의 근간이었다. 그런 농민들이 조정을 향해 일갈했다. 전봉준은 동학접주들과 무장현茂長縣에 모여 창의문倡義文을 발표했다. 탐관오리의 숙청과 보국안민을 촉구하는 '무장포고문茂長布告文'이다.

'학정은 날로 더해지고 원성은 줄을 이었다. 군신의 의리와 부자의 윤리와 상하의 구분이 드디어 남김없이 무너져내렸다. 관자管子가 말하길 '사유四維, 즉 예의염치禮義廉恥가 퍼지지 못하면 나라가 멸망하고 만다'고 하였다.

바야흐로 지금의 형세는 예전보다 더욱 심하다. 공경公卿 이하로 방백方伯, 수령守令에 이르기까지 국가의 위태로움은 생각지 않는다. 오직 자기 몸을 살찌우고 집을 윤택하게 하는 계책에만 몰두하고 있다. 벼슬아치를 뽑는 문은 재물 모으는 길이요 과거 보는 장소는 한갓 벼슬을 사고파는 장터이다. 나라 빚이 쌓여가는데도 교만, 사치, 음탕, 안일로 날을 지새우고 그럼에도 두려움과 거리낌이 없다. 이에 온 나라는 어육魚肉이 되고 만백성은 도탄에 빠졌다.

백성은 나라의 근본이다. 근본이 깎이면 나라가 잔약해짐은 뻔한 일이다. 그런데도 보국안민의 계책은 염두에 두지 않고 바깥으로는 고향집을 화려하게 지어 제 살길에만 골몰하면서 녹봉과 지위만을 도둑질하니 어찌 옳게 되겠는가?

우리 무리는 비록 초야의 유민이나 임금의 토지를 갈아 먹고 임금이 주는 옷을 입으면서 망해 가는 꼴을 좌시할 수 없어서 온 나라 사람이 마음을 함께하고 억조창생億兆蒼生이 의논을 모아 지금 의로운 깃발을 들어 보국안민을 생사의 맹세로 삼노라. 오늘의 광경이 비록 놀랄 일이겠으나 결코 두려워하지 말고 각기 생업에 편안히 종사하면서 함께 태평세월을 축수하고 모두 임금의 교화를 누리면 천만다행이겠노라.'

전봉준은 네 개 항의 행동강령을 선포했다. 사람을 죽이거나 재물을 손상하지 말 것, 세상을 구하고 백성을 편안히 할 것, 일본오랑캐를 내쫓아 성도聖道를 밝힐 것, 군사를 거느리고 입경하여 권귀權貴를 모두 죽일 것 등이 그것이다.

이에 흰 옷을 입은 농민들이 호응했다. 낫과 죽창을 들었다. 농민들이 산에 모이면 백산白山이 되었고, 죽창을 들면 죽산竹山이 되었다. 농민들의 봉기는 거대한 들불이었다. 이후 1년 동안 이른바 농민전쟁이 벌어졌다. 산하가 피로 물들었다. 조정은 일본과 청나라를 끌어들여 농민군들을 향해 총을 쐈다. 끝내 흰 옷이 붉게 물들었다. 동학의 지도자 김개남, 손화중 등이 스

러졌다. 녹두장군 전봉준도 붙잡혀 교수형을 당했다. 민초들이
노래했다.

새야 새야 파랑새야
녹두밭에 앉지 마라
녹두꽃이 떨어지면
청포장수 울고 간다

끝내 녹두 꽃은 떨어지고 농민들은 피울음을 삼켰다. 농민전
쟁은 이렇게 막을 내렸다. 반봉건·반침략의 거대한 화산이 꺼
졌다. 세계사 어디서도 찾을 수 없는 의로운 혁명이었다. 비록
당시에는 실패했지만 그 숭고한 정신은 민중 속으로 스며들었
다. 동학군들은 흩어져 항일 의병투쟁에 나섰고, 훗날 1919년
3·1혁명으로 되살아났다.

조선에 들어온 청군과 왜군이 서로 싸웠다. 일본은 청일전쟁
에서 이겼다. 조선은 청나라 사신을 맞이하던 영은문迎恩門을
헐고 독립문을 세웠다. 한강변에 서있던 삼전도비三田渡碑를 쓰
러뜨렸다. 일본은 거칠 것이 없었다. 조선을 회유하다 겁박하
고, 어르다 뺨을 쳤다. 세력 팽창에 걸림돌이라면 누구든 제거
했다. 급기야 왜국공사 미우라 고로(三浦梧樓)와 낭인들이 궁궐

에 난입, 왕후를 시해하는 만행을 저질렀다. 보잘것없는 칼잡이들에게 명성왕후를 잃은 조선은 한마디로 나라가 아니었다. 조선은 황현의 붓끝에서 처참하게 부서지고 있다.

'왕후가 연신 살려달라고 빌었지만 왜놈들이 칼로 마구 내리쳤다. 그 시신을 검은 천에 싸서 녹산 아래 숲속에서 석유를 붓고 불을 질렀다. 타다 남은 유해 몇 조각은 주워서 불을 지른 곳에 파묻었다. 왕후는 기지가 있고 영리하며 권모술수가 많았다. 정사에 간여한 지 십 년 만에 나라를 망쳤고 끝내 천고에 없던 변을 당하였다.' (황현, 《매천야록》)

그해 11월에는 임금을 협박하여 단발령斷髮令을 내리게 했다. 일본은 군대를 동원하여 길을 막고 백성들의 상투를 잘랐다. 마을마다 통곡이 끊이지 않았고, 분노로 나라가 들끓었다.

'총리대신 김홍집, 내부대신 박영효가 승려들의 입성금지령을 완화할 것을 상주하여 윤허를 받다.' (《고종실록》 1895년 3월 29일)

'승려의 도성 출입 금지를 해제했다. 지난해 왜승 사노젠레이(佐野前勵)가 정부에 서한을 올려 승금僧禁을 해제해 달라고 청하자 김홍집이 경연에서 아뢰어 이 명을 내렸다.' (황현, 《매천야록》)

승려들의 도성 출입을 금했던 빗장이 풀렸다. 일본의 압력 때문이었다. 조선 사회에서는 승려가 도성에 출입하면 곤장

100대를 때리고 노비로 삼았다. 유림은 불교를 철저히 배척했다. 불교를 방치했다가는 유교가 위축되고 통치이념도 퇴색할 것이기 때문이었다. 유림의 기세가 하늘을 찌를 때였으니 불교와 승려들은 산에서 더 깊은 산속으로 숨어들어야 했다.

그런데 일본 정토종 승려 사노젠레이가 조선으로 건너와 유력인사들을 부추겼다. 망해가는 유교의 나라에서 유림은 아무런 힘이 없었다. 오히려 당시 조정에는 불교를 믿거나 불교사상을 숭상하는 대신들도 생겨났다. 일부 승려들은 사노젠레이에게 감사의 서한을 보냈다. 그중 최취허崔就墟(1865~?)는 실로 낯 뜨거운 감사장을 보냈다.

"우리는 비천하여 서울에 들어가지 못하기를 지금까지 5백여 년이라, 항상 울적했습니다. 다행히 교린이 이뤄져 대존사 각하께서 이 만리타국에 오시어 널리 자비의 은혜를 베푸시어, 본국의 승도로 하여금 5백 년래의 억울함을 쾌히 풀게 하였습니다."

최취허뿐만이 아니었다. 많은 승려들이 손뼉을 쳤다. 그러면서 친일승들이 비 온 뒤에 죽순들처럼 여기저기서 솟아났다. 일본의 건의로 이뤄진 도성 출입 허용은 이후 숱한 부작용을 낳았다. 뜻있는 선승들은 가슴을 쳐야 했다.

세상
속으로

1900년 용성이 세상으로 나왔다. 이미 조선이란 나라는 사
라지고 없었다. 그해는 대한제국 광무光武 4년이었다. 고종은
1897년 10월 연호를 광무로 정하고 초대 황제에 등극했다. 대
한제국은 내외에 자주독립 국가임을 선포했다. 이로써 조선은
역사 속으로 사라졌다. 제국이기에 왕이 아닌 황제였고, 전하
가 아닌 폐하였다. 하지만 이름만 제국이었다. 복장만 화려했을
뿐 황제 위상은 초라했다. 열강의 입김에 제국의 밤은 다음날
아침을 걱정해야 했다.

1901년 한국을 방문한 미국의 저명한 사진작가 버튼 홈스
Burton Holmes(1870~1958)는 그의 저서 《1901년 서울을 걷다》

에서 대한제국의 운명을 이렇게 예측하고 있다.

'무엇이 득세할까? 전기를 가진 미국? 종교적 가르침을 가진 교회? 군대와 상술을 가진 일본? 외교와 인내를 가진 러시아? 아니면 고요한 얼굴을 한 80명의 기생과 풍수사를 가진 대한 제국의 황제? 세계는 코리아에 대한 지배를 둘러싸고 전개되고 있는 게임에서 추이를 지켜보고 있다. 그러나 세계는 일본과 러시아가 가장 교활하고 가장 무서운 경쟁자들이라는 것을 안다.'

버튼 홈스는 한반도가 열강의 전장이 되어가고 있음을 정확히 꿰뚫고 있다. 황제는 종교보다 풍수에 의지하는 무능한 군주이며 머잖아 러시아와 일본이 한국을 놓고 전면전을 펼칠 것이라고 확언하고 있다. 미국이 전기회사를 차리는 등 서양 자본이 밀려들고, 예수교가 급속히 전파되고 있음도 확인할 수 있다.

대원군 이하응이 이미 죽었고 전국에서는 민란이 끊이지 않았다. 1900년 충청도에서 활빈당이라 칭하는 무리가 대낮에도 약탈을 자행했다. 황제가 주는 훈장을 우습게 여길 정도로 황제의 권위는 저잣거리에 던져졌다.

'세상에서 애국자라 칭하는 자들이 훈장을 받더니, 일 년 뒤에는 졸병이나 머슴들도 훈장을 달지 않은 이가 없었다. 훈장을 단 사람들조차도 서로 바라보며 웃었다. 외국에 보내면 받기를 사양하는 자도 있었다. 왜놈들은 훈장을 받으면 며칠간 달고 다니다가 녹여서 팔아먹었다.' (황현,《매천야록》)

  그해 8월 용성은 내포內浦 천장암天藏庵을 찾았다. 경허선사鏡虛禪師(1846~1912)를 만나보고 싶었다. 경허는 당대 최고의 선지식이었다. 23세에 동학사 강백을 지냈고 31세에 깨달음을 얻었다. 그럼에도 다시 천장암으로 숨어 들어와 수행을 계속했다. 경허의 천장암 수행담은 제방에 알려져 납자들의 마음을 움직였다. 천장암 한 평짜리 구석방에서 경허는 1년 넘게 씻지도 않고 눕지도 않았다. 누더기 한 벌로 사철을 지냈고, 모기와 이가 물어뜯어도 움직이지 않았다. 뱀이 들어와 기어 다녔다. 그리고 마침내 깨달음의 노래를 불렀다. 저 유명한 '태평가'이다.

  문득 콧구멍이 없다는 남의 말을 듣고
  삼천세계가 내 집인 줄 깨달았네
  유월 연암산 아랫길
  야인이 아무 걱정 없이 태평가를 부르네
  忽聞人語無鼻孔 頓覺三千是我家
  六月燕巖山下路 野人無事太平歌

한 평짜리 골방이야말로 꺼져가는 조선의 선풍을 다시 일으킨 기적의 공간이었다. 연암산에서 근대불교의 새벽별이 불쑥 떠오른 것이다. 새벽별을 따라 세 달이 떠올랐다. 바로 '경허의 달'이었으니 수월水月(1855~1928), 혜월慧月(1861~1937), 만공滿空(1871~1946) 스님이었다.

수월은 머슴 생활을 하다 서른이 가까워서야 충남 서산 천장암으로 출가했다. 낮에는 나무를 하고 밤에는 방아를 찧었다. 남이 하기 싫은 일을 도맡아 했다. 글을 몰라 다라니를 외워 삼매에 들었다. 깨달음을 얻은 후에는 금강산과 묘향산 등 사찰에서 수행하다 홀연 간도로 건너갔다. 수월은 송림산에 초막과도 같은 화엄사를 창건했다. 가난한 이들은 물론이요 조선에서 건너온 유민들을 거두었다. 1928년 여름 안거를 마치고 개울에서 몸을 씻은 후 맨몸으로 앉아서 열반에 들었다.

혜월은 12세에 덕숭산 정혜사로 동진출가했다. 19세가 될 때까지 글자를 몰랐다. 까막눈이라서 염불과 주력 수행만 했을 뿐이다. 경허선사를 만나고 나서 혜월은 거듭났다. 스승은 글을 가르치고 화두를 내렸다. 마침내 깨달음을 얻어 선사로부터 전법게를 받았다. 29세의 봄날이었다. 혜월은 출가본사인 정혜사로 돌아와 48세까지 머물렀다. 그 후 활동무대를 영남지방으로 옮겼다. 선산 도리사, 팔공산 파계사, 통도사, 천성산 미타암과 원효암, 범어사 등에서 불법을 퍼뜨렸다. 거처를 옮길 때

마다 불모지를 개간하여 논밭을 일구니 사람들은 '개간선사開
墾禪師'라 불렀다.

만공은 동학사로 출가한 후 1884년 천장암에서 경허를 만
났다. 경허로부터 무자 화두를 받고 제방에서 정진하다 통도사
백운암에서 크게 깨달았다. 천장암에 돌아와 경허로부터 전법
게를 받았다. 그 후 금선대를 짓고 후학들을 지도하였다. 덕숭
산에 머물며 수덕사, 정혜사, 견성암, 간월암 등을 중창했다. 31
개 본산 주지회의에서 조선불교를 세속화하려는 총독부의 종
교 정책을 전면으로 꾸짖었다. 이 땅에 선승이 살아있음을 보
여줬다.

경허의 세 제자는 상현, 하현, 보름달로 누리를 비췄다. 무주
상보시를 행했던 북녘의 수월, 천진불의 진면목을 보인 남녘의
혜월, 호방하게 선풍을 일으킨 중천의 만공.

용성이 천장암을 찾은 것은 어쩌면 당연한 순례 여정이었다.
경허를 만나 법담을 나눠보고 싶었을 것이다. 해동 계맥을 이
어받은 용성에게 경허는 괴각으로 비쳤을 것이다. 그 무애행無
碍行의 실체를 직접 만나 확인하고 싶었을 것이다.

경허는 깨달은 후에 음주식육을 서슴지 않았다. 경허의 숱한
일화는 만행萬行과 만행蠻行 사이에 있었다. 누구는 전통선을
부활시킨 빛이라 했고, 누구는 막행막식으로 지계의식을 퇴화

시킨 어둠이라 했다. 하지만 경허가 뛰어난 제자들을 남긴 것만큼은 모두 인정했다. 세 달(수월, 혜월, 만공)과 한암漢巖 등은 스승의 뒤를 이어 선풍을 크게 일으켰다. 경허는 용성과는 가는 길이 달랐다. 그렇다면 목적지는 같았을까. 그것 또한 알 수 없는 일이다.

천장암에 올랐을 때 경허는 없었다. 바로 직전 1899년 해인사로 옮겨갔다. 경허는 해인사에서 수선결사修禪結社를 시작했다. 용성과 경허가 만났다는 기록이나 소문은 전해지지 않는다. 아마 두 선승이 만났다면 허공에 새길 만한 법거량을 남겼을지도 모른다.

천장암에는 세 달 중 누구도 없었다. 수월은 자취를 감추고, 만공은 통도사 백운암에서 깨달음을 향한 막바지 수행을 하고 있었다. 그리고 혜월은 근처 정혜사에 머물고 있었다. 천장암 뜰에 들어서 땀을 닦고 있을 때 선객 하나가 물었다.

"어디서 오시오?"

용성이 오직 주먹만을 들어올렸다.

그러자 선객이 목침을 들면서 다시 물었다.

"이것이 무엇이오?"

용성이 대답했다.

"목침도 알지 못하는구려."

선객이 목침을 치우고 다시 물었다.

"이것이 무엇이오?"

용성이 대답했다.

"목침이요."

이튿날 정혜사 수덕암에 머물고 있는 혜월을 찾아갔다. 혜월은 용성보다 세 살이 위였다. 마흔 살 혜월이 물었다.

"어디서 왔소?"

"천장암에서 왔습니다."

혜월 또한 목침을 들면서 물었다.

"이것이 무엇이오?"

"목침입니다."

혜월이 목침을 치우고 다시 물었다.

"바야흐로 이와 같은 경우에 처해서는 어떻게 대답할 수 있소?"

용성이 대답했다.

"이것은 부처님들께서 광명을 발하신 곳입니다."

초전법륜

1900년 겨울 다시 송광사로 돌아갔다. 조계봉 근처 토굴로 들어가 동안거를 나고 이듬해 2월 해인사 퇴설당堆雪堂에 들었다. 그곳에는 막 시퍼렇게 선기禪氣를 내뿜는 제산정원霽山淨圓 (1862~1930) 스님이 주석하고 있었다.

제산은 용성보다 2년 일찍 태어났다. 출가 또한 빨라 열네 살에 이미 마을 인근에 있는 가야산 해인사로 들어갔다. 젊은 날에는 탁주를 즐겨 '탁배기 수좌'란 놀림을 받는 사판승이었다. 서른 살(1892) 무렵 경허선사가 해인사에 오자 모든 게 달라졌다. 제산은 선사를 보자마자 매료됐다. 제산의 법을 이은 전강田岡(1898~1975) 스님은 법어에서 제산이 경허를 어떻게 보았는지 회고했다.

'(제산 스님이 보니) 눈이 쭉 째지고 그런 어른이 않았는데 부처님보다 훨씬 숭배심이 났어. 법당에 모신 불상을 아침저녁으로 예불해도 그런가보다 했는데, 경허선사는 척보니 산 부처님이시라.'

경허로부터 '정전백수자庭前柏樹子'란 화두를 받았다. 이때부터 모든 것을 때려치우고 참선에 몰두했다. 죽을 각오로 정진했다. 대중들이 제산의 발심을 경이롭게 바라봤다. 제산은 1913년 봄 해인사에서 직지사로 옮겨갔고, 천불선원을 납자들의 정진도량으로 만들었다. 이로써 직지사가 선찰로 이름을 떨쳤다. 제산은 천불선원 벽안당碧眼堂에서 장좌불와하며 17년 동안 산문을 나서지 않았다. 사람들이 '수행제일'이라 찬했다.

용성이 제산을 찾아가 법거량을 했다. 용성이 물었다.

"목침이라고 부르면 걸려드는 것이고, 목침이라 부르지 않으면 등지는 것이다. 말해보시게."

제산이 목침을 던져버렸다. 용성이 재차 물었다.

"산하라고 부르면 걸려드는 것이고, 산하라고 부르지 않으면 등지는 것이다. 어서 말해보시게."

제산은 말없이 가만히 있었다.

1901년 4월 통도사 옥련암에서 동은東隱 강백에게 《선문염송》을 들었다. 겨울에는 성주군 수도암에서 동안거에 들었다.

1902년 2월 구례 화엄사 산문을 넘었다. 용성은 탑전塔殿에 들었다. 화엄사 원통전 앞 석탑은 통일신라시대의 것으로 네 마리의 사자가 네모난 돌을 이고 있다.

그해 여름은 화엄사에 머물렀다. 그때 만공이 찾아왔다. 막 내포에서 오는 길이라고 했다. 내포는 충남 가야산 일대를 일 컬었다. 수덕사, 천장암, 개심사 등이 있었고 백제시대에는 일 대가 불국토라 할 정도로 무수한 사찰들이 들어차 있었다. 만 공은 전국의 명찰을 순례하며 수행을 하고 있었다. 용성이 물 었다.

"선덕은 먼 길에 노독이나 아픈 데는 없습니까? 또 시자는 몇이오?"

만공이 답했다.

"나는 시자도 없고 노독도 없습니다."

"지나치게 고루한 사람이구려."

"어찌 대답해야 하오?"

용성이 다시 물었다.

"피곤하면 잠을 잘 뿐 묘책은 없소이다. 시절인연이 도래하 면 바람이 등왕각滕王閣으로 보낸다지요?"

어느 날 법당을 지나다가 용성이 제자 봉성鳳城을 불렀다.

"화상和尙아!"

제자 봉성이 바로 답하자 용성이 말했다.

"의룡을 낚시질 하였더니 절름발이 자라가 걸리는구나."

용성이 다시 제자를 불렀다.

"화상아!"

봉성이 말이 없자 용성이 다시 말했다.

"현묘한 뜻을 알지 못하고 헛되이 생각만 고요히 하려 애쓰는구나."

그해 9월 순천 선암사에 들었다. 그리고 칠전七殿에서 동안거를 났다. 칠전은 고려 대각국사大覺國師 의천義天이 선암사 대각암에서 오도한 이래 숱한 선사들이 거쳐 갔다. 전殿이란 '큰 집'을 뜻하지만 칠전 선방은 두세 평 남짓이었다. 그래도 지리산 칠불선원, 금강산 마하연, 묘향산 보현사와 함께 4대 선원으로 꼽혔다. 선방은 규모가 아니었다. 부처 계신 곳이 대웅전이고, 깨달음이 있는 곳이라서 '전'이라 이름 붙였을 것이다.

1903년 2월 지리산 상비로암上毘盧庵에 올라 참선법회를 개설했다. 기록으로 남아있는 초전법륜지初轉法輪地이다. 13년 동안 제방에서 정진한 것은 이날을 위해서였을 터이다. 나라는 기울어가고 있지만 불법은 바로 서야 했다.

"용성 조실스님은 대처승 때문에 불법이 망한다고 많은 걱정을 하셨고 이를 시정하기 위하여 많은 노력을 하신 것은 널리 알려진 사실이다. 마침내는 독립된 선방을 만들어서 불법정맥이 끊어지지 않게 하여야겠다고 극력 노력하셨다. 그래서 가는 곳마다 선회禪會를 열고, 서울이고 지방이고 총림叢林을 구상하였다." (조용명, 《불광》 71호)

용성이 당시 총림을 구상했다는 사실은 놀라운 일이었다. 총림은 선원禪院, 강원講院, 율원律院 등을 갖춘 큰 사찰이다. 많은 선승들이 한 곳에서 수행하는 것을 '나무가 우거져 숲을 이루는 모양'에 비유했다. 세속에 물들어가는 불교를 바로 세우기 위해 총림을 세워야겠다고 염원한 것이다. 1947년 백양사白羊寺가 국내에서는 처음으로 총림이 된 것을 감안하면 당시 용성의 총림 구상은 '선각자의 탁견'이었다.

용성은 지리산 상비로암에 올라 참선법회를 개설했다.
기록으로 남아있는 초전법륜지이다.
13년 동안 제방에서 정진한 것은 이날을 위해서였을 것이다.
가는 곳마다 선회를 열고, 총림을 구상했다.

보개산
참선법회

어느 날 금봉錦峰(1869~1916) 강백이 물었다. 당시 금봉은 박한영朴漢永(1870~1948), 진진응陳震應(1873~1942) 등과 함께 강백으로 명성을 떨치고 있었다.

"조주가 신발을 머리에 이고 나간 뜻이 무엇이오?"

금봉은 용성에게《무문관無門關》제14칙 '남전참묘南泉斬猫'에 관해서 묻고 있음이다. 남전이 고양이를 베어버린 제14칙은 이런 내용이다.

어느 날 스님들이 패가 갈려 고양이 새끼 한 마리를 놓고 다투고 있었다. 육조혜능의 법손인 남전보원南泉普願(748~834)이 이를 보고 고양이를 낚아채고는 목을 치켜들고 말했다.

"대중들이여, 그대들이 무엇인가 한마디 할 수 있다면 살리고 말할 수 없다면 당장 베어버릴 것이다."

그러나 누구도 답하지 못했다. 마침내 남전은 고양이를 사정없이 베어버렸다. 남전은 제자 조주가 밤늦게 돌아오자 낮에 있었던 일을 이야기했다. 그러자 조주가 말없이 신발을 벗어 머리에 얹고 밖으로 나갔다. 이를 보고 남전이 말했다.

"만약 네가 있었더라면 고양이 새끼는 죽지 않았을 텐데."

금봉은 용성에게 조주가 왜 신발을 이고 나갔냐고 묻고 있었다. 용성이 답했다.

"문 앞에 있는 한 그루 소나무에 까마귀가 날아가자 까치가 앉아있네(門前一株松 烏去鵲來)."

용성은 거침이 없었다. 대강백은 그저 뒷머리만 긁적일 뿐이었다.

그해 9월 용성은 묘향산을 향해 길을 나섰다. 석왕사釋王寺에 이르자 여러 이야기가 들렸다. 북방이 매우 혼란스럽다고 했다. 용성은 금강산 불지암佛地庵으로 향했다.

1904년 2월 철원 보개산 성주암聖住庵에서 참선법회를 개창했다. 보개산에는 심원사深源寺가 있었다. 신라 진덕여왕 원년(647)에 창건한 천년 고찰이다. 범일梵日(810~889) 스님이 중창

을 했고 석대암, 성주암, 지장암 등을 창건했다. 또 무학대사無
學大師(1327~1405)도 큰절 심원사와 성주암을 중창했다. 용성
이 보개산에 오를 때만 해도 심원사는 지장보살 도량으로 우
뚝 솟아있었다. 250칸의 당우와 1,602위의 불상과 탑이 있었
던 대찰이었다. 또한 지장보살의 가피설화가 곳곳에 스며있었
다. 그러나 순종 원년(1907) 보개산 일대가 의병의 본거지가 되
면서 싸움터로 변했다. 치열한 전투에 가람 대부분이 소실되었
다. 용성이 성주암에 선방을 열고 참선법회를 열었을 때도 의
병들의 출몰이 잦았을 것이다. 아마도 그들과 더불어 나라 걱
정을 했을 것이다.

용성은 성주암에서 선禪의 진수를 전했다. 어쩌면 큰절 심원
사를 중심으로 총림을 구상했는지도 모른다. 용성은 성주암에
비교적 오래 머물며 자주 법을 설했다.

어느 날 무휴無休 스님이 견성했다고 떠벌렸다. 용성이 물었다.

"견성한 사람은 백천 공안을 한 꼬챙이로 모두 꿰뚫는다고
들었다. 열 가지 병통에 떨어지지 말고 조주가 '무無'라고 말한
뜻이 무엇인지 어서 일러보라."

여기서 열 가지 병통이란 《선가귀감》에서 이르는 화두병이
다. 이런 병통을 이겼으면 나름의 경지를 얘기해보라는 물음이
었다.

무휴는 대답을 못했다. 용성이 소리쳤다.

"할!"

"이는 증상만增上慢으로 대망어인大妄語因이다. 오늘 이후로는 이런 견해를 내지 말거라."

'도를 깨쳤다'며 성인을 자처하는 거짓말을 하면 바라이죄波羅夷罪를 지어 영원히 추방을 당했다. 용성은 식견이 조금 열린 것을 오도로 잘못 알고 떠벌리는 수좌들에게 죽비를 들었다.

어느 날 용성이 선승에게 말했다.

"마조대사가 병석에 누워있는데, 원주가 화상께서는 요즘 법체가 어떠하냐고 물으니, 대사께서 일면불 월면불이라 하셨다. 여기에서 만약 이를 알 수 있다면 천하의 누구도 자네를 어찌하지 못할 것이니 간절하게 참구하라."

또 다른 선승에게 말했다.

"옛날에 어떤 승려가 조주에게 '무엇이 조사가 서쪽에서 오신 뜻이냐'고 물었는데, 조주가 '한 해가 다 저물어도 돈(錢)을 사르지 않았다'고 대답하셨다. 여기에 의심을 두어서 잊지 않으면 자연히 벗어나 깨달을 날이 올 것이다."

또 어느 날에는 선승이 물어왔다.

"조주선사께서 '무'라고 말씀하신 뜻이 무엇입니까?"

용성이 답했다.

"무!"

선승이 고개를 갸우뚱거렸다.

"만약 이 일을 말한다면, 한마디 한마디가 자신의 흉금에서 흘러나오는 것인데, 선사께서는 본래로 되돌아가서 조주의 말로써 대답하시는군요."

용성이 물었다.

"그대는 무엇을 조주라고 부르는 것인가?"

그러자 선승이 다시 물었다.

"무엇이 조주가 '무'라고 말한 뜻입니까?"

용성이 다시 답했다.

"무!"

어느 날 법좌에 올라 대중을 향해 설법했다.

"주장자라고 부르면 걸려드는 것이고, 주장자라고 부르지 않으면 등지는 것이다. 이런 처지에 놓여서 어떻게 대답하겠는가? 어쩌면 목숨을 돌보지 않는 녀석이 나와서 주장자를 빼앗고 선상을 뒤엎는 일이 있을지 모른다. 그렇다면 그놈에게 '산하라고 부르면 걸려드는 것이고, 산하라고 부르지 않으면 등지는 것이다. 다다른 곳이 여기라면 어떻게 대답하겠느냐'고 물을 것이다."

대중은 말이 없었다. 용성은 주장자를 물리고 법좌에서 내려왔다.

그해 7월 15일 하안거 해제 날에 주장자를 잡고 대중에게 설법했다.

"보름날에 보름달 같은 둥근 떡을 먹고 있는데 달과 떡이 서로 얼마나 떨어져 있는가?"

대중은 아무 말이 없었다. 용성이 대신 말했다.

"오늘이 7월 15일이다."

그리고 법좌를 내려왔다.

일본의 조선 공략은 거침이 없었다. 조선 군인 옆에는 일본 군인이 상전으로 있었다. 일본인들은 조선 백성들의 일상사를 간섭하고 마음에 안 들면 무엇이든 트집을 잡았다. 조선 백성들은 내 땅에서 일본인들에게 매 맞고 수모를 당했다. 조선은 일본의 '밥'이었다.

러일전쟁을 취재하러 1904년 12월 부산에 내린 스웨덴 기자 아손이 봤을 때 '조선인은 일본인들보다 머리통 하나가 더 있을 정도로 키가 컸고, 신체가 잘 발달되어 균형이 잡혀있었고, 태도는 자연스러워 여유가 있었고, 일본인의 특징인 벌벌 기는 비굴함과 과장된 예의 차리기와는 거리가 먼' 사람들이었다. 그럼에도 일본인 앞에서 한국인은 무력하기만 했다.

'가장 웃음이 나오는 것은 키가 난장이처럼 조그마한 일본인 역원들이 얼마나 인정사정없이 잔인하게 코레아인들을 다루는가를 지켜보는 것이었다. 그들이 그런 대접을 받는 것은 정말 굴욕적이었다. 그들은 일본인만 보면 두려워서 걸음아 나 살려라 하고 도망쳤다. 행동이 잽싸지 못할 때는 등에서 회초리가 바람을 갈랐다. 키가 작은 섬사람들은 손에 회초리를 쥐고 기회만 있으면 언제고 맛을 보여주었다. 그 짓이 재미있는 모양이었다. (…) 이 북새통에서 내가 마지막 본 장면은, 그 무리들 중에서 제일 왜소한 일본인이 키 크고 떡 벌어진 한 코레아 사람의 멱살을 거머쥐고 흔들면서 발로 차고 때리다가 내동댕이치자, 곤두박질을 당한 그 큰 덩치의 코레아 사람이 땅에 누워 몰매 맞은 어린애처럼 징징 우는 모습이었다.' (아손 그렙스트W. A:son Grebst,《스웨덴 기자 아손, 100년 전 한국을 걷다》)

새 절과
첫 책을
짓다

1905년이 밝았다. 새해 지진이 일어났다. 불길했다. 러일전쟁에서 승리한 일본은 대한제국을 삼키려 들었다. 그해 11월 일본 특파대사 이토 히로부미가 경부선 열차를 타고 경성으로 들어왔다. 그것은 하나의 상징이었다. 일본은 거칠 것이 없었다. 다음날 황제를 알현하고 일본 천황의 친서를 전달했다.

"짐은 동양 평화를 유지하기 위하여 대사를 특파하니 모두 대사의 지휘를 좇아서 국방의 방위를 조처하고, 짐은 황제의 안녕을 공고히 하며, 짐은 또 이를 보증한다."

이토가 황제에게 '한일협상조약韓日協商條約'이란 조약문을 제시했다. 황제는 조약 체결을 거부했다.

"짐은 차라리 순국을 택하겠소."

그러자 무장한 군대가 궁궐을 포위하고 황제와 대신들을 위협하여 강제로 조약을 체결했다. 대한제국을 보호국으로 만든 을사늑약乙巳勒約이었다. 1905년 11월 18일 새벽 2시에 체결된 조약의 제1조는 이렇다.

'일본국 정부는 동경에 있는 외무성을 통하여 금후 한국의 외국과의 관계 및 사무를 감리 지휘할 수 있고 일본국의 외교 대표자와 영사는 외국에 있는 한국의 신민 및 이익을 보호할 수 있다.'

이로써 대한제국의 외교권이 박탈당하고, 일본이 통감부統監府를 설치하여 내정까지 장악했다. 명목은 일본의 보호국으로 삼는다지만, 실제로는 주권을 빼앗고 식민지로 만들겠다는 것이었다. 을사늑약 체결은 엄청난 국민적 저항에 부딪혔다. 유생들이 을사오적乙巳五賊 처단, 국권 회복 등을 주장하며 상소했다. 전국 각지에서 항의 시위가 벌어졌다. 고종의 시종무관장인 민영환閔泳煥(1861~1905)은 할복 자결했다. 민영환의 의로운 죽음은 백성들의 의분을 일으켰다. 그가 죽은 후 피 묻은 옷을 놓아둔 곳에서 죽순이 솟아났다고 전해진다.

'민영환이 죽은 뒤 그가 자결할 때 쓴 칼과 피 묻은 옷을 모두 영상靈床 뒷마루에 간직했는데, 5월에 부인 박씨가 그 옷을 볕에 쪼이려고 보니 옷 밑에 죽순이 돋아나 있었다. (⋯) 온 장안 사람들이 모여들어 구경했는데, 한 달 간이나 인산인해를 이루었다. 서양 상인들도 와서 마치 죽었을 때처럼 술을 따르며 곡했고, 장안 백성들도 이를 그림으로 그리거나 목판에 새겨 팔았다.'(황현,《매천야록》)

고위관리들이 잇따라 목숨을 끊었다. 재상에서 물러나 고향 가평에서 칩거하던 조병세趙秉世(1827~1905)도 순국했다. 늑약 체결 소식을 듣고 상경하여 임금 알현을 요청했지만 일본군의 방해로 거절당하자 궐 앞에 엎드려 울부짖었다. 조병세는 독약을 마셨다. 그가 남긴 마지막 상소는 절절하여 소름이 돋았다.

'신이 죽은 후에 참으로 분발하고 결단하여 박제순朴齊純, 이지용李址鎔, 이근택李根澤, 이완용李完用, 권중현權重顯 오적을 대역부도의 죄로 처형하시어 천지신인天地神人들에게 사례해야 할 것입니다. 각국 공관과 교섭해서 허위 조약을 회수해 없애고, 그래서 국운을 회복한다면 비록 신이 죽을지라도 오히려 태어남이 될 것입니다. 만일 신의 말이 망령된 것이라면 즉시 신의 몸으로 젓을 담아 역적들에게 나눠 주소서.'

각지에서 의병들이 일어나 일본 군대와 군사 시설을 공격하고 친일파들을 습격했다. 대나무를 꺾어 깃발을 매달고 왜놈들을 죽이라고 외쳤다. 유림의 거두인 최익현崔益鉉(1833~1906)은 임병찬林炳瓚(1851~1916) 등과 함께 전북 태인, 정읍, 순창 등지에서 일본군과 싸웠다. 그는 붙잡혀 대마도로 유배된 뒤 스스로 곡기를 끊어 옥사했다. 최익현의 유해가 환국하자 온 나라가 통곡했다.

'영구가 부산에 이르자 우리 장사꾼들이 시전을 거두고 통곡했는데, 마치 친척을 잃은 것처럼 슬퍼했다. 남녀노소가 모두 뱃전을 잡고 엎어지며 슬피 우니, 곡성이 넓은 바다를 뒤흔들었다. 장사꾼들은 자신들의 시전에다 호상소를 마련하고 상여를 꾸몄다. 하루를 머문 뒤에 떠나자 상여를 따라오며 미친 듯 우는 자가 수만 수천이었다. 승려, 기생, 거지에 이르기까지 부의를 들고 와 인산인해를 이루니 저자 바닥 같았다. (…) 곡성이 온 나라 골목마다 퍼졌고, 사대부에서 길거리의 어린아이들과 심부름꾼들까지 모두 눈물을 뿌리며 "면암이 돌아가셨다" 하면서 조문했다. 나라가 시작된 이래 사람이 죽었다고 이처럼 슬퍼한 적이 없었다. 그럼에도 조정에서만은 은졸隱卒의 의전도 없었으니, 적신들이 나랏일을 맡았기 때문이었다.' (황현, 《매천야록》)

그해 용성은 연천군 보개산에 있었다. 그리고 관음전을 창건했다. 처음으로 절 하나를 지었다. 그곳에서 《선문요지禪門要旨》 한 권을 지었다. 하지만 이 책은 전해 내려오지 않는다. '금세 소실되고 말았다'고 전한다. 《선문요지》는 불서의 제목으로 보아 선수행의 지침서였을 것이다. 깨달음으로 향해 가는 일종의 노정기路程記였을 것이다. 그렇다면 용성은 보개산에서 왜 관음전을 창건하고 불서를 저술했을까? 아마도 용성은 보개산에서 총림을 구상했을 것이다. 세속화되어가는 불교를 더 이상 볼 수 없어 선불교의 중흥을 모색했을 가능성이 크다.

그렇다면 용성의 이러한 서원은 왜 수포로 돌아갔을까? 1907년에 일어난 정미의병丁未義兵 사건 때문이었을 것이다.

1905년 통감부 설치 후 일제는 조선 병합을 서둘렀다. 고종은 1907년 6월 헤이그에 특사를 파견했고, 이를 빌미로 일제는 고종을 폐위하고 순종을 즉위시켰다. 그런 다음 대한제국 군대마저 해산시켰다. 1907년 8월 1일, 일본군의 삼엄한 경계 속에 군대해산식이 거행되었다. 황제 순종은 전날 이미 군대 해산 조칙을 발표했다. 제국이되 제국이 아니었고, 황제였으나 황제가 아니었다. 해산식 장소는 유서 깊은 훈련원(지금의 을지로 일대)이었다. 숱한 조선 무장의 혼이 서려있는 훈련원에서 대한제국군 장교들은 차고 있던 칼을 뺏겼다. 장병들은 아무 영문도 모르고 도열해 있었고, 그들의 견장이 뜯겨 나가자 비로소 목 놓아 울었다.

거의 같은 시각, 시위대侍衛隊 병영(지금의 서소문 근처)에서 총성이 울렸다. 그곳에는 황제의 가장 충성스러운 병사들이 모여 있었다. 황실의 경호를 맡고 있던 최정예부대인 시위연대 1대대장이 목숨을 끊었다. 참령 박승환朴昇煥(1869~1907)이었다. 그는 유서를 남겼다.

"군인으로서 나라를 지키지 못하고 신하로서 충성을 다하지 못했으니, 만 번 죽어도 아까울 것이 없다."

격해진 장병들이 무기를 다시 들었다. 일본군과 격렬한 시가전이 벌어졌다. 구원군은 어디에도 없었다. 총탄이 떨어지자 주먹을 쥐고 달려 나갔다. 대한제국의 마지막 병사들이었다. 그들은 제국의 군인답게 용감하기는 했지만, 그 숫자나 지닌 무기는 제국의 군대답지 못했다. 정오까지도 버티지 못했다. 을지로에는 울음이, 서소문에는 피가 홍건했다. 한나절 전투에 죽은 자 68, 다친 자 100, 살아서 잡힌 자 516. 군대 없는 나라의 끝은 식민지였다. 그날 이후 1948년 대한민국 국군이 창군할 때까지 41년 동안 이 땅에는 우리 군대가 없었다.

해산 당한 군인들은 각지의 의병들과 합류했다. 이들을 '정미의병'이라 불렀다. 정규 군인들의 의병 전쟁 합류는 항일 활동의 양상을 바꾸었다. 체계적인 군사훈련과 고급 전술을 구사하여 조직적 전투를 가능하게 만들었다. 이후 전 국토에서 의병들이 일어났다.

보개산 일대는 의병들의 본거지였다. 의병과 일본군 사이에 격렬한 전투가 벌어졌다. 의병과 승려, 유림 등 수백 명이 일본군에 맞서 싸웠다. 심원사와 암자 등 모든 전각들이 소실되었다. 이때 용성이 세운 관음전과 그 속에 있던 《선문요지》도 불에 타 사라졌을 것이다.

당시 보개산 일대는 의병들의 본거지였다.
의병과 일본군 사이에 격렬한 전투가 벌어졌다.
의병과 승려, 유림 등 수백 명이 일본군에 맞서 싸웠다.
심원사와 암자 등 모든 전각들이 소실되었다.
이때 용성이 세운 관음전과 그 속에 있던
《선문요지》도 불에 타 사라졌을 것이다.
지금은 의병을 기리는 비만 남아있다.

어느 날 죽을 들고 있는데 제자 해봉海峰이 물었다.

"죽이 뜨겁습니까? 입이 뜨겁습니까?"

용성이 대답했다.

"죽이 뜨겁네."

해봉은 말이 없었다. 별당으로 돌아오니 도반 성공性空이 힐난하였다.

"죽이 뜨겁다고 한 대답은 이치에 심히 맞지 않는다고 생각을 하네."

용성이 답했다.

"알겠는가? 허공을 후려치니 꽝 울음소리가 들리고 징을 때리니 소리가 들리지 않는다."

그해 겨울 석대石臺에 올라가서 참선법회를 창설했다. 석대에서 도반 천원天圓과 덕산의 탁발 화두인 '종미명고미격처鍾未鳴鼓未擊處'에 대해서 법담을 나눴다. '덕산탁발德山托鉢'은 《무문관》 제13칙의 내용이다.

하루는 덕산선감德山宣鑑(782~865)이 발우를 받쳐 들고 공양간으로 내려갔다. 이를 본 설봉雪峰이 혼잣말을 했다.

"저 늙은이가 종도 아직 울리지 않았고 북도 아직 치지 않았는데 발우를 들고 어디로 가는 거야?"

이에 덕산이 곧장 방장실로 들어가버렸다. 이에 설봉이 도반 암두巖頭에게 이 일을 말했다. 그러자 암두가 말했다.

"천하의 덕산 스님도 아직 마지막 한 구(末後句)를 몰랐구나."

덕산이 그 소릴 전해 듣고 시자를 시켜 암두를 불렀다.

"그대가 이 늙은이를 긍정하지 않는가?"

그러자 암두가 다가가 덕산에게 은밀하게 귓속말을 했다. 다음날 덕산이 법상에 올랐는데 과연 설법이 여느 때와는 달랐다. 암두가 법당 앞에서 박장대소하며 말했다.

"기쁘다. 노장이 마지막 한 구를 아셨구나. 이제부터는 천하의 누구도 노장을 어찌하지 못하리라."

천원이 용성에게 물었다.

"자네가 덕산이라면, 설봉의 말에 어떻게 대답하겠는가?"

용성이 대답했다.

"공양 시간이 늦어 배가 허기지니 창자 소리가 심하게 나네."

龍城

제6장

해와 달에 주인이 있는가

대적광전의
주장자

1905년 11월 용성은 서울로 올라갔다. 그리고 망월사望月寺에 들었다. 왜 용성이 보개산을 내려왔는지는 알 수 없다. 처음 절을 짓고 첫 불서를 집필했으며, 성주암과 석대암에 선회를 개창했음을 볼 때 나름 불법을 바로 세우는 도량을 건설하려는 서원을 세웠음직하다. 하지만 정미의병 사건이 나기 2년 전 보개산을 떠나왔다. 아마도 심원사의 운명을 미리 내다본 것이 아닌가 추측할 뿐이다.

도봉산 망월사는 고종 17년(1880) 완송玩松 스님이 중건한 뒤 영산전, 독성각, 약사전 등을 차례로 세웠고 1906년 회광사선晦光師璿(1862~1933)이 선실禪室과 설법루說法樓를 중수했

다. 용성은 그때를 맞춰 이곳에서 설법한 것이라 보여진다. 용
성이 법좌에 올랐다.

알겠는가!
주장자에는 구질구질한 마디가 없으니
그대들이 헤아려보라.

그리고는 곧바로 법좌에서 내려왔다. 대중들 스스로 참구하
기를 당부했다.
다시 섣달 그믐날 밤에 주장자를 세우고 말했다.
"오늘은 납월臘月 30일이다. 대중은 무엇을 분명히 했는가?
말해보거라."
모두 침묵하고 있으매 게송을 읊었다.

우뚝 솟은 기암은 비늘처럼 포개어져 있고
빽빽한 잣나무는 서로 이어져 푸르구나
무한한 흰 구름은 골짜기마다 가득하고
크게 울리는 범종소리는 푸른 하늘에 사무치도다

1906년 1월 14일 궐에서 상궁 임씨가 찾아왔다. 임 상궁은
황실이 위태롭다며 고개를 숙였다. 사실 황제는 외로웠다. 을사

늑약으로 매국노를 처단하라는 충신들의 상소가 빗발쳤지만 황제는 힘이 없었다. 통감부를 설치한 일제는 황제에게 더 많이 양보할 것을 요구했다. 고종은 무능한 군주였지만 그렇다고 나라를 일본에게 바칠 생각은 없었다. 하지만 친일 대신들에 둘러싸여 하루하루가 세상의 끝처럼 위태로웠다. 스웨덴 기자 아손 그렙스트는 《스웨덴 기자 아손, 100년 전 한국을 걷다》에서 태자비 장례식에 참가한 황제 고종을 본 소감을 이렇게 전하고 있다.

'황제의 얼굴은 개성이 없었으나 원만해 보였고, 체구는 작은 편이었다. 조그만 눈은 상냥스러워 보였고 약간 사팔뜨기였다. 그의 시선은 한곳에 고정되지 못하고 노상 허공을 헤매었다. 성긴 턱수염과 콧수염을 길렀지만 노란색 옷차림에 서양의 나이트 캡과 비슷한 높은 모자를 쓴 모습이 마치 상냥한 늙은 목욕탕 아주머니 같은 인상이었다. 외교관들이 조의를 표할 때마다 황제는 엉거주춤하게 고개를 숙이거나 무릎을 굽히곤 했는데, 내가 평소에 지니고 있던 황제에 대한 이미지와는 사뭇 동떨어진 것이었다. 이 한 많은 황제에게 나는 일종의 연민을 느끼게 되었다. 그는 물론 장례식 날인 오늘은 더 그러겠지만 평상시에도 어느 하루 마음 편한 날이 없었을 것이다. 더더군다나 오늘은 러시아 발틱 함대가 전멸했다는 소식을 들었기에, 앞으로 우방 러시아에게서 더 이상 도움을 받을 수 없다는 것

을 명백히 알게 되었을 것이다.'

시선을 어느 한 곳에 고정하지 못할 정도로 고종은 불안했다. 그래도 의지처는 있어야 했다. 불교는 조선시대 배척을 받았지만 왕비와 상궁들은 여전히 불교에 의지했다. 피바람이 불었던 권력 암투에서도 자비의 종교 불교는 나름 마음의 안식을 주었다. 왕실의 은밀한 밀명을 받고 상궁들은 고승을 찾아갔다. 고종 말기는 특히 그랬다. 해인사, 청암사, 보광사, 각황사(현 조계사) 등에 거액을 시주했다. 상궁이 무슨 돈이 있겠는가. 모두 왕이나 왕후가 상궁들을 통해 은밀히 전달했다. 임금이 사사로이 쓸 수 있는 내탕금이나 왕실에서 내린 특별하사금이 사찰로 흘러들어갔을 것이다. 임 상궁은 황실의 운명과 황제의 안위를 위해서 용성을 찾아갔을 것이다. 여기에서 여러 가지를 짚어 볼 수 있다. 우선 용성의 명성이 장안을 흔들고 있음을 알 수 있다. 상궁들은 명성을 좇아 고승들을 찾아다녔기 때문이다.

'그 뒤로부터 각 궁녀들이 초청하여 법을 듣는 일이 간간히 있었는데 육대법사의 씨명은 아래와 같다. 백학명 스님, 백용성 스님, 백초월 스님, 이춘성 스님, 이화담 스님, 송병기 스님.'(동광,《청산은 움직이지 않고 물은 멀리 흐르네》)

"스님, 황제께서는 고립무원이십니다. 대한제국의 운명은 어찌 될지 참으로 모르겠습니다. 부디 길을 가르쳐 주십시오."

"소승이 무엇을 알겠습니까."

"왕실이 정성을 바칠 데가 없겠습니까."

"나라를 위한 불사라면 해인사 팔만대장경을 살피라 말씀드리고 싶습니다. 아시겠지만 팔만대장경은 국난을 극복하려는 백성들의 간절한 발원으로 이뤄졌습니다. 소승이 본 바로는 해인사에 보관된 팔만대장경 경판들이 훼손 위기에 있습니다. 판각의 장식이 망실되었고 그대로 두면 경판의 자획마저 마멸될 것입니다. 하루 속히 단월檀越(시주)의 정성이 필요합니다."

"알겠습니다. 팔만대장경은 황제께서도 관심이 많으십니다. 몇 해 전에도 왕실 내탕금으로 대장경 네 질을 인출印出하여 삼보사찰에 봉안한 적이 있습니다."

"임진왜란 때도 승병과 의병들이 해인사 대장경만큼은 사수했지요."

사실 오래전부터 이 땅은 왜란의 연속이었다. 일제의 요구는 집요해서 그 끝을 가늠할 수 없었다. 용성은 팔만대장경 불사를 권했지만 그것이 나라를 구할 가피로 돌아올 수는 없었다. 조선은, 그리고 대한제국은 불교의 나라가 아니었다. 백성들이 한 마음으로 발원하고, 장인들은 대장경판에 세 번 절하고 한 자를 새기는 고려시대가 아니었다.

임 상궁은 6천원 시주를 약조하고 돌아갔다. 이를 전해들은 고종은 다시 2만원을 더 시주했다. 그렇게 해서 팔만대장경은 황제의 명으로 경판 보수 불사를 하게 되었다. 고종은 용주사 강대련姜大蓮(1875~1942) 스님을 파견하여 불사를 감독하라 일렀다.

용성은 그해 3월 해인사 산문을 넘었다. 제산과 법거량을 한 지 5년 만이었다. 제산은 여전히 작은 방에 기거했지만 수좌들에게는 우람한 산봉우리였다. 해인사는 용성에게는 변함없는 법향法鄕이었다. 극락암에서 머리를 깎던 날 얼마나 두려웠던가, 얼마나 설레었던가, 또 얼마나 막막했던가. 그때 용성은 열여섯 살이었다. 27년이 흘러 이제 세상 나이 마흔둘. 어디를 가도 용성을 알아보고 합장했다. 봄날 가야산은 근심이 없었다. 돋아난 새싹들은 가야산의 노래였다. 그 품에 안긴 하루하루가 그저 고마울 따름이었다.

어느 날 해인사 대중이 법문을 청했다. 법좌에 올라 바라보니 대적광전이 가득 차있었다. 용성은 한참 동안 그대로 앉아있었다. 법당 안의 침묵이 길었다. 새소리가 명랑하게 법당 안에 떨어졌다. 이윽고 용성이 말했다.

"모든 대덕이여, 세상의 인연을 모두 놓아버리고 헤진 옷이나 누더기를 걸치고서 하늘 끝에서 땅끝까지 떠돌아다니는데, 무슨 일을 위해서인가?"

향로 받침대를 주장자로 치면서 말했다.

해인사 대중이 법문을 청했다.
법좌에 올라 바라보니 대적광전이 가득 차있었다.

"모든 대덕이여, 세상의 인연을 모두 놓아버리고 헤진 옷이나 누더기를 걸치고서
하늘 끝에서 땅끝까지 떠돌아다니는데, 무슨 일을 위해서인가?"

"만일 부처를 배우는 것이라면 바로 부처이다."

다시 주장자로 다기茶器를 치면서 말했다.

"만일 불법을 배우는 것이라면 이것이 불법이다."

주장자를 집어 세우며 말했다.

"만일 승僧을 배우는 것이라면 이것이 바로 승이다."

용성은 주장자를 던져버렸다. 그리고 법좌에서 내려왔다.

용성은 1906년 9월 덕유산 호국사護國寺에서 참선법회를 개설했다. 그리고 이듬해 3월 덕유산 아래 옛 절터에 선원을 창건하고 법천암法泉庵이라는 편액을 걸었다. 법천암은 지금은 무주 읍내에 있는 향산사 향산선원香山禪院이다. 1936년 선파禪波 스님이 중건했고, 전강 스님도 이곳에 머물며 법문을 했다. 1975년 혜안慧眼 스님이 대웅전을 중창했다. 용성이 일으킨 선풍을 받드는 비구니들의 기도도량이다.

용성은 가는 곳마다 선방을 조성하고 선회를 열었다. 용성이 이토록 선회를 열고 청정 비구의 길을 제시한 것은 일본불교의 유입과 당시 불교의 급속한 세속화에 대한 대응이었다. 1905년 일본 승려들이 명동에 정토종淨土宗 사찰을 창건했다. 1906년 7월 한국에 정토종은 일본 포교소 12개소와 한인 정토종교회 183개소가 있었다.

나라 안에 정토종이 교회를 세우자 정토종 교패를 팔아 자기의 몸을 보호하고 재물을 불리는 자들이 나타났다. 용성은 고유의 선풍이 쇠퇴하고 일본불교가 세력을 뻗쳐가는 현실을 지켜보며 깊이 탄식했다. 그리고 한국불교가 깨어나라며 죽비를 들어 선승들을 깨웠다.

백련암의
호랑이들

용성은 1906년 가야산 백련암白蓮庵에서 하안거를 했다. 백련
암은 가야산에서 가장 높은 암자였다. 기암괴석이 병풍처럼 둘
러 서있고 늙은 소나무 자태가 그윽했다. 가야산의 으뜸 절승
지였다. 창건연대는 알 수 없지만 서산대사의 제자 소암昭庵이
중창했다. 임진왜란 당시 소암이 해인사를 수호했고, 왜군이 소
암의 명성을 듣고는 감히 침범하지 못하였다고 전해진다. 예로
부터 고승들을 많이 배출한 수도처였다.

  하루는 용성이 법좌에 올라 설했다.

  "오늘 대중이 밥을 먹고 나서 또 차를 마시던데, 조주의 차
와 같았는가 달랐는가? 일러보라, 어서 일러보거라."

대중이 답이 없자 시자를 불러 말했다.

"차를 끓여서 각자 한 잔씩 주거라."

그리고는 법상을 한 번 쳤다.

"조주가 왔느니라."

그리고 곧바로 법좌에서 내려왔다.

어느 날 법좌에 올라 대중에게 설했다. 그날은 스님들이 많았다.

산승이 이제까지 선禪을 알지 못했네

동지에서 한식은 백오일이로다

구광루 아래에는 맑은 물이 흐르고

가야산 정상에는 흰 구름이 나는구나

어젯밤부터 줄곧 비가 내리니

농가는 기쁘면서도 바쁘겠구나

山僧從來不會禪 冬至寒食一百五

九光樓下淸水流 伽倻山上白雲飛

夜來下雨至於今 應知農家喜又忙

용성은 법상을 한 번 치고 말했다.

"대덕들이여, 모자람이 있는가? 별일 없이 잘 가시오."

용성은 백련암에서 동안거까지 지냈다. 진영을 모신 영자당影子堂을 다시 짓고 가야산 호랑이를 물리쳤다고 구전되어 오는 환적의천幻寂義天(1603~1690)을 비롯한 스님 일곱 명의 진영을 모셨다. 용성은 그 가운데 새로 조성한 인파유안仁波由安과 신해서장信海瑞章 스님의 진영에는 직접 영찬影撰의 글을 남겼다. 그 가운데 신해 스님 진영찬이다.

우둔하고 우둔하며 어리석고 약함이여

평탄하면서도 기구하구나

맑은 연못을 밟아 부수니 달이 비뚤어 굽어지고

눈금 없는 저울의 신묘한 날카로움이여

갈무리한 웃음 속의 귀신같은 화살이여

바람이 불기 전 스승의 쟁기여

우주에 머무르며 용과 뱀을 구분하더니

스승의 감이여

물이 소수蕭水와 상강湘江에 닿으니 전부 푸르게 변했네

悆悆癡贏 坦坦崎嶇 踏破澄潭月拗折

無星秤神鋒兮 藏笑裡鬼箭兮 落風前師之末兮

端居寰宇定龍蛇 師之去兮 水到蕭湘一片靑

가야산 백련암은 한국불교사에 아주 특별한 곳으로 기록할

만하다. 용성의 뒤를 이어 상좌 동산과 손상좌 성철이 주석하면서 선풍을 일으켰기 때문이다. 그들의 포효가 한국불교를 깨웠다. 가야산의 호랑이들이었다.

용성에 이어 동산이 백련암에 주석하고 있을 때 이영주라는 청년이 해인사 일주문을 넘어왔다. 1935년 새해였다. 주지 고경은 청년이 범상치 않음을 알고 유발속인임에도 선방에 들였다.

어느 날 동산이 백련암에서 큰절 해인사로 내려와 선방인 퇴설당에 들렀다. 청년은 용성의 제자 동산을 보는 순간 매료되었다. 모두 큰스님이라 부르는 만큼 자신의 고민을 해결해줄 것 같았다. 청년이 거침없이 물었다.

"스님이 보시기에 완전한 깨달음은 어떤 경지인지요?"

동산은 대뜸 청년이 큰그릇임을 알아봤다. 엉뚱한 질문에도 미소를 지어보였다.

"백련암으로 놀러오게."

백련암에 오른 청년에게 동산은 승려가 되라 일렀다. 동산의 '백련암 설득'은 강력했다. 미리 성철性徹이란 불명까지 지어서 보여주었다. 청년이 흔들렸다. 그러던 중에 다시 동산의 법문을 들었다.

여기 길이 있다.

아무도 그 비결을 말해주지 않는다.

그대 스스로 그 문을 열고 들어가기 전까지는.

그러나 그 길에는 문이 없다.

그리고 마침내 길 자체도 없다.

마침내 청년의 마음이 움직였다. 청년은 백련암 동산 앞에 엎드렸다.

"그래 결심하였는가?"

"예, 저를 받아주십시오."

일테면 '백련암 설복'이었다. 그렇게 청년 이영주는 승려 성철이 되었다. 이로써 용성-동산-성철로 이어지는 선맥이 출현했다. 그러고 보면 백련암은 비록 작지만 한국 선종을 일으킨 큰 도량이었다.

성철은 용성이 동산에게 해동율맥을 전해주는 현장에도 있었다. 3대가 한자리에서 계율을 횃불 삼아 어둠 속을 헤쳐 나갈 것을 다짐하는 귀한 순간이었다.

'사실 억불숭유의 조선시대에서 불교의 지계의식은 속절없이 엷어졌다. 특히 일제강점기에는 왜색불교의 영향으로 계맥이란 말 자체를 입에 올리지 않았다. 친일승들이 펼쳐놓은 파계破戒의 그늘에서 너나없이 늘어지게 낮잠을 자고 있었다. 그럼에도 계맥을 주고받아 청정 비구승의 가풍을 세우려는 노력들은 이어지고 있었다. (…) 계맥을 전수하는 장면은 장엄했다. 성철은 많은 생각을 했다. 저 인도에서 온, 오래된 불교는 이렇듯 시공을 뛰어넘어 살아 있었다.'(김택근,《성철평전》)

그리고 3대는 청정 비구의 길을 걸었다. 어떤 유혹에도 흔들리지 않았다. 부처님 가르침대로 계율을 어둠 속에서 빛을 만나듯, 가난한 사람이 보물을 얻은 듯이 중히 여겼다. 용성의 제자 동산과 손제자 성철은 훗날 조계종 종정으로 한국불교를 이끌었다. 두 제자는 용성의 가르침대로 계율을 지키며 선종의 맥을 이었다.

동산은 '설법제일'이라는 명성을 얻었다. 법회는 인산인해를 이루었고, 세인들은 '아무리 가난한 절도 동산이 다녀가면 3년 먹을 양식이 들어온다'고 했다. 동산은 범어사를 청정한 참선도량으로 조성했다. 왜색에 물든 한국불교를 바로 세우는 데 매진했고 불교정화운동에도 앞장섰다. 어떤 일이 있어도 예불은 거르지 않았고, 대중과 더불어 도량 청소를 했는데 빠진 적이 없었다.

성철 또한 평생 누더기를 걸치고 진정한 무소유가 무엇인지를 보여주었다. '부처님 법대로 살아보자'는 봉암사 결사를 통해 조사들이 걸었던 옛길을 찾아냈다. 10년 장좌불와長坐不臥에 10년 동구불출洞口不出로 자신을 다스렸다.

성철은 할아버지 용성을 시봉한 적이 있었다. 용성은 성철을 특히 아꼈다. 용성이 보기에 성철은 비범했다. 용성은 어떤 승려를 보더라도 "선생"이라고 불렀다. 하지만 성철에게만은 "성철 수좌"라고 불렀다. 아무리 둘러봐도 스님이라 부를만한 중이 보이지 않았기에 성철의 바른 수행은 특별했다. 용성이 보기에 당시 승려들은 무기력하기만 했다.

'용성은 성철을 미더워했다. 성철 또한 척박한 여건 속에서도 삿된 믿음을 경계하며 자신을 지키는 스님을 깊이 존경했다. 그런 할아버지스님이 살아계심이, 또 바로 곁에 계심이 든든했다. 자연 신명이 돋아나 시봉이 즐거웠다.'(김택근,《성철평전》)

그해 가을 용성은 서울 종로에 세운 사찰 대각사로 옮겨가야 했다. 큰스님은 손상좌 성철을 대각사로 데려가고 싶어 했다. 하지만 성철은 서울로 가고 싶지 않았다. 번잡한 도시보다는 산속에 머물며 더 공부하고 싶었다. 노스님을 따라갔다가는 평생 시자 노릇만 할 것 같았다. 성철은 기차역까지 따라갔다가 큰스님 용성이 보이지 않자 줄행랑을 쳤다고 한다. 정겨운 일화가 아직도 선방에서 회자되고 있다.

백련암 경내에는 실눈을 뜨고 산 아래를 굽어보는 백련암의 상징인 불면석佛面石이 있다. 백련암 뒷산에 아홉 개의 골짜기가 있고 골마다 용이 있었는데 구룡의 기운이 흘러내려와 한데 뭉쳐 있는 곳에 불면석이 서있다고 한다. 용성, 동산, 성철의 선기와 사자후가 서려있으니 어쩌면 한국불교를 깨우는 '불면석不眠石'이었다.

성철은 26년 동안 백련암에 머물며 세상에 나오지 않았다. 자신을 친견하러 온 사람들에게 삼천배를 시키며 한국불교와 뭇사람에게 하심下心을 심었다. 해인성지海印聖地의 가장 높은 곳에서 법문이 흘러내려 세상을 적시었다. 백련암에는 지금도 용성-동산-성철로 이어진 법맥이 뛰고 있다.

사자후,
서쪽으로
가다

용성은 스스로 밝힌 것처럼 임제의 37대손이었다. 선禪의 본
향을 보고 싶었다. 1907년 가을 중국으로 성지 순례를 떠났
다. 보리달마菩提達磨 조사가 주석했던 숭산 소림사少林寺, 오
조홍인五祖弘忍(602~675) 조사의 황매현 오조사五祖寺, 육조혜
능 조사의 조계산 남화사南華寺, 임제의현 조사의 임제원臨濟
院 등을 돌아봤다. 그리고 5대 명산을 두루 올랐다.

　용성은 유명 사찰에도 들렀다. 이때 중국 승려들과 법거량을
했다. 남아있는 기록으로 용성의 법력을 가늠해볼 수 있다.

　1907년 9월 용성은 청나라 북경에 있었다. 여러 가람을 두
루 살피고 중방교衆芳橋 관음사觀音寺에 머물렀다. 어떤 승려

가 물었다.

"무엇이 안신입명安身立命하는 것입니까?"

용성이 답했다.

"관음원은 쌀밥이 좋군요."

승려가 다시 말했다.

"나는 밥에 대해 묻지 않았습니다. 무엇이 안신입명하는 것이오?"

용성이 답했다.

"게다가 반찬도 좋더군요."

용성의 '안신입명' 법거량이 경내에 퍼졌다. 승려들이 수군거렸다. 이번에는 홍로鴻廬에서 온 승려가 나섰다.

"무엇이 제불께서 머무는 곳입니까?"

용성이 답했다.

"당신은 어느 지방 사람입니까?"

"남방 사람입니다."

용성이 말했다.

"남방이 산수가 좋다고 들었는데 사실입니까?"

"그렇습니다. 참으로 좋은 곳입니다."

승려가 물었다.

"무엇이 안신입명하는 것입니까?"

"붉은 봉황새가 벽오동에 있습니다."

성경성盛京省 장안사長安寺에서 온 승려가 있다. 용성이 예를 갖추고 물었다.

"당신은 장안사에서 왔으니 장안의 일을 잘 아실 것입니다. 감히 대선덕께 묻겠습니다. 장안의 길은 어디에 있습니까?"

승려는 답이 없었다.

보타산普陀山에서 온 승려가 있었다. 이번에도 용성이 물었다.

"보타산은 어느 지방에 있습니까?"

"오직 바다의 푸른빛이 하늘에 닿아 있을 뿐입니다."

용성이 다시 물었다.

"관음보살이 그 안에 계신다고 하는데 그렇습니까?"

"그렇습니다."

용성이 다시 물었다.

"영험한 감응이 자재하다는데 그렇습니까?"

"그렇습니다."

"관음보살 모습을 보여주십시오."

승려는 선뜻 답을 못했다. 용성이 말했다.

"현묘한 뜻을 알지 못하면 한낱 생각만 고요하려고 애를 씁니다."

소주蘇州에서 온 승려가 있었다. 용성이 물었다.

"남방의 불법은 어떠합니까?"

"강남의 3월을 생각하면 자고새가 우는 곳에 온갖 꽃이 향기롭습니다."

말을 마친 승려가 반문했다.

"그렇다면 동국 조선의 불법은 어떠합니까?"

용성이 답했다.

"불법이 왕성하여 오직 이가 아플 뿐입니다."

승려가 물었다.

"이가 아픕니까? 마음이 아픕니까?"

용성이 크게 외쳤다.

"할!"

승려가 다시 말했다.

"더할 나위 없이 서로 물었습니다."

용성이 좌복을 들어 곧바로 후려쳤다.

해가 바뀌어도 용성은 청나라에 머물렀다. 1908년 2월 통주通州 화엄사를 찾아갔다. 어떤 승려가 물었다.

"당신은 어느 절에서 수계하셨습니까?"

"우리나라 통도사 금강계단에서 계를 받았습니다."

승려가 물었다.

"중국의 정계淨戒가 언제 당신네 나라에 전해졌습니까? 내가 듣기에는 조선의 승려들은 다만 사미계를 받아서 승려가 되었을 뿐이고 대계大戒를 받았다는 말은 아직까지 들은 적이 없습니다."

그 말에 용성이 크게 웃었다. 그리고 차분히 말했다.

"허공의 해와 달이 당신 나라의 해와 달인가? 대체로 불법이란 천하의 공도公道임이 분명할진대 천하의 공도를 어찌하여 중토中土(중국)에만 국한하는 것이오. 국가는 대국이지만 사람은 소인이로다. 설령 그렇다 해도 중토의 중은 고정된 것이 아니니, 당신 나라를 남쪽에서 보면 북쪽에 있고, 북쪽에서 보면 남쪽에 있는 것이오. 동쪽과 서쪽에서도 마찬가지인데 중中이 무엇을 근거하여 성립될 수 있겠소이까. 만일 사람을 업신여긴다면 한량없고 끝이 없는 죄가 있을 것이오. 아시겠소?"

그러면서 용성이 시를 읊었다.

해가 부상국을 비추니
강남의 바다와 산이 붉어지네
같음과 다름을 묻지 말라
영묘한 빛은 고금에 통한다네
日照扶桑國 江南海岳紅
莫問同與別 靈光今古通

고려 말 나옹선사의 시였다. 부상국이란 중국 전설에 나오는 '해 돋는 동쪽 바닷속 나라'를 가리켰다. 용성은 중국의 전설을 끌어들인 나옹선사의 시를 즉석에서 읊은 것이다. 참으로 누구도 범접할 수 없는 기봉機鋒이었다. 용성은 이어서 동쪽나라에서 일어난 서상수계瑞祥受戒를 설명했다.

"우리나라 계법戒法은 스님들께서 서로 전하여 내려왔다오. 일백여 년 전에 금담 장로와 대은 장로 두 분이 동국제일선원에서 서원을 세우고 7일간 기도를 하셨는데 한 줄기 상서로운 광명이 대은 장로의 정수리로 쏟아지는 감응이 있었다오. 그래서 대계와 소계의 계단을 개설하신 것이니, 이는 중국의 고심율사古心律師의 경우와 같은 것이오."

용성은 거침이 없었다. 화엄사의 승려는 말이 없었다.

염불이
곧 참선

1908년 2월 그믐날 다시 서울로 돌아왔다. 서울은 점점 왜색으로 물들어가고 있었다. 상점마다 일본 나막신과 화장품, 우산 등이 진열되어 있었다. 대한제국은 말로만 제국이었다. 그저 일본의 보호국에 불과했다. 소위 근대 과학기술문명의 4대 발명품이라는 기차, 전기, 활동사진, 우편 등이 모두 들어와 있지만 별 감흥이 없었다. 정작 나라의 주권이 사라졌기 때문이었다. 악을 쓰며 거리를 내달리는 전차도 그저 열강들의 악다구니 같았다. 용성은 자신이 보호국의 승려라는 생각에 어디를 가도 걸음이 무거웠다.

또 서울은 아직도 귀신의 도시였다. 승려들 모습은 보이지 않았지만 무당은 어디를 가도 흔했다. 그들은 궁궐 출입도 자유로웠다. 황제도 무당을 불러 길흉을 묻고 궐에서 굿을 했다. 망해가는 나라의 백성들은 귀신에 의존해서 살아가고 있었다. 불교, 유교가 있지만 급하면 무당을 찾았다. 또 점집 같은 곳에서는 불교를 내세우고 실제로는 귀신을 섬겼다. 그럴수록 용성은 제대로 살아보자고 스스로 다짐했다.

다시 거처를 망월사로 정했다. 산색이 고운 어느 봄날 어떤 거사가 물었다.

"진경塵境이 모두 고요해졌을 때는 어떠한 것입니까?"

색·성·향·미·촉·법으로 더럽혀진 마음이 가라앉았을 때의 경계를 물었다. 용성이 답했다.

"진경이 모두 고요해졌어도 번뇌는 암암리 서로 일어난다. 욕심과 번뇌가 갖가지 마음의 장애를 초래한다. 장식藏識의 오랜 훈습된 종자이거늘 근입根入이 너무나 견고하구나. 만약 변화시켜 여의지 못하면 종신토록 도道를 보지 못할 것이다."

용성은 주장자를 들어 때리는 시늉을 했다.

"떨어지면 깨부수고, 떨어지면 또 깨부수어라."

용성이 말을 이어갔다.

"맑고 고요함 속에 떨어진 것이라서 잡스러운 독이 마음에 들어갈까 염려스럽구나. 고덕께서 '몽둥이로 석인石人의 머리를 때리고 역정을 내시면서 실제로 있는 일을 문제 삼아야 한다'

고 말씀하셨는데 요즘 사람들은 몽둥이의 본뜻은 알지 못하고 아픔만을 아는 놈이 마음이라고 하니 슬프구나."

용성의 가르침은 계속되었다.

"마치 새까만 칠통이 깜깜한 밤에 놓인 것처럼 본디 두 가지 색이 없으니, 곧 두 가지 견해가 없다네. 이미 두 가지 견해가 없기 때문에 일체를 모두 분간하지 않을 것이다. 금강 같은 곤봉으로 칠통을 때려 부수어 빛을 발하게 하여야 옳다. 마음을 잘 쓰는 것을 얻었더라도 바른 깨달음을 얻기는 어렵고, 바른 깨달음을 얻었더라도 견지見地를 벗어나기 어렵고, 견지를 벗어났더라도 본래의 규범을 벗어나지 않는 것이 어렵다."

용성이 목소리를 낮추며 다시 말했다.

"혹은 깨달아 밝혀서 업을 쉬고 정신을 함양하는 경우가 있고, 혹은 손에 거머쥐기는 했지만 몸소 증득하지 못하는 경우가 있으며, 혹은 분발하여 미묘한 깨달음을 구하는 경우가 있고, 혹은 조금 분별을 내어 옛사람의 공안을 궁리하는 경우가 있으며, 혹은 번거로움을 싫어해서 고요함을 구하는 경우가 있다. 이것은 평소에 점검해야 할 일이다."

이때 어떤 사람이 자신은 다라니를 계속 외운다면서 자랑을 했다. 용성이 이에 대해 말했다.

"다라니란 원래 중생과 제불의 금강 같은 심인心印으로 본심이며 본성이다. '나'라는 것도 없고 '내 생각'이라는 것도 없으며, 성性도 없고 상相도 없으며, 부처도 없고 중생도 없다. 그래서 조주대사께서는 부처라는 한 단어마저 듣는 것을 기뻐하지 않는다고 말씀하신 것이다."

승려의 도성 출입금지가 해제된 후 불교계는 동대문 밖에 원흥사元興寺를 세웠다. 그리고 1908년 3월 승려대표 52인이 원흥사에 모여 대표 종단을 결성하기로 했다. 무종무파無宗無派의 산중불교로 명맥을 이어오던 불교계의 염원이었다. 그렇게 시대적 요청으로 그해 6월 불교종단 원종圓宗이 출현했다. 그리고 학인들 사이에 명망이 높은 이회광을 종정으로 추대했다.

이회광, 그는 끊임없이 매종역조賣宗易祖를 획책했던 친일승이었다. 시작은 번듯했다. 범해각안梵海覺岸(1820~1896)이 지은 《동사열전》 마지막에 대강백으로 기록되어 있다.

'회광 스님이 강당을 개설하고 설법을 시작하니 양서兩西(황해도와 평안도)와 삼남三南 지역의 학인들이 무명의 숲을 헤치고 불조의 가풍을 우러러 몰려들었다. 그리하여 일 년 사시四時 내내 귀에 입을 가까이하고 얼굴을 맞대고 가르쳐 보내느라 쉴 겨를이 없었다. 스님의 명성은 드높을 대로 높아져서 피할 길이 없었다. (…) 스님이 하룻밤을 자고 한 번 지나가면 마치 봄 동산에 사향노루가 지나가면 풀이 절로 향기로운 것 같다는 말처럼 되었으며, 한마디 말을 어떤 사람에게 주면 흡사 밝

은 달빛이 선정에 든 스님을 오래도록 비추는 것과 같았다.'

극찬이다. 그럼에도 이러한 명성을 지키지 못하고 친일의 길을 걸어 '불교계 이완용'이 되었다. 그가 머물면 향기가 났지만 훗날엔 악취를 풍겼다.

1909년 3월 해인사 원당암願堂庵에 들었다. 원당암은 큰절 해인사의 나이와 같다. '암자 1번지'로 상징적인 명소이다. 신라 애장왕哀莊王은 공주의 난치병이 부처님의 가호로 나았다고 여기고 해인사의 창건을 발원한 순응대사順應大師를 도와 가야산에 작은 집을 짓고 공사를 독려했다. 그곳이 바로 원당암이었다. 이름처럼 왕실의 원찰이었다. 용성은 이곳에서 미타회彌陀會를 창설했다.

용성은 염불이 곧 참선 수행이라고 했다. 그래서 선회와 함께 미타회도 창설했다. 염불은 불교가 들어온 이후 민초들이 극락으로 간다고 믿는 가장 보편적인 수행법이었다. 흔히 '노느니 염불한다'고 했고 그 염불은 보통 '나무아미타불'이었다. 원효도, 나옹도, 지눌도, 휴정도 염불 수행을 강조했다. 향가 〈원왕생가願往生歌〉는 아미타불을 믿어 그 힘으로 서방 극락정토로 가고자 서원하는 노래이다. 휴정은 《선가귀감》에서 염불하여 윤회의 덫을 벗어나라고 이른다.

'나무아미타불 여섯 자 법문은 윤회를 벗어나는 지름길이다.

마음으로는 부처님의 세계를 생각하여 잊지 말고 지닐 것이며, 입으로는 부처님의 명호를 똑똑히 불러서 헷갈리지 말아야 한다. 이와 같이 마음과 입이 서로 합치되는 것이 염불이다. (…) 옛 성인이 이르기를 "염불을 한결같이 지극히 하면 천마들의 가슴이 떨리고 그 이름이 저승의 문서에서 지워지며, 금못에서 연꽃이 나온다"라고 하였으며, 또한 참법에 이르기를 "제 힘과 남의 힘이 하나는 더디고 하나는 빠르다. 바다를 건너가려는 사람이 나무를 심어 배를 만들려면 더딜 것이니 그것은 제 힘에 비유한 것이고, 배를 빌려서 바다를 건넌다면 빠를 것이니 그것은 부처님의 힘에 비유한 것이다"라고 하였다.'

용성은 참선만이 수승한 수행 방법이라는 데 동조하지 않았다. 염불 수행 또한 중요한 견성의 수행법으로 권장했다. 그리고《오도의 진리》를 통해 구체적인 방법까지 일러주고 있다.

'공부가 익어지거든 입으로 부르지 말고 다만 항상 생각만으로 역력하고 분명하게 하여 산란하지 않도록 하라. 그 다음에는 입조차도 움직이지 말고 아미타불 전체를 관하여 마음이 고요하고 움직이지 않으면 자기가 자성을 깨달을 것이다. 비록 깨닫지 못한다 하더라도 자신의 당체가 바로 극락이며 곧 제불의 정토에 태어날 것이다. 어찌하여 그런가 하면 하나는 자력이니 나의 정성스럽게 염불하는 마음의 힘이고 둘째는 타력이니 부처님의 가피를 입어 바로 서방 극락세계에 태어날 것이다.'

용성은 훗날 찬불가 〈왕생가〉를 지어 나무아미타불을 노래했다. 구절 끝마다 '나무아미타불'을 넣어 무려 29절까지 이어지는 왕생가를 신도들이 늘 부르도록 했다. 용성의 행장을 살피면 곳곳에서 '미타회를 창설했다'는 대목이 나온다. 사람마다 근기가 달라 그 근기에 맞게 수행방법을 찾아야 한다고 했다. 어차피 각자의 깨달음으로 '저 언덕으로 건너가는' 것인데 참선이면 어떻고 염불이면 어떤가. 훗날 용성이 참선과 더불어 염불, 간경, 주력, 불사 수행을 강조한 것도 이와 무관치 않음이었다.

한 사람을
구하기도
힘들구나

어느 날 해인사 원당암 선원에서 대중이 법문을 청했다. 용성이 법좌에 올랐다.

"옛날에 운개사雲蓋寺 화주승이 화주인연을 받기 위해 산을 내려갔다. 어떤 관리가 어디서 오셨냐고 물으니, 화주승이 운개사에서 왔다고 답했다. 관리가 무슨 일이라도 있느냐고 물으니 화주승이 기와를 얹으려 한다고 답했다. 관리가 구름으로 기와를 얹었는데 다시 기와를 얹는 것은 어째서냐고 물었다. 화주승이 대답을 못하자 관리가 시주하지 않았다. 지금 대중에게 묻겠다. 무엇이라고 그에게 답해야 하는가?"

아무도 대답하지 않았다. 용성이 다시 입을 열었다.

"관리는 흰 구름으로 기와를 얹고, 흐르는 냇물로 거문고를 연주하니, 자신에게 사람들을 점검하는 수단이 있었지만 화주승은 과연 거짓말쟁이구나. 대중들은 시험 삼아 일러보아라."

그럼에도 입을 여는 자가 없었다. 용성은 잠시 숨을 고르더니 소리쳤다.

"한 사람을 구하기도 힘들구나!"

법상을 치고 곧바로 내려왔다.

용성은 비구니 성주性柱의 청을 받아 약수암藥水庵에 증명으로 참석했다. 그날 법좌에 올라 주장자를 세 번 두드리고 말했다.

"오늘 대중이 도량에 모여 불화를 그렸는데 어떻게 그렸는가? 어서 일러보라. 수미산으로 붓을 만들고, 허공으로 종이를 만들며, 대지로 먹을 만들어서 저 불화를 그릴 수 있었는가? 노루의 털로 붓을 만들고, 닥나무 껍질로 종이를 만들며, 연적으로 물을, 그을음으로 먹을 만들어 아교와 채색으로 저 불화를 그릴 수 있는가? 설령 그대들이 31상을 그렸다 해도 범음梵音 1상相을 어떻게 그리겠는가."

잠시 생각에 잠겼다가 주장자로 법상을 내리쳤다.

남산의 흰 호랑이는 꼬리가 천 길이고

동해의 붉은 문어는 부리가 석 자구나.

한밤중에 서로 만나 한바탕 웃으니

여러 사람들이 랄랄라 노래 부르네.

옥린玉獜이 토끼의 두 뿔을 부러뜨리고

목마의 다리에는 네 개의 사족蛇足이 있네.

비상하듯이 포효하여 천지를 진동시키니

석우石牛가 놀라서 목을 움츠러드는구나.

당시 해인사에는 남전광언南泉光彦(1868~1936) 스님이 주지로 있었다. 남전의 행장은 용성과 많이 닮았다. 우선 일곱 살 때부터 사서삼경을 비롯《사략史略》《자치통감資治通鑑》 등을 두루 섭렵했다. 열여섯 살 때 최치원崔致遠이 남긴 유적을 더듬다 그를 흠모하게 됐다. 1885년 해인사에서 출가한 후 백련암에서 정진했다. 1904년 해인사 주지로 취임하여 사찰을 정비했다. 1912년 당시 일제의 식민지 불교정책에 반대하여 '조선임제종중앙포교원' 설립에 참여했고 용성, 만해, 박한영 등과 함께 선풍 진작을 위해 노력했다. 1921년 10월 선학원禪學院을 창건하는 데도 주도적인 역할을 했다. 당대 명필이었으며 선과 교를 겸한 고승으로 존경을 받았다. 남전이 물었다.

"부처와 부처가 서로 만나지 못했다고 하는데, 이미 서로 만나지 못했다면 왜 부처와 부처라고 부르며, 이미 부처와 부처라고 부른다면 왜 서로 보지 못했다고 말하는 것이오?"

용성이 소리 질렀다.

"할!"

남전이 물러서지 않았다.

"그처럼 지시하지 마시오. 언설로서 분명하게 해설해주시오."

용성이 말했다.

"고덕께서 입은 콧구멍과 비슷한 것이 좋다고 하고 또 입이 코끝에 있다고 하셨으니, 진작부터 해설해버려서 해설을 다했는데 스님은 어디를 향해서 말을 하시는가?"

용성이 거듭 말했다.

"이미 서로 보지 못했다면 누가 이 일을 알 것이며 누가 이 설명을 하였겠소? 이와 같은 이야기는 또한 어디에서 나왔겠소? 시험 삼아 일러보시오."

남전이 손으로 좌복을 가리키며 말했다.

"이것이 바로 그것이오."

용성이 좌복을 밀쳐버렸다.

"이런 경우에는 어떻게 말하겠소?"

남전이 답했다.

"한 물건도 빠뜨리지 않았으니 나는 대답할 말이 조금도 없소이다."

남전이 다시 물었다.

"물이 다하고 산이 다한 곳에 이르러서는 어떻게 해야 하오?"

용성이 답했다.

"뒤로 물러나시오. 뒤로 물러나시오."

"뒤로 물러선다는 뜻이 무엇이오?"

"사오백 개의 길이 화류花柳의 거리이고 이삼천 개의 처소가 관현管絃의 기루妓樓이다."

남전이 또 물었다.

"옛날에 어떤 노파가 승려를 봉양하다가 하루는 한 여자에 게 가서 점검하게 했는데, 허리를 껴안으면서 이럴 때는 어떠하냐고 묻게 했습니다. 암주는 '고목이 차디찬 바위에 기대니 겨울 석 달 내내 온기가 없다'고 말했습니다. 노파가 수긍하지 않으면서 '십 년 동안 일개 저속한 놈을 공양했다'고 하며 당장 승려를 쫓아냈습니다. 스님이 이런 경우에 처한다면 어떻게 대답하시겠소?"

용성이 바로 답했다.

"거리낌 없이 등을 세 번 어루만져 주겠소."

그러면서 덧붙였다.

"석순石筍이 이끼 낀 옛길을 뚫어 통하게 하는 것이오."

해인사 대중이 갑자기 법문을 청했다. 암자를 내려와 대적광전에 들어 법좌에 올랐다. 용성이 대중을 둘러보고 말했다.

"산승이 근기가 아둔하고 지식이 천박할 뿐만 아니라 근래에 용무가 번잡하다보니 경황이 없는데 갑자기 나에게 무슨 법을 설해 달라 하는가? 나는 눈이 있으나 보지 못하고, 귀는 있으나 듣지 못하고, 코는 있으나 냄새 맡지 못하고, 입은 있으나 말하지 못하고, 몸은 있으나 고목과 같고, 의식은 있으나 식은 재와 같은데 나에게 무슨 법을 설해 달라고 하는가?

설사 내가 눈이 보이고, 귀가 들리고, 코는 냄새 맡고, 입은 소리를 내고, 몸은 고목이 아니고, 의식은 식은 재와 같지 않다고 한들 나에게 무슨 법을 설해 달라고 하는가? 일러보라.

내가 단지 그만둘 수가 없어서 조금 법을 설하여 이 소식을 알려주겠다. 《능엄경楞嚴經》에서 '진심과 망심을 결택하여 밀인密因을 삼으라'고 하셨는데, 여러분은 어떻게 이해하고 있는가? 도를 배우는 수행자가 만약 치달아 구하려는 마음과 분별하는 마음으로 헤아리는 마음을 쉬지 않으면 삿된 견해가 되어 수행자라고 부르지 못할 것이다.

옛날에 세존께서 영산회상의 사자좌에 앉으시니 백만 억 대중이 둘러쌌다. 세존께서 홀연 가신 곳 없이 사라지시니, 인간과 천상의 백만 억 보살 대중이 각각 천안天眼으로 시방세계를 살펴보았으나 세존께서 계신 곳을 알지 못했다. 미륵보살이 사부대중을 살펴보며 스스로 의혹을 해결하고 문수보살에게 물었는데 문수보살이 고사古事를 인용하여 의혹을 해결하셨으니, 이 일은 천안으로 알 수 있는 것이 아니다."

용성이 설화를 얘기한 후 주장자를 들고 가만히 있었다. 이 윽고 다시 입을 열었다.

"사람마다 각각 천 길 낭떠러지에 서있다. 여기에 이르러 무 엇을 검토하겠는가. 선비는 시서詩書를 읽고 예의를 배우며, 농 부는 해가 뜨면 일하고 해가 지면 쉬면서 우물을 파서 마시고 밭을 갈아서 먹으며, 기술자는 자신의 양손을 움직여서 천 가 지 기이한 물건을 솜씨 있게 만들어 내며, 상인 가운데 행상行 商은 길을 다니며 장사하고 좌상坐商은 가게에 앉아서 장사하 는데, 나에게 무슨 법을 설해 달라 하는가. 알겠는가? 연지와 분을 바르지 않아도 아름답다.

그러나 위로부터 모든 성인들께서 오도五道에서 고생하고 사 생四生을 겪은 것이 이 일 때문이고, 필경 깨달은 것도 이 일을 깨달은 것이며, 오늘 대중이 도량에 함께 모인 것도 이 일을 위 해서이다. 알겠는가? 연지를 바르고 분을 발라도 무방하다."

용성은 가만히 있다가 주장자를 등 뒤에 놓았다.

"알겠는가?"

그리고는 게송을 읊었다.

높게 솟은 가야산이여

흰 구름이 조각조각 떠있네
넘실대는 보리 이삭이여
꾀꼬리 노랫소리 꾀꼴꾀꼴
푸른 나무 맑은 바람이여
방초 향기 연기처럼 피어나네

伽山巍巍兮 白雲片片兮
麥穗重重兮 鶯歌滑滑
綠樹風靑兮 芳草烟生

다시 가만있다가 고덕의 게송을 읊으니 《선림승보전禪林僧寶傳》의 '법창기우선사法昌倚遇禪師'였다.

한 쌍의 황금 뿔을 가진 철우鐵牛와
두 쌍의 백옥 발굽을 가진 목마木馬가
설산의 여린 향초를 사랑하여
깊은 밤에 달을 타고 앞개울을 건너는구나

옥린玉獜은 해를 머금고 하늘을 떠났고
금봉황은 꽃을 물어다가 경축 누각에 떨어뜨리네
촌로는 공자公子가 술에 취해도 싫어하지 않고
재상과 장군은 손을 맞잡고 대궐 길을 거니네

근원은
바른 데로
돌아간다

1910년 새해 꿈을 꾸었다. 용성은 동국제일선원으로 불리던 지리산 칠불선원에 종주宗主로 있었다. 어떤 법당에 들었는데 여러 부처님이 나란히 앉아 계셨다. 그중 한 부처님이 용성을 불렀다. 가까이 다가가니 부처님이 말씀하셨다.

"너는 어찌 그 옛날의 부촉付囑을 잊어버렸는가?"

용성이 꿈을 깨어보니 열네 살 때의 꿈이 생생하게 떠올랐다. 마흔일곱 살의 꿈속이었지만 그때의 부처님이 또렷하게 나타났다. 33년의 간극이 있었지만 꿈은 선명했다.

'내가 수기를 받아 불가에 들어 이렇듯 한 길을 걸어왔는데 내게 무엇이 부족하단 말인가. 부처님은 내게 무엇을 원하시는가.'

그때 한 생각이 불현듯 스쳐 지나갔다.

'그래, 불법을 제대로 전파하지 못한다는 지적이 아니런가. 그렇다면 무엇을 해야 하는가.'

부처님이 나타나심은 저술과 역경을 하라는 암시처럼 보였다. 당시 기독교는 불교를 비방하면서 맹렬하게 대중 속을 파고들었다. 불교를 '우상숭배'하는 미신의 집단 정도로 매도했다.

"기독교는 세례법이 있고 십계명이 있는데 너희 불교는 무엇이 있느냐?"

그럼에도 불교계는 이를 방관하고 있었다. 마침 칠불선원에 머물던 호은虎隱과 응해應海도 용성에게 저술을 권했다. 음력 5월 8일은 용성의 생일이었다. 호은이 용성에게 말했다.

"우리가 선사의 법력을 익히 알고 있기에 감히 청을 드립니다. 조선시대 우리 불교가 얼마나 배척을 받았소? 이제는 야소교耶蘇教(예수교)가 심하게 배척을 하고 있는 실정이오. 원컨대 선사가 이를 변론하는 서책을 지어 종교의 깊고 얕은 것을 바로 알게 하십시오."

이에 대중들도 적극 동조했다. 마침내 용성이 붓을 들었다. 이틀 후인 5월 10일 저술 작업에 돌입했다. 용성은 무엇보다 불교를 바로 알려야겠다고 생각했다. 기독교계의 비방은 무지와 곡해에서 비롯되었음이니 이를 반박하는 책을 쓰기로 했다. 이른바 '근원은 바른 데로 돌아간다'는 뜻의 《귀원정종歸源正宗》

지리산 칠불선원의 종주로
수행정진하던 중에 선원대중이
타 종교인들이 불교를
배척하는 것을 우려하여
불교가 타 종교보다 우수한 점과
차이점에 대해서 서술해줄 것을
요청하여 지은 것이다.
1913년 6월 10일
중앙포교당에서 펴냈다.
《귀원정종》겉표지와 속표지.

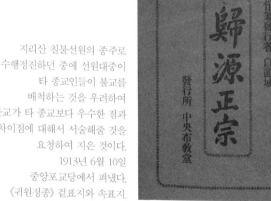

이었다. 근대불교에서 유학자와 기독교도들의 불교 비방에 논리적으로 대응한 최초의 저술이었다.

칠불선원은 정적에 휩싸였다. 종주실은 불이 꺼지지 않았다. 용성은 두 달 만에 집필을 끝냈다. 정확히 7월 10일 오후 세 시였다. 《귀원정종》은 단지 기독교만을 겨냥한 것이 아니었다. 유림들의 오만과 무지를 깨우치려 했으며 불교의 본래면목을 설파하여 대중을 교화시키려 했다.

불교는 인간의 도리를 섬기지 않는다는 힐난에 대해 반론했다.

어떤 사람이 묻는다.

"사문인 석가모니의 제자들은 삼강三綱과 오상五常(오륜)이 무엇인지도 모르고 깊은 산에서 조용히 지내면서 자신의 편안함만 취하고 인간의 도리를 섬기지 않으니, 세상에 무슨 이익이 있겠는가?"

대답한다.

"그대는 성인께서 가르침을 만든 '근본(大體)'을 정말 모르는구나. 부처님께서는 능히 모든 모양을 비우고 만법의 지혜를 완성하여 인연에 따라 중생을 제도하셨다. 비유하자면 하나의 달이 하늘에 있지만 영상이 온갖 물에 어리는 것과 같다. 어찌 산과 들 가운데 어느 것을 취하고 어느 것은 버리겠는가. 성인의 마음에 만약 버리고 취함이 있다면, 이는 마치 하늘이 비를 내리면서 땅을 가려 내린다는 꼴이다.

부처님께서 삼귀의三歸依와 오계五戒를 설하셨다. 삼귀의란 부처님께 귀의하는 것이고, 법에 귀의하는 것이고, 승가에 귀의하는 것이다. 부처님이란 깨달음(覺)이니, 제 마음을 깨달았기 때문에 부처님이라 하고, 법칙으로 삼아 지킬만하기 때문에 법이라 하고, 심성이 화합하여 분열하지 않기 때문에 승가라 한다. 심성이 원만하고 깨끗하기 때문에 계戒라고도 한다. 온 천하의 인민들이 각각 자신 속에 간직된 삼보인 가장 청정하고 근본 생명이며 새해 첫날과 같은 것에 귀의한다면, 저마다 바르고 참되며 삿됨이 없는 대인이 되리라.

또 오계는 첫째 생명을 죽이지 않는 것이니 이것은 인仁의 근본이요, 둘째는 도둑질하지 않는 것이니 이것은 의義의 근본이요, 셋째는 삿된 음행을 하지 않는 것이니 이것은 예禮의 근본이요, 넷째는 거짓말을 하지 않는 것이니 이것은 신信의 근본이요, 다섯째는 술을 마시지 않는 것이니 이는 지智의 근본이다. 오계가 갖춰지면 오상의 도가 항상 어둡지 않아 마음속과 행동하는 가운데 언제나 있다.

이것(오계)으로 제 자신을 닦을 수 있고, 이것으로 집안을 바로잡을 수 있고, 이것으로 나라를 다스릴 수 있고, 이것으로 천하를 평안하게 할 수 있다. 그러니 어찌 사문이 삼강과 오상의 도를 모른다 할 수 있겠는가? 다만 사문이 깊은 산에 고요히 지내면서 초연히 스스로 만족스러워하는 것은 오로지 도를 마음에 품었기 때문이다.

아! 도가 한 사람에게 있으면 한 사람이 귀중해지고, 도가 천하 사람에게 있으면 천하 사람이 귀중해지니, (불교가) 세상에 이익이 없다고 말해서는 안 된다. 예로부터 (불교의) 신통한 승려와 (도교의) 도사들 중에는 나라를 도운 분들이 많았으니, 그대는 그것을 생각해보라."

또, 불교의 경전은 유교만 못하다는 힐난에 대해 반론했다.

묻는다.

"성인께서 칠경七經(사서와 삼경)의 근본을 제정하시니 여기에 온갖 일들이 다 갖추어져 있다. 그런데 지금 그대는 말하기를 '부처님께서 하신 말씀이 약 8억 4천만 권에 달한다'고 하니, 참으로 한 사람이 감당할 수 있는 것이 아니다. 그래서 나는 불교의 경전은 너무 많아서 적더라도 실속 있는 (유교만) 못하다고 생각한다."

대답한다.

"부처님은 하늘과 인간의 도사導師이시고, 사생의 자비로운 어버이이시다. 중생이 똑같이 (불성을) 부여받고도 미혹한 것을 널리 관찰하시고, '기이하구나! 모든 중생이 여래의 지혜와 덕상을 완전히 갖추었건만 다만 망상과 집착 때문에 증득하질 못하는구나'라고 말씀하시고, 생사의 바다 가운데로 향하여 바닥 없는 철선을 타고 사자좌에 올라 먼저 《화엄경》을 설해 '만법을 통괄하고 일심을 밝히는' 대의를 말씀하셨다.

또 중생의 근성이 천차만별인 것을 관찰해 마침내 삼안국三眼國(삼구) 속으로 들어가 이렇게도 설명하고 저렇게도 설명하여 근기 따라 널리 말씀하셨다. 삼세의 인과와 한량없이 아득한 겁 이전의 본사本事 및 대승·소승의 성과 상, 체와 용, 본과 말이 수많은 경에 빠짐없이 실렸다. 비록 항하의 모래알 수로도 그 많음을 비유하기에 오히려 부족하니, 마치 전단향나무를 쪼개면 조각마다 전단향인 것과 같다고 하겠다.

이에 귀머거리와 벙어리들도 모두 깨닫고 메마른 나무들도 모두 물이 올라 대지의 모든 생명체와 모든 하늘의 용과 신들, 지옥을 비롯한 여러 갈래의 중생들도 그 마땅함을 얻게 되었다. 그러고도 부처님의 원력은 여전히 남았고, 또 자비심은 더욱 자욱하여, 금강석 같은 '진리의 몸'을 부셔 '사리'로 유골을 남겨, 법보와 함께 세상에 항상 머무시어 모든 중생에게 깊은 마음으로 귀의하여 저마다 큰 복을 얻게 하셨다. 어찌 다른 이론으로 비교할 수 있겠는가? 반딧불이 어찌 태양의 광명과 같을 수 있겠으며, 모기 부리로 어찌 깊은 바닷물을 밑바닥 낼 수 있겠는가?

유교에서 말하는 천하는 오늘날 몇 개 발견된 6부部 중의 아세아주 안에 있는 몇 개 나라를 벗어나지 못하며, (유교에서) 설명하는 도道 역시 오륜과 삼강에 불과할 뿐이다. 대롱으로 하늘을 엿보는 격이요, 귀를 막고 방울을 훔치는 격이다. (…)"

또, 승려는 부처를 팔아 법의 밑천을 삼는다는 힐난에 대해 반론했다.

묻는다.

"사문 석가라는 자들은 가람에 은둔하여 부처를 팔아 법의 밑천을 삼고, 수많은 신자들의 보시를 낚아채어 쓰면서, 도를 전혀 닦지 않고 일생을 헛되게 보낸다. 친가와 외가 양쪽에 모두 손해가 있으니 어떻게 교화의 문이 되겠는가? 없애느니만 못하다."

대답한다.

"그대와 같이 말한다면 참으로 이치를 통달하지 못한 것이다. 공자가 죽은 뒤 지금에 이르기까지 2,460여 년이 되는데, 도가 크고 덕이 성대하기가 공자만 했던 사람이 몇이나 되며, 삼강을 돕고 오상을 펼쳐 인간의 스승이 된 자가 또 몇 사람이나 되는가? 온 천하의 민중들 하나하나가 현인군자가 되었다면, 지혜로운 자와 어리석은 자의 차이도 절대로 없고, 성인이니 범부니 하는 다른 명칭도 없어야 할 것이다. 잡초 속에 산삼이나 영지 같은 영약이 있고, 흙더미 돌무더기 속에 금이나 옥 같은 진귀한 보배가 있으며, 날짐승 들짐승 속에 기린이나 봉황 같은 상서로운 동물이 있는 법이다.

《원각경圓覺經》에서 말씀하셨다. '비유하자면 큰 바다는 작은 개울을 마다하지 않으며, 모기나 하루살이 나아가 아수라에 이르기까지 그 물을 마시는 자는 모두 배불러지는 것과 같다.' 부처님의 도는 원융무애하여 이것과 저것이 없으며, 친근함과 소원함도 없으며, 귀하고 천함도 없으며, 현명하고 어리석음도 없다. 사성四姓의 어느 계급에 속한 사람도 도에 들어오면 동일하고 평등하다. 그러니 어찌 금이나 옥 때문에 모든 흙이나 돌을 버릴 수 있겠는가? 영리한 자는 쉽게 통달하고 아둔한 자는 많이 막힐 뿐이다.

공자가 '아침에 도를 닦으면 저녁에 죽어도 좋다'고 하였는데, 장무진張無盡(장상영 거사)이 이를 논하여 다음과 같이 말하였다.

'공자께서 인·의·충·신으로 도를 삼으셨을까? 아니다. 공자께서는 인·의·충·신을 참으로 이미 가지고 계셨다. (공자께서는) 오래오래 사는 것으로써 도를 삼았던 것일까? 아니다. 저녁에 죽어도 좋다고 말씀하셨다. 그렇다면 이는 과연 어떤 도를 들으려 하셨던 것일까? (그것이) 어찌 대각자존께서 말씀하신 마음을 알고 성품을 보는 위없는 보리의 도가 아니겠는가? 공자께서도 오히려 그 도를 존중했는데 요즘 공자의 가르침을 배우는 자들은 백 권은커녕 열 권의 책도 읽지 않고 우선 불교를 배척하는 일로 자신의 급선무를 삼으니, 슬프구나.' (⋯)"

또, 인과因果는 믿기 어렵다는 힐난에 대해 반론했다.

묻는다.

"석가모니가 설한 인과법은 참으로 허황되고 아득해 믿기 어렵다. 왜 그런가? 지금 눈앞의 일도 오히려 제대로 알지 못하는데 하물며 과거·현재·미래라는 삼세의 일이겠는가? 공자께서 말씀하시기를 '선을 쌓은 집안에는 반드시 남은 경사가 있고, 악을 쌓은 집안에는 반드시 남은 재앙이 있다'고 하셨다. 이 말씀이야말로 진실하다. 불교의 허망한 거짓말과는 전혀 다르구나."

대답한다.

"그대가 인용한 선악이 모두 인과법이다. 하지만 그것을 집착해서는 안 된다. 내 말을 한번 들어봐라. 고수는 완악한 아버지였는데, 무슨 선을 쌓았기에 순임금과 같은 성인 아들을 두게 되었고, 또 요임금과 순임금은 천하의 성인이신데 어떤 악을 쌓았기에 요임금에게는 단주丹朱라는 못난 자식이 있고, 순임금에게는 상균商均이라는 현명하지 못한 아들이 있었던 것인가?

옛날부터 지금에 이르기까지 천하에 이와 같은 사례가 너무도 많아 일일이 거론할 수 없다. 그렇지만 이제 세상 사람들이 다들 아는 사실로써 이를 말해보겠다. 공자께서는 어떤 선하지 못함이 있었기에 진나라와 채나라 사이에서 곤욕을 치른 것이 7일이나 되었으며, 안연顏淵은 어떤 과보로 요절했으며, 민자건閔子騫은 어떤 원한을 맺었기에 패악한 어머니를 만났을까? 이로써 논해보자면 '선을 쌓은 집안에는 남은 경사가 없고, 악을 쌓은 집안에는 반드시 남은 재앙이 있다'고 말한 뜻은 어디에 있는가?

부처님께서 베푸신 가르침의 뜻에 입각해서 이를 살펴보면, 사람마다 저마다 모두 스스로 지어 받은 것이지, 하늘이나 다른 사람이 능히 주거나 빼앗은 것이 아니다. 옛말에 '전생의 원인을 알고 싶은가? 금생에 받은 것이 그것이다. 미래의 과보를 알고 싶은가? 금생에 짓는 것이 그것이다'라고 하였다. 그러므로 금생에 업을 지어 금생에 과보를 받는 경우도 있고, 혹은 2생이나 3생 뒤에 과보를 받는 경우도 있으며, 혹은 원인을 짓자마자 과보를 받는 경우도 있다. 이와 같이 업을 지어 과보를 받는 것이 각각 같지 않음이 있다. (…) 마승비구馬勝比丘가 말하기를 '모든 법은 인연 따라 생기며 또 인연 따라 소멸한다. 부처님께서는 항상 이와 같이 말씀하신다'고 하였다. 이른바 인과란 그림자가 본체를 따르듯, 메아리가 소리에 응하듯 하여, 선과 악이 인연을 따르기 때문에 도망갈 수도 없고 뛰어넘을 수도 없다. 이것이 부처님께서 하신 분명한 말씀이다. 부모가 지은 선악의 업연도 그 대갚음을 자손이 오히려 대신 받을 수 없는데, 하물며 선조가 쌓은 선과 악에 대해서는 말해서 무엇하랴."

또, 유불儒佛 동이同異의 힐난에 대해 반론했다.

묻는다.
"불교의 도가 유교 등 여러 가르침과 비교하여 같고 다른 점도 있고, 또 깊고 얕음도 있는가?"
대답한다.
"옛말에 '온 세상에 흘러넘치는 게 풍류요, 온 천지를 휘젓는 것이 가무이다'라고 하였다. 또 함허선사涵虛禪師가 말하기를 '천하를 관통하는 것은 '하나의 도'이고, 변화시켜 만드는 것은 '하나의 기운'이고, 만물을 가지런하게 하는 것은 '하나의 이치'이다'라고 하였다. 그렇지만 부처님께서는 공자나 노자 및 인도의 96종 외도의 학설과 천하 이단들의 주장과 일체 세간 출세간법을 모두 다 통달하여 걸림이 없는 분이시다. 그러므로 호를 천인사天人師, 조어장부調御丈夫라고 한다. 저 여러 지역의 이단들의 주장과 온 세계에 가득한 여러 종류의 외도들은 무애無碍를 얻지 못하여 저마다 부족한 부분이 있어서, 성문聲聞과 연각緣覺의 계급과 보살이 실천해야 할 차제次第도 모르는데, 하물며 대각인 위없는 도이겠는가.

《열자列子》라는 책에서 말했다.

오나라 태자인 비嚭는 공자에게 배운 사람인데 그가 공자에게 물었다.

'선생께서는 성인이십니까?'

공자가 대답하여 말하였다.

'저는 박식하고 기억을 잘하지만 성인은 아닙니다.'

태자가 또 물었다.

'삼왕三王은 성인입니까?'

공자가 대답하여 말하였다.

'삼왕은 지혜와 용기를 잘 사용하였지만 성인이신지는 아는 바가 없습니다.'

태자가 또 물었다.

'오제五帝는 성인이십니까?'

공자가 대답하여 말하였다.

'오제께서 인과 신을 잘 사용하였지만 성인이신지는 아는 바가 없습니다.'

태자가 또 물었다.

'삼황三皇은 성인이십니까?'

공자가 대답하여 말하였다.

'삼황은 농사 때에 맞추어 정치를 잘하셨지만 성인이신지는 아는 바가 아닙니다.'

태자인 비가 크게 놀라며 말하였다.

'그렇다면 누가 성인이십니까?'

공자가 자세를 고치고 대답했다.

'서방에 큰 성인이 계시는데, 다스리지 않아도 혼란스럽지 않고, 말하지 않아도 저절로 믿고, 교화하지 않아도 저절로 실천해서, 크고 드넓어 백성들이 뭐라 이름 붙이지도 못한다고 합니다.'

또 오나라의 군주 손권孫權이 감택闞澤에게 물었다.

'공자와 노자를 부처님과 비교할 수 있는가?'

감택이 말했다.

'멀어도 너무 멉니다. 그 이유는 노자가 가르침을 만들 때에, 하늘을 본받아 용도를 제정했기 때문에, 감히 하늘을 위반하지 못합니다. 그러나 모든 부처님은 가르침을 만들 때에, 하늘이 (부처님의 가르침을) 본받아 봉행하여 감히 부처님을 어기지 못합니다.'

이런 여러 논들에 따르면, 공자와 노자는 감히 부처님과 비교할 것이 못됨이 명백함을 충분히 살펴볼 수 있을 것이다."

그러면서 용성은 불교와 도교나 유교의 차이점을 열 가지로 들어 설명했다. 첫째는 시작이 있느냐 없느냐, 둘째는 기氣냐 기가 아니냐, 셋째는 삼세三世를 인정하느냐 아니냐, 넷째는 훈습을 인정하느냐 아니냐, 다섯째는 인연을 받느냐(불교) 기를 받느냐(유교)의 차이, 여섯째는 안에서 생기느냐 아니냐, 일곱째는 인연법을 인정하느냐 않느냐, 여덟 번째는 천명을 인정하느냐 않느냐, 아홉 번째는 오염되었느냐 아니냐, 마지막 열 번째는 죽은 후에 귀결처가 어디냐로 구분했다.

또, 요한복음에서 설한 도道에 대해 변론했다.

《신약전서》요한복음 제1장에서 이르기를, '태초에 도가 있었으니, 말씀(道)이 상제와 함께함에 말씀이 곧 상제시니라. 이 말씀이 태초에 상제와 함께하여 도로써 만물을 창조하셨으니, 창조된 만물이 말씀(道) 없이 만들어진 것은 하나도 없었느니라'라고 했다.

내가 들었으니, 함허선사께서 말씀하시기를, "무릇《역易》에서 도라 한 것은 태극에 근원을 둔 것이다. 태극은 또 무극을 근본으로 하니, 무극이란 맑고 고요하며 허허롭고 밝아 시방 허공을 포괄함을 말한다. 무극 가운데에서 극이 생겨 신령하고 오묘함이 발생하려 함을 일컬어 태극이라 한다. 태극이란 하나의 참됨을 함축하여 육합을 빈틈없이 꽉 채운 것을 말한다. 신령하고 오묘함이 발생함에 하나의 기운이 왕성한 것을 일컬어 태초라 하고, 기운이 구르며 도는 것을 태시라 하며, 신령하고 오묘함이 순수하고 참된 것을 일컬어 태소라 하고, 둘로 기운이 갈라져 맑고 탁함으로 나뉜 것을 일컬어 양의라 한다"라고 했다.

이로 미루어 관찰해보면 태초는 천지가 아직 나뉘기 전 뒤섞인 하나의 기운일 뿐이다. 그 상황에서 누구를 상제라 하고, 누구를 말하는 자라 하겠는가? 이처럼 만약 진실로 그것이 대도라면 천지보다 앞서 시작이 없고 천지보다 뒤라서 끝이 없어야 한다. 어찌 특별히 태초에만 있겠는가? 이처럼 요한이 설명한 도를 정리해보면 아직 분명하지 못하니, 그저 도라는 이름만 거론했을 뿐 도가 어떻게 생겨났는지는 말하지 않았다. 모르겠구나, 그가 말하는 도는 무엇을 도라 한 것일까? (…)

용성은 당시 불교계를 향해 쏟아졌던 비판들을 가감 없이 밝히고 그것들이 거짓임을 소상하게 설명했다. 불교는 오래되어 낡고 냄새나는 것이 아니라 오래되었기에 오히려 새롭고 진리가 담겨 향기롭다고 설파했다. 《화엄경》《능엄경》《유마경》《원각경》《금강경》 등 수많은 경전과 조사들의 저술과 어록을 살펴서 논지를 세웠다. 그것은 경·율·논 삼장三藏에 능통해야만 엄두를 낼 수 있었다. 또 유교 경전은 물론이고 기독교의 성경과 전적들을 완독해야만 가능한 일이었다. 용성은 말했다.

"모든 사람의 발아래로 맑은 바람이 쓸어가고, 모든 사람의 얼굴 앞에 밝은 달이 환한 법이다."

진리가 어느 개인이나 집단의 전유물일 수 있는가. 진리는 만인의 것이다. 그러기에 언젠가는 참된 것과 삿된 것은 드러나기 마련이다. 김재희金載熙 거사는 발문에 용성의 노고를 이렇게 기렸다.

'본원으로 돌아가는 종지를 밝게 드러내고 선종의 문과 길을 곧바로 지시하는 것이 마치 손바닥을 보여주는 것과 같았으니, 진실로 캄캄한 거리의 촛불이요 헤매던 바다의 나침반이었다.

무릇 가르침에는 방내와 방외의 구별이 있는 것이다. 공자와 노자의 가르침이 어찌 천하 만세의 도가 아니겠는가. 그렇지만 천지의 범위 안에 있기 때문에 생사윤회를 오직 하늘의 명령으로 여길 뿐이니, 이것은 방내의 도이다. 하지만 석가의 가르침은 천지의 범위를 벗어나기 때문에 광대한 묘용을 모든 하늘이 어기지 않으니, 이것이 방외의 도이다.'

제7장

무엇을 버려야 법륜이 구르는가

종을
울리십시오

1910년 8월 29일 일본의 통감 데라우치 마사다케와 대한제국의 총리대신 이완용이 몰래 만나 한일합병조약을 체결했다. 조선왕조는 건국한 지 519년 만에 스물일곱 명의 왕을 역사에 남기고 소멸했다. 그해가 경술년이라 백성들은 경술국치庚戌國恥라 불렀다. 일본 제국의 위임을 받아 한반도를 지배하는 총독부가 생겨났다. 데라우치는 조선총독부의 초대 총독이 되었다. 고종으로부터 황제 제위를 물려받은 순종은 일제가 왕으로 책봉했다. 밤마다 눈을 부릅뜨고 나라를 걱정하던 황현은《매천야록》을 남기고 자결했다. 그가 남긴 시가 살아남은 자들을 부끄럽게 했다.

새와 짐승도 슬피 울고 산과 강산도 아파하네
무궁화 이 나라가 이젠 무너져버렸네
가을 등불 아래 책 덮고 지난 일 돌아보니
세상에 글 아는 사람 노릇하기 어렵기만 하구나
鳥獸哀鳴海嶽嚬 槿花世界已沈淪
秋燈掩卷懷千古 難作人間識字人

47세 용성은 종주宗主로 있던 지리산 칠불선원에서 합병 소식을 들었다. 아침 해와 저녁달은 변함없는데 내딛고 서있는 이 땅이 우리 것이 아니라 했다. 불교에는 '침략'이란 없었다. 선원이 술렁거렸다.
동안거 결제 날을 맞아 법문을 했다.

세상 사람들이 모두
이 달을 시월이라 말하고
아울러 보름이라고 말한다
알겠는가!
그날이 동안거 결제일이면 떨어지는 물방울도 분명히 얼고
그날이 동안거 해제일이면 여린 풀도 향기가 새롭다
인삼은 맛이 달아서 진기를 나게 하고
소태나무는 맛이 써서 벌레를 죽인다

268
269

가장 훌륭한 쌍계사 죽로다竹露茶여

과거의 조주 늙은이도 가소롭구나

용성은 주장자를 세 번 내려치고 법좌에서 내려왔다.

조선 원종의 종정 이회광은 일본인 승려 다케다 한시(武田
範之)를 원종 고문으로 추대한 후 곧바로 일본 조동종曹洞宗
과 연합을 추진했다. 전국 72개 사찰의 위임장을 들고 이회광
은 다케다와 함께 일본으로 건너갔다. 조동종과 '연합맹약 7개
조'에 합의했다. 나라가 망한 지 39일만이었다. 조선 원종은 조
동종 종무원에 고문을 위촉하고 포교에 대해서도 편리를 도모
해야 한다는 내용이 들어있었다. 연합맹약은 형식적으로는 연
합이었지만 실질적으로는 일본불교에 예속시키는 것이었다. 조
선불교가 일본불교에 합병을 간청한 셈이었다. 조약을 맺고 돌
아온 이회광은 전국의 사찰을 돌며 연합에 찬성하라고 독려했
다. 하지만 조약 전문을 읽은 조선 승려들은 일제히 반발했다.
조선불교를 팔아먹는 불평등조약이기 때문이었다. 특히 남녘의
사찰들은 연합맹약 체결을 매종으로 규정했다.

조선불교는 아직 살아있었다. 박한영, 전진웅, 김종래, 한용
운 등이 일어나 이회광의 매종행위를 규탄했다. 그리고 1911년
1월 승보사찰 송광사에서 승려대회를 열어 임제종을 탄생시켰

다. 이들은 조선불교의 종지宗旨는 임제종임으로 조동종과는 연합할 수 없다고 천명했다. 1911년 10월 김학산, 장기림, 한용운 등은 남녘의 사찰을 돌며 중지를 모았다. 그 결과 통도사, 해인사, 송광사를 3본산으로 정하고, 범어사에 임제종 임시종무소를 설치하기로 했다. 그리고 중앙에 포교당을 건립하기로 의견을 모았다. 이로써 이회광의 매종 구상은 무산됐고, 나아가 조선불교의 정통성을 되찾겠다는 선승들의 기세가 자못 듬직했다.

한편 조선총독부가 '사찰령寺刹令'을 제정하여 1911년 9월 전격 시행했다. '퇴폐를 방지하고 종교적 부활'을 내세웠지만 누가 봐도 기만이었다. 전국의 사찰을 30본산으로 나누어 관리하고, 총독부가 사찰의 인사권과 재산처분권을 갖도록 했다. 심지어 일왕의 무병장수를 축원해야 한다는 규정까지 두었다. 조선불교의 전통을 황폐화시켜 조선인 의식을 황민화시키려는 폭거였다. 조선불교는 한없이 작아졌고 끝없이 추락했다. 일본의 의도대로 불교계 지도자들이 경쟁적으로 친일에 앞장섰다. 너도나도 본사 주지를 하겠다고 총독부를 향해 두 손을 모으고 고개를 숙였다.

산사에서 용성은 진정한 선승의 길이 무엇인지 자신에게 깊이 물었다. 구도의 길에 나서서 마침내 깨달았으면(上求菩提)

중생제도에 나서는 것(下化衆生)은 당연했다. 그렇다면 나라를 잃은 시점에 하화중생은 무엇이어야 하는가? 죽비를 들고 후학들을 경책하여 바른 선승으로 길로 이끄는 것도 중요했다. 그렇지만 산사에서는 민초들의 아픔을 껴안기에는 한계가 있었다. 참선을 할 때에도 너무 고요하면 수마가 찾아들었다.

또 나라가 없는데 참으로 공부하는 선승도 귀했다. 깊은 산사에서 아무리 금강석 같은 설법을 해도 사람을 모으지 않는다면 빈 메아리에 불과했다. 그래서 도심 포교가 중요했다. 우선 사람을 구해야 했다. 시주 받아 경經을 읽으며 도를 논하는 시기가 아니었다. 불법을 제대로 세우고 세상을 바꾸는 무엇인가를 해야 했다. 서울로 가는 길, 그 길이어야 했다. 백성들의 한과 눈물을 씻어주고 도시에 법륜이 굴러가게 하는 것, 그것이 진정한 하화중생이라 생각했다. 힘이 들더라도 누군가 해야 할 일이었다. 용성은 그렇게 하산을 결심했다.

1911년 용성은 하동군 칠불선원 종주에서 물러났다. 용성이 바랑을 꾸렸다. 응해가 《귀원정종》 원고를 챙기는 용성을 바라봤다. 응해는 용성보다 법랍이 위였다. 그는 반듯한 선승이었다.

"어디로 가시려 하오?"

"선사께서 강권하신 《귀원정종》이 햇볕을 봐야하지 않겠습니까?"

"서울로 가시는군."

"맞습니다, 스님. 나라를 잃었는데 이제 불법까지 잃게 생겼습니다. 우리 불교를 매종하려는 무리들에 맞서 지난달에는 송광사에서 승려대회가 열렸다고 합니다. 서울로 올라가 작은 힘이라도 보태려 합니다."

"용성 스님, 고단한 길이겠습니다. 그래도 이 땅에는 스님의 종소리가 필요할 겁니다. 모든 불자들이, 아니 온 백성들이 깨어나도록 종을 울리십시오. 이를 위해 소승은 산속에서 기도드리겠습니다."

응해는 진정한 도반이었다. 용성의 의중을 정확하게 읽었다. 용성은 응해선사를 이렇게 진찬眞贊했다.

어찌나 깊은지 바닥이 없고

어찌나 넓은지 끝이 없다

말이 미치지 못함이여

그 어떤 영찬도 이르지 못한다

맑은 바람이 스쳐감이여

비늘이 생기 있어 옥과 같고

밝은 달이 비춤이여

구슬이 흩어져서 금과 같으며

태양이 붉음이여, 삼라만상을 두루 현상하고

비람풍毘嵐風의 빠름이여, 하늘을 흰 파도가 뒤덮는다

어부가 부는 한 곡조 피리 소리가
구름 밖으로 벗어나니
많은 봉우리 가운데서 홀로 우뚝 솟아
푸르른 수목을 거느린다

응해의 구체적인 행적은 불교사에 남아있지 않다. 하지만 용성이 두 손을 모을 정도로 청정 비구의 길을 걸었을 것이다. 꼭 이름을 남겨야만 큰스님인가. 이렇듯 무명無名의 선승들이 있었기에 불교는 살아남았다. 그들의 기도와 간절한 서원들이 모여 새 빛을 탄생시켰고 그 빛이 법을 밝혔다.

도성 안에
울리는
사자후

용성은 2월 그믐날 서울로 돌아왔다. 서울은 각 종교의 교당이 우뚝 솟아 광대하고 화려했다. 일요일이면 교당에 신도들이 가득했다. 용성이 길게 탄식했다.

'외도의 교당은 종소리가 땡땡 울리면 수풀처럼 모여드는데 우리 불교는 적막하여 사람이 없으니 이것이 누구의 잘못이란 말인가.'

용성은 자신이 지은 《귀원정종》을 다시 읽어봤다. 누가 뭐라 해도 바른 가르침이었다. 하지만 백성들이 이를 알지 못했다. 불교는 산 속에서 복을 비는 미신과 다르지 않다고 여겼다.

'반드시 불도들이 숲을 이루는 교회를 세우리라. 임제종을

일으키리라.'

사찰령을 공포해서 불교계를 장악한 총독부는 각 본사마다 사법寺法을 제정토록 유도했다. 그리고 조선불교의 종명을 '조선불교선교양종朝鮮佛敎禪敎兩宗'으로 지정했다. 이에 30본사 주지들이 총독부의 조치를 기꺼이 수용한다는 입장을 표명했다. 하지만 용성은 임제종의 정통성을 지켜야 한다고 일갈했다.

'대저 온갖 강물이 세차게 흐르지만 푸른 바다가 으뜸이고, 온갖 산봉우리들이 넓게 퍼져있지만 수미산이 으뜸이며, 태양과 달과 별이 허공을 떠다니지만 태양이 으뜸이고, 억조의 백성들이 있지만 황제가 으뜸이며, 티끌과 모래처럼 많은 성인의 바다에서 부처님이 으뜸이시고, 아승지겁阿僧祇劫 동안 펼쳐진 법의 바다에서 교외별전敎外別傳이 으뜸이다.

세존께서 친히 진귀조사眞歸祖師에게 받으시어 세 곳에서 마음을 전하셨는데, 서천의 28대로부터 육조혜능대사에 이르렀고, 아울러 다섯 분파가 꽃을 피움으로부터 천하의 노화상들에 이르기까지 모두 문장에 자재하셨고, 경율론 삼장에 정통하셨는데도 모두 선종이라고 불러서 아직까지 교종이 있다는 것을 듣지 못했다. 근세에 무식한 납자들이 그 자가自家의 정신을 잃어버리고 망령되게 선교양종이라고 하니 머리가 둘 달린 사람과 매일반이다. (…) 본래부터 조선은 임제종 단 하나의 맥일 뿐이라서 번거롭게 설명할 필요가 없다.'《용성선사어록》

용성은 서울 근교 우면산 대성사大聖寺에 머물렀다. 대성사는 백제불교 초전법륜지로 알려져 있다. 인도 승려 마라난타가 침류왕枕流王 원년(384) 중국 남조 동진東晉을 거쳐 백제에 들어오자 왕이 궁중에 두고 예로써 공경했다. 이것이 백제불교의 시작이었다. 그런 마라난타가 병에 걸렸고, 우면산 대성초당에 머물며 이 산에서 솟아나는 물을 마시고 소생했다고 전해진다.

'백제불교 초전법륜성지 우면산 대성사 사적진언에 의하면 "예로부터 한강 북녘 남산인 목멱산木覓山과 한강 남녘인 이곳 대성사가 위치한 우면산은 소남소녀小男小女의 형국을 지어 이 생기에서 약수가 흘러나와 두 줄기의 생명수를 이루었다. 마침 마라난타대사께서는 인도에서 중국을 거쳐 백제에 불교를 전래하다가 수토병水土病으로 크게 고생하게 되었다. 이에 생명수를 드시고 수토병을 고쳤다" 한다. 그러하기에 우면산 대성초당은 백제불교 초전법륜성지가 되었다. 또 근세에 있어 대선지식 용성진종대사께서 지리산 칠불선원 조실로 계시다가 이곳 대성초당에 주석하셨다.'〈대성사 사기史記〉

우면산 근처에 집성촌을 이루고 있던 왕씨들은 용성을 극진히 모셨다고 한다. 왕건의 후예들이 서초마을에 모여 살면서 나름 새로운 세상을 갈망하고 있었다.

1912년 봄 통도사와 범어사, 그리고 지리산의 각 사찰들이 연합하여 경성 대사동에 교당을 새로 지었다. '조선임제종중앙포교당'이었다. 남녘에서 올라온 선승들의 맑은 얼굴들로 대사동 거리가 밝았다. 개교를 앞둔 포교당에서는 흘러나온 목탁소리가 사람들의 발길을 멈추게 했다. 더러는 합장을 하며 스님들의 염불소리를 가슴에 담았다.

승려 몇이서 우면산 대성사로 용성을 찾아갔다. 용성을 만나러 한강을 건넜다.

"스님, 강건하십니까?"

"소가 자는 산(牛眠山)이라 잠자는 게 일입니다."

용성은 선승들의 먼 걸음에는 뭔가 있을 것이라 짐작했다.

"스님 오는 초파일에 포교당을 열려고 합니다. 스님께서 저희들을 이끌어 주십시오."

"장안에 소문이 파다합니다. 사찰이 사대문 안에는 각황사 하나뿐이고, 그마저 우리 선종에서는 법회가 뜸한 편인데 참으로 듣기 좋은 소리요. 그래 내가 할 일이 무엇이요?"

"개교사장開教師長을 맡아주시지요."

"아니, 개교사장이라면 큰스님을 모셔야지 어찌 나 같은 소납을……."

"아닙니다, 스님. 스님의 법력이라면 차고도 넘칩니다."

결국 용성은 개교사장을 맡았다. 사실상 최고 어른으로 추대된 것이다. 임제의 맥을 잇는 포교당의 상징적인 존재였다.

만해는 살림살이를 맡았다. 비로소 경성 도심에 '참선'이란 명칭이 생겨났다. 경성에 제대로 된 포교당이 세워진 것은 일대 사건이었다.

용성은 조선임제종중앙포교당 개교일에 법문을 했다. 법상에 올라 주장자를 들었다.

"알겠는가? 천하는 태평하고 대왕은 장수하며 백성은 안락한데, 대중들은 어떻게 생각하는가? 태평은 무기가 가져오는 것이 아니니, 장군이 태평을 가져오겠다는 것을 허락해서는 안 된다."

그리고 주장자를 내리쳤다.

"알겠는가? 부처와 중생은 내가 알 바가 아니다. 근년 이래에 술 취한 미친 중이 되는 것이 마땅하다. 이따금 아무 일 없이 한가하게 바라보니, 멀리 있는 산이 구름 너머에서 겹겹이 푸르다."

포교당 안은 기침 소리 하나 들리지 않았다. 용성이 법좌를 내려왔다. 언론도 이날의 법회를 비상하게 지켜봤다. 실로 일반인들의 무관심을 깨뜨리는 낭보였다. 《매일신보》 5월 28일자는 이렇게 전했다.

'이미 전한 바와 같이 재작일 오후 3시부터 중부 사동에 있는 조선임제종중앙포교당에서 성대한 개교식을 실행하였는데, 한용운 화상의 취지 설명, 백용성 화상의 교리 설명, 정운복 리능화 양씨의 연설, 호동학교 생도 일동의 찬가, 음악대의 주악 등이 있었고, 당일에 입교한 남녀가 팔백 명에 달하였으며 구경꾼이 일천삼백 명이 되어 공전절후空前絶後의 성황을 이루었다더라.'

도성 안에서 놀라운 일이 벌어지고 있었다. 신도가 계속 불어나 3천 명을 넘어섰다. 용성은 일요일마다 법좌에 올랐다. 설법은 많은 사람들을 움직였다.

"용성의 법도法道가 실로 높고 밝다."

또 1912년 어느 날 인도 승려 담마파라達摩波羅가 한국을 찾아왔다. 담마파라는 스리랑카 출신으로 일본을 거쳐 서울로 들어와 당대의 선지식들과 법거량을 하고 마침내 용성과 마주하게 되었다. 용성이 물었다.

"본사 석가모니부처님으로부터 스님에 이르기까지 몇 대가 됩니까."

담마파라가 답했다.

"인도의 불법이 몇 백 년 동안 존재했다가 또는 존재하지 않았으므로 모르겠습니다."

그러자 용성이 재차 물었다.

"본사 석가모니부처님께서 강탄降誕하신 이후로 지금까지 몇 천 년입니까."

"2,500년입니다."

그러자 용성이 나직하게 말했다.

"제 견해로는 지금부터 2,940년입니다. 부처님의 강탄에 대하여 여러 경전의 주장이 같지는 않지만 그래야만 존재하는 역사적 증거와 같고 아울러 경전의 뜻에도 부합합니다. 이곳에도 예로부터 정통의 학설로서 화상과 동일한 설이 있기는 하나 채용하기에는 적절하지 않다고 생각됩니다."

다음 날 혜천관惠泉館이란 곳에서 연회를 베풀었는데 고승과 신도들이 많이 모여있었다. 용성이 담마파라에게 물었다.

"부처님께서 설하신 팔만대장경 가운데 가장 살펴보아야 할 중요한 구절을 말씀해 주십시오."

담마파라가 답했다.

"매우 부지런히 하고 쉬지 않아 머리를 쉬지 않아야 합니다. 부지런히 하고 또 부지런히 하면 갖추지 못할 일이 없을 것입니다. 또한 고금의 사업가가 머리를 쉬지 않았기 때문에 큰 사업을 성취한 것입니다."

용성은 담마파라의 답에 실망했다. 하지만 내색하지 않고 다시 주먹을 내세우고 물었다.

"이것이 무엇입니까?"

담마파라가 골똘히 생각했다. 그리고 조심스럽게 답했다.

"선사께서는 전등을 보고 계십니까? 스위치를 이렇게 하면 불이 켜지고, 이렇게 하면 불이 꺼집니다."

용성이 웃으면서 자리에 앉았다. 담마파라는 법거량을 하면서 용성의 법력이 대단함을 알아봤다. 마음이 움직였다. 자신이 모시고 있던 진신사리를 기증하겠다고 약속했다. 그리고 스리랑카로 돌아가 사리를 모셔왔다. 그 사리는 각황사에 모셨고, 지금도 조계사 8각10층탑에 봉안되어 있다.

담마파라는 법거량을 하면서
용성의 법력이 대단함을 알아봤다.
마음이 움직였다.
자신이 모시고 있던 진신사리를
기증하겠다고 약속했다.
그 사리는 조계사 8각10층탑에
봉안되어 있다.

명성은
누리를 덮고

용성의 설법은 특히 젊은이들의 마음을 사로잡았다. 도심 포교
활동을 통해 숱한 인재를 얻었다. 훗날 한국불교는 이들의 원
력으로 새롭게 우뚝 솟아났다. 당시 의학 전문대를 다니던 하
동규河東奎도 용성의 질문 하나로 인생의 진로를 바꾸었다.

"육체의 병은 의술로 고친다지만 마음의 병은 무엇으로 고치
겠는가?"

젊은이는 형용할 수 없는 감동을 받아 마음의 병을 고치기
로 작정했으니 바로 수법제자 동산이다. 동산은 용성을 은사로
모시고 머리를 깎았다.

고암도 포교당에서 용성의 설법을 듣고 발심을 했다. 그때의

상황을 《자비보살의 길》에서 이렇게 회고했다.

'시내 사동을 지나가는데 사람들이 포교당이라 일러주는 작은 절에 임제종 간판이 나붙었고 사람들이 많이 모였다. 들어가 보니 뚱뚱하고 후덕한 스님 한 분이 부처님 말씀을 하신다. 속으로 나도 저리 공부해봤으면 하고 흠모했지만 그날은 돌아오고, 간혹 생각이 나면 몇 달 만에 한 번씩 찾아가서 말씀을 듣다가, 19세 되는 여름엔 매일 가서 듣는데, 선사 말씀이 《금강경》 법문이라 한다. 한번은 질문했다.

"《금강경》 말씀이 모두 비어 공空하다, 모든 형상이 꿈과 같다 하니 이는 어찌함입니까?"

선사께서 잠깐 있다가 청천벽력 같은 한마디를 던진다.

"금강반야金剛般若다."

큰 소리에 깜짝 놀라 전기를 만진 듯 퍼뜩 새 정신이 돌아왔다.

그 후부터는 극진히 예배하고 속인으로 있어도 법사스님으로 모실 것이며, 승僧이 되어도 법사스님으로 모실 것이라고 맘속으로 깊이 다짐했다.'

용성의 명성은 누리를 덮었다. 용성에 관한 소문만 들어도 무언가 영감을 주는 시대의 고승이었다. 젊은이들은 용성을 흠모하며 친견하기를 원했다. 조계종 총무원장과 종정을 지낸 청담靑潭(1902~1971) 스님도 그중 한 사람이었다. 인연이 닿지 않아 제자가 되지는 못했지만 당시 용성의 행보가 얼마나 젊은이들을 설레게 했는지 가늠해볼 수 있다. 청담은 용성을 향한 하늘같은 존경심을 〈나의 편력遍歷〉이라는 기고문에 남겼다.

'용성 스님은 얼마나 법력이 출중했던지 제방의 불자들이 인산인해를 이룬다는 소식을 나는 고향 진주의 호국사 노승에게서 들어왔다. 며칠 동안 걸어서 장성에 닿으니 발은 부르트고 몸은 피곤에 지쳐있었다. 가사를 얻어 입기가 이처럼 어려운 것인가.

나는 해인사의 석별은 오히려 용성 스님을 친견할 수 있고 내가 그토록 원하는 대법리大法理의 창문을 두드릴 지름길을 얻고자 이렇게 부처님께서 가져다 준 가사라고 스스로 자위하니 오히려 더 기쁘기만 했다. (⋯) 스님은 어디에 계시며 또 어느 누구에게 물어야 내 그토록 바라고 온 염원의 소산이 알차게 결실을 맺을까! 대웅전 앞을 지나가는 어느 스님을 붙잡고 침착하고 조용하게 기대에 찬 음색으로 용성 스님의 거처를 물었다.

아니 어찌된 일인가. 스님께서는 오늘 아침 급한 사무寺務로 서울로 가셨다는 것이다. 울어야 할까, 웃어야 할까. 먼 하늘 흰 구름만 쳐다보고 한참 동안 말을 잇지 못했다. 물은 흐르고 바람은 불고, 나면 죽고 만나면 헤어지고, 이게 모두 인연의 철칙이라면 내 또한 용성 스님을 못 만남도 인연이 없기 때문이라 생각하니 차라리 평안하였다.

번민과 고뇌의 불연속선이 내 주위에 등온선마냥 엄습을 해온다. 난 한 번 또 한 번 수십 번 생각에 생각을 하였다. 용성 스님을 친견해야 한다는 집념은 용광로의 불길마냥 훨훨 타고 있었다.'

용성이 칠불암에서 지은 후 바랑에 넣어온 《귀원정종》은 1913년 6월 8일 비로소 세상에 나타났다. 《귀원정종》의 반향은 기대 이상이었다. 불가는 물론이요 일반인들도 관심을 보였다. 용성의 책은 조선 초기 척불론에 정면으로 맞섰던 함허득통涵虛得通(1376~1433) 스님의 노작을 떠올리게 했다. 유교의 나라를 천명한 조선은 절을 산중으로 밀치고 사찰 재산을 빼앗았다. 승려는 귀신을 섬기고 놀고먹으니 죽이라는 상소도 올라왔다. 이때 득통은 《현정론顯正論》을 저술하여 저들의 무도함을 논리적으로 꾸짖었다. 실로 호법의 등불이 되었다. 용성의 《귀원정종》 또한 불교를 비방하는 무리의 주장을 통렬하게 꾸짖고 있다. 장경藏經과 이교異敎의 서책을 섭렵하여 불교의 진수를 가지런하게 수록했다.

'중부 사당에 있는 조선선종중앙포교당에서 《귀원정종》과 《팔상록八相錄》 2종 서적을 간행한 지 불과 한 달 남짓에 일반 신도의 구람購覽 외지주문은 하루도 거르지 않고(逐日) 답지할 뿐 아니라 각 종교인사에게 보감寶鑑이 된다고 칭예稱譽가 낭적浪籍한다더라.'(《매일신보》1913년 8월 1일)

《귀원정종》이 종교계 인사들에게 주목을 받고 주문이 끊이지 않았다. 대단한 반향이었다. 용성은 《귀원정종》과 더불어 부처님의 생애를 담은 《팔상록》을 저술하여 간행했다.

용성은 자신에게 일렀다.

'비유해서 말하면 수원지가 완전히 견실해야 도도하게 흐르는 긴 강줄기가 만 리에 물결치는 것과 같이 우리 선종 역시 그와 같다. 선종의 본사는 청정한 산간에 건립하여 도인을 양성하고, 선종의 포교당은 각 도시 안에 설치하여 천하의 대중들이 함께 이익을 얻도록 해야 할 것이다.'

중앙포교당은 용성에게 포교활동의 거점이었다. 용성은 임제종을 전파하기 위해 법상에 올라 주장자를 휘둘렀고, 한용운또한 조선불교회, 불교동맹회 등을 결성하여 불교 혁신을 도모했다. 일제는 점차 포교당을 불온하게 바라봤다. 포교당 운영을 총괄했던 한용운은 일본경찰로부터 포교당 건립비용 마련등을 추궁 당했다.

이때 불교계는 남과 북으로 나뉘어 서로 대립하고 있었다, 북쪽은 원종, 남쪽은 임제종으로 뭉쳐 반목을 빚고 있었다. 그러자 총독부는 남쪽과 북쪽 모두를 부정해버렸다. 원종과 임제종 명칭을 없애고 '조선불교선교양종'으로 정해버렸다.

임제종중앙포교당 또한 임제종이란 명칭을 쓸 수 없었다. 결국 조선선종중앙포교당으로 간판을 바꿔 달았다. 사자후를 토한 지 한 달 만의 일이었다.

용성은 이후 종로 봉익동 1번지에 대각사를 세웠다. 선종을 표방하며 스님 홀로 도성 안에 신행 공간을 개창한 것은 조선시대 승려들 출입이 금지된 이래 처음이었다.

1970년대
서울 종로구 봉익동의
대각사 대각성전.

포교당의
거대한 준비

용성은 자신만의 포교당을 마련했다. 1915년 5월 중부 장사동에 선종임제파강구소禪宗臨濟派講究所를 설립했다. 임제종을 임제파로, 포교당을 강구소로 바꿔서 문을 열었다. 범어사 중앙포교당을 나왔다. 《매일신보》 1915년 5월 14일자는 이렇게 전한다.

'경성 인사동 범어사중앙포교당에서 종사하던 백용성 화상은 근일 소감사所感事가 유有하다 하여 중부 장사동에 선종임제파강구소를 설립하고 일요일마다 오전 11시 수도자를 위하여 임제어록의 제창도 하고 임제선풍의 진흥에 열심인데 제1회 강의는 '불법적적대의佛法的的大意'이다.'

용성은 '황벽육십통방黃蘗六十痛棒' '임제부보청화臨濟赴普請話'를 핵심으로 첫 번째 강의를 했다. 용성의 설법은 안팎의 비상한 관심을 모았다. 그것은 승려들과 신도들을 깨우는 거대한 죽비였다. 당대 최고의 설법은 누군가가 기록하여 이렇듯 후대에 전하고 있다.

황벽육십통방黃蘗六十痛棒

　대사께서 강단에 올라 위엄 있게 큰 소리로 꾸짖으면서 다음과 같이 말씀하셨다.

　"불법의 적적的的한 대의大義를 알아차렸느냐? 모름지기 용맹한 자라면 옛 임제조사께서 불법의 적적한 대의를 물었을 때 황벽선사에게 세 번에 걸쳐 60방의 매질을 당한 뜻을 비로소 깨달았을 것이다.

　대중아, 어떠한가. 이 몽둥이가 바로 한 가닥 흰 몽둥이며, 옴이 없는 곳의 방망이임을 알아차렸느냐. 제접하여 쓸어버려서 바름을 쫓게 하는 방망이며, 현묘한 데 의지하여 바름을 해치는 방망이임을 알아차렸느냐. 헛됨과 참됨을 구별하여 증험하는 방망이임을 알아차렸느냐. 지시하는 방망이며, 지시함이 없는 방망이임을 알아차렸느냐.

　나귀의 해(驢年)가 되어서야 깨닫게 되리라. 그때에 만약 혜아릴 수 없이 큰 힘을 가진 자가 아니라면 꾸짖음이 우레와 같이 쩌렁쩌렁 울리고 몽둥이가 빗방울처럼 쏟아질 것이다. 어떠하냐, 알아차렸느냐? 대중 가운데 알아차린 자가 있느냐? 빨리빨리 나와 보거라. 만약 시시비비를 가려내려고 들면, 유성이 떨어져 불빛이 사라지듯 할 것이다. 황벽 노파와 대우大愚의 요란한 말(撓舌)과 푸르둥둥한 60방이 마치 쑥 가지와 같고, 불법이 별것이 아님을 깨달아 알리라. 달빛이 끝없는 하늘을 비추고 바람이 온갖 만물의 소리를 일으키도다. 대우가 가슴팍을 세 방 내리치는 것은 불법의 적적한 대의이니라.

　호랑이 수염을 잡아보았느냐? 진정으로 뛰어난 대장부라면 방망이를 내려치는 그 자리에서 무생인無生忍을 깨달을 것이니, 그 기회를 만나서는 스승에게도 양보하지 않느니라. 지금 다시 임제 노한을 만나본 자가 있느냐? 구포九包의 풀은 울타리가 아래에 있지 않고, 천 리를 달리는 말은 양 무리 가운데 처하지 않는 법이니라. 우리 임제조사는 보통의 부류보다 뛰어난 분이어서 천성千聖과 어깨를 나란히 하고 계신 분이니 어찌 보통 사람들이 헤아리고 생각하여 알 수 있겠는가.”

　그리고 주장자를 아래로 두 번 내리치면서 ‘할喝’ 하고 고함을 질렀다.

　“모름지기 이 ‘할’을 알아야 비로소 깨닫게 되는 것이다. 그러나 이와 같더라도 이 방편문(建化門)에서 맞이할 일일 뿐이니,

태평성세에는 태평가가 필요치 않느니라.”

임제부보청화臨濟赴普請話

“대저 종사宗師가 서로 만날 때는 마치 칼끝을 서로 맞대는 것과 같고, 마치 두 장수가 서로 싸움을 벌이는 것과 같으며, 마치 돌이 부딪혀 불꽃이 번쩍 일어나는 것과 같으니 어찌 부족한 안목으로 알아보는 것을 용납하리오.

옛날에 임제선사가 보청普請(울력)에 나가 밭일을 하고 있었는데 황벽선사가 가까이 오는 것을 보자 괭이를 땅에 꽂아두었다. 하늘을 찌를 듯한 의지와 기운를 가지고 호랑이를 빠뜨릴 덫과 함정을 설치하고서 마치 항우가 진시황을 노려보며 ‘저놈의 자리를 빼앗아야지’라고 하듯, 마치 용맹한 장수가 진을 쳐놓고 위풍당당하게 서서 빛나는 해와 같이 번쩍이는 칼을 들고 군대를 통솔하는 것과 같았으니, 진실로 뛰어난 대장부의 모습이었다.

이에 황벽선사가 말하길 ‘이놈아 힘이 들더냐?’라고 하였으니, 말씀 자체는 온후한 듯하나 어찌 오가는 말에 여유가 있겠는가. 각기 호랑이를 빠뜨릴 덫과 함정에 대응한 것이니 바로 웃음 속에 칼을 숨긴 격이었다.

임제선사가 말하길 ‘괭이도 들지 않았는데 뭐 힘들 것이 있

겠습니까?'라고 하였으니, 이는 맑은 바람이 씻어내고 밝은 달
빛이 비추듯 하며, 물을 마시고 밭을 일구어 밥을 먹듯 한 것
이로다. 괭이 끝에서 저절로 무생악無生樂이 흘러나오니, 군대
를 모두 움직여서 칼을 겨눈들 어찌 방해가 되리오. 이는 도적
이 그 몸을 모두 드러냈다고 할 만하도다.

그때 황벽선사가 몽둥이를 내리쳤으니 이는 몽둥이 끝에 해
와 달과 같이 밝은 눈이 달려서 불 속에 진금眞金이 있음을 바
로 안 것이로다.

임제선사가 몽둥이를 받아 움켜쥐고서 황벽선사를 밀어서
넘어뜨렸다. 사나운 호랑이가 한데 엉켜 싸우는데 조금도 물러
남이 없으니 영웅은 과연 영웅이로다.

이때 황벽선사가 유나를 불러 말하길 '유나야, 유나야. 나를
일으켜다오' 하고 말하자 유나가 달려와 스님을 부축하여 일으
키며 '스님, 이게 무슨 일입니까? 저런 미친놈의 무례한 행동을
그냥 두시렵니까?'라고 말했다. 넘어졌는데 다른 사람을 구하
니 먼 산은 층층이 푸르르네. 어찌 미친놈을 그냥 두겠는가. 여
전히 득도한 자들 속에 있었구나.

곧바로 유나를 방망이로 내려치니, 가는 풀은 안개를 머금고
산 곳곳에 푸릇푸릇 가을 달에 봄꽃 피는 무한한 뜻이여, 그
가운데 진짜배기를 누가 알겠는가.

화장을 하는데 생매장(活埋)을 한다고 하니, 아이고 허허허.

대홍선사大洪禪師가 말하길 '밀어서 넘어뜨리고 부축하여 일으키는 것은 만고에 변치 않는 풍습이자 규범이요, 화장과 생매장은 모든 곳에서 본받은 방편이로다'라고 하였다. 정안正眼이 본다면 일시에 매장되는 것을 면치 못할 것이니 어떤 것이 정안인지 속히 와서 말해보거라."

대사께서는 '할' 하고 고함을 내질렀다.

"나는 강석講席에 임했기 때문에 부득이 노파에 대해 이야기 한 것이다. 비록 수백 개의 구멍과 수천 개의 상처투성이와 같이 엉망진창이라 할지라도 그대들에게 용서를 청하노라."

그리고 주장자를 한 번 내리치고 다시 말씀하셨다.

"한 번의 주먹질로 황학루黃鶴樓를 부숴버리고 한 번의 발길질로 앵무주鸚鵡洲를 날려버리네."

주장자를 또 한 번 내리치고 설하셨다.

"의지와 기운이 있을 때에 의지와 기운을 더하고, 풍류가 없는 곳에서 풍류를 일으키도다."

이윽고 법좌에서 내려오셨다.

용성은 12일이 지나 다시 강설했다. 이를 전용락全龍洛이란 사람이 기록하여 후세에 남겼다.

대사께서 강단에 올라가 주장자를 잡아올리고 말씀하셨다.

"이 주장자는 어디서 났는가?"

말을 마치시고 주장자를 뒤로 던져버렸다. 그리고 양손을 활짝 펼치고 말씀하셨다.

"내 주장자를 돌려다오."

아무 말 없이 한참을 있다가 말씀하셨다.

"밝기가 천 개의 해를 더하고 어둡기는 옻칠을 더한 듯한데 옛 골짜기 구름은 얼어서 열리지 않네. 옛날에 임제조사께서 보청에 나아가셨을 때 임제선사의 손에 아무것도 들려있지 않은 것을 황벽선사가 보았느니라. 이에 황벽선사가 '괭이를 어디에 두었느냐'고 물었다. 이 괭이라고 하는 것은 사람들이 보청을 하러갈 때 가지고 가서 사용하는 한 물건(一物)이라 고요하여 또렷하며, 빈틈없고 끊임이 없어서 털끝만큼도 빠짐이 없으니 이 한 물건을 누가 이해할 수 있겠느냐. 초산楚山은 끝없이 높고 가파른 봉우리가 펼쳐졌네. 임제선사께서 말씀하시길 '어떤 사람이 가져가 버렸습니다'라고 하였으니 한 물건을 내려놓은 곳, 적연하게 천지가 비었구나.

황벽조사께서 괭이를 일으켜 세우며 말씀하시길 '오직 이것만은 천하 사람들이 잡아 세우려 해도 일으키지 못한다' 하셨다. 쯧쯧. 오직 이것만이 있으니 저울에 쇠파리가 앉는 것조차 허락하지 않았는데 저울추를 밟으니 단단하기가 쇠망치와 같구나.

임제선사께서 손을 뻗어 주장자를 낚아채 잡아 세우면서 말하길 '그렇다면 어째서 지금은 이것이 제 손 안에 있습니까?'라고 하였으니 이는 가히 소인배나 지혜는 군자보다 낫다고 할 만하다. 이 물건은 부처와 부처가 서로 전한 것이요, 조사와 조사가 가지고 논 것이라. 어찌 특별히 움켜쥐고서 일으키지 않겠는가. 알겠느냐? 강남의 3월 풍경이 계속해서 기억하자니 자고새 우는 곳 온갖 꽃향기가 가득하다.

황벽조사께서 말씀하시길 '우리 종문이 너에 이르러 크게 일어나겠구나'라고 하였으니 이는 아무 쓸데없는 것이다. 진주鎭州에서는 큰 무(蘿蔔)가 난다네."

조주주토화趙州走兎話

"훌륭한 여러 씨앗(仁子)들이여, 옛날에 조주화상이 밖으로 나와서 걷고 있었는데, 마침 그 앞으로 토끼가 달려갔다. 승려가 묻기를 '화상께서는 선지식인데 어째서 토끼새끼가 도망가 버립니까' 하고 말했다. 조주화상이 말하길 '나는 살생을 많이 했기 때문이다' 하였다.

대중아 어떻게 알아차렸느냐? 만약 추호라도 알음알이를 일으킨다면 나귀의 해가 되어서야 비로소 알아차리게 될 것이다. 소나무에 기대어 한가로이 몇 권의 경을 잡고서 객에게 어디에서 왔냐고 웃으며 묻네.

세상 사람들이 모두 불법佛法의 소굴에 떨어져서 들락날락할 뿐이니 어느 때에 꿈에서라도 조주선사를 보겠는가. 중생의 심식心識은 마치 태말충太末蟲이 닿는 곳마다 앉는 것과 같으니, 삼세의 제불과 역대의 조사와 항하사恒河沙와 같이 많은 장경 모두가 바로 마구니의 말(魔說)이자 생사 근본이니라. 그렇기 때문에 조주선사께서 말씀하시길 '불佛이라는 한 글자는 영원히 듣고 싶지 않다'라고 하셨으니, 알겠는가?

어떤 한 사람은 향목香木을 잘라내어 불상을 만들고, 또 다른 사람은 향목을 잘라내어 똥막대(糞橛)를 만들면 어떠한가? 그 본성을 잃은 것은 한 가지니라. 어떤 사람은 선행을 지어 천당에 태어나고, 또 다른 사람은 악행을 저질러 지옥에 태어나면 어떠한가? 선악은 비록 다를지라도 윤회하는 것은 한 가지이니라.

부처와 조사, 세간법과 출세간법, 이로理路와 의로義路, 분별과 전체를 막론하고 모두 생사일 뿐이다. 그렇기 때문에 육조께서 말씀하시길 '부처님께서 말씀하신 일체법은 중생의 일체심을 구제하기 위한 것인데 나는 일체심이 없으니 어찌 일체법을 쓰리오'라고 하신 것이다.

그러나 제법이 모두 공한 자리에 본성 스스로가 신해神解하여서 목석과는 같지 않으니, 성인께서는 생멸이 없는 몸으로, 세간에 두루 들어가서 널리 중생을 구제하여 치연熾然하게 항상 설법을 하시되, 한 글자도 말씀하신 적이 없느니라.

　그러한 즉 조주의 뜻은 어떠한가?

　달이 중추에 이르러 가득하고

　바람은 팔월부터 서늘하네.

　조주의 뜻은 어떠한가?

　도잠陶潛이 팽택彭澤에서 오직 버드나무만을 기르며

　번악潘嶽은 하양河陽에서 꽃만 심도다.

　조주의 뜻이 어떠한가?

　납승이 근원을 파고들어서 순박하고

　진실되게 상량하여 조종을 잇네.

　조주의 뜻이 어떠한가?

　조주의 토끼 화두를 아무도 이해하지 못하니,

　잡초와 들꽃만이 땅에 가득하네.

　쯧쯧. 순박하게 좋을 것이 없다고만 말하지 말라."

　곧 법좌에서 내려오셨다.

　그즈음 당시 《매일신보》 5월 30일자에는 흥미로운 기사가 실려 있다. 당대 최고의 강백과 선승이 같은 시각 설법을 했다.

　'수송동 각황사에서는 오전 11시부터 경운 스님의 설법이 있고, 장사동 임제파강구소에서는 오전 11시부터 용성 스님의 설법이 있다더라.'

경운擎雲(1858~1936)은 당시 최고 강백으로 이름을 떨치고 있던 화엄교학의 대가였다. 경운 스님이 교敎의 정상이었다면 용성은 선禪의 으뜸 봉우리였다. 두 스님의 법회를 나란히 소개한 기사는 당시의 분위기를 상징적으로 전해주고 있다.

임제파강구소는 이전의 중앙포교당과는 달리 해인사, 범어사 등 남녘의 사찰들로부터 지원을 받을 수 없었다. 포교를 하기 위해서는 자금이 필요했다.

산간에서는 도인을 양성하고 도시 안에서는 신도들을 늘리기 위해서는 재정이 튼튼해야 했다. 사찰이 완전히 견실해서 불법이 제대로 서야만 법향이 누리를 덮을 수 있었다. 신도들의 시주만으로는 제대로 포교활동을 할 수 없었다. 더욱이 신도수가 월등히 많은 천도교나 기독교와는 살림 규모가 비교할 수 없을 정도로 작았다. 다른 종교는 우렁찬 종소리만큼 헌금이 넘쳤지만 불교는 몇몇 화주들에게 의존해야 하는 실정이었다.

이때 함경남도 북청군수를 지낸 강홍도康洪道가 저간의 사정을 알고는 한 가지 제안을 했다. 바로 광산개발이었다. 용성은 멀고 먼 북청에 사업장을 마련했다. 그러나 3년 동안의 광산 경영은 실패로 끝났다. 서울과 북청을 오가며 사업과 포교를 했지만 힘과 재력이 부쳤다. 용성은 서울로 돌아왔다.

龍城

제8장

꽃과 풀은 너의 뜻이다

감옥에
갇힌
불교경전

용성이 서대문 감옥을 나왔다. 3·1독립선언 민족대표로 온갖 수난을 겪고 붉은 담장 밖으로 나왔다. 세상 나이 쉰여덟이었다. 1921년 5월 5일(음력 3월 28일) 빼앗긴 땅에 봄이 한창이었다. 용성을 본 제자들은 차마 어떤 말도 올리지 못했다. 용성의 몸집은 작아졌고 얼굴은 반쪽이었다. 용성 앞에서 제자들은 더욱 작아질 뿐이었다. 그래도 다행인 것은 용성의 눈빛이 그대로 살아있었다.

용성은 형기가 1년 6개월이었지만 감옥에 2년 2개월 동안 있었다. 최종 언도가 있은 1919년 10월부터 형기를 시작했기 때문이었다.

용성은 서대문 감옥을 뒤돌아봤다. 아직도 갇혀있는 민족대
표들을 떠올렸다. 감옥에서도 울려 퍼졌던 만세 소리가 귀에
쟁쟁했다. 만세 소리가 온 나라를 뒤덮었어도 변한 것은 없었
다. 용성은 한동안 그렇게 서있었다. 그러다 감옥에서 금강석처
럼 단단하게 세운 서원을 떠올렸다. 바로 불경을 우리말로 옮기
는 역경사업이었다. 제자들은 주먹을 쥐고 고개를 주억거리는
용성을 지켜만 보고 있었다. 이윽고 제자가 말했다.

"스님, 가시지요. 사직단 쪽으로 길을 잡았습니다."

제자들은 종로가 아닌 사직단 길로 향했다. 용성은 제자들이
이끄는 대로 걸음을 옮겼다. 독립문 앞에서 사직단까지는 오르
막길이었다. 용성이 걸음을 멈췄다. 숨이 가빴다. 제자들도 걸음
을 멈추고 스승의 숨이 돌아오기를 기다렸다. 사직단 언덕길에
오르자 멀리 총독부 건물이 눈을 찔렀다. 일제가 경복궁 흥례
문興禮門을 헐어내고 지은 식민통치의 소굴이었다. 총독부 건
물은 한눈에 담을 수 없을 정도로 컸다. 육중한 석조물이 경성
시가지를 짓누르고 있었다. 용성이 그 앞에서 잠시 멈춰 섰다.

쪼그라든 경복궁을 지나 창덕궁 쪽으로 향했다. 제자들이
창덕궁에 이르기 전에 방향을 틀었다. 봉익동 대각사로 가려던
용성이 의아한 눈빛으로 제자들을 쳐다봤다.

"가회동으로 갈까 합니다."

가회동에는 신심 깊은 신도집이 있었다. 용성의 수감카드에

는 본적이 '경성부 가회동 211번지'로 되어 있다. 용성을 지극히 섬기는 거사의 집이었다. 용성은 만해와 같이 평생 호적이 없었다. 원래 장수군 죽림리 본적은 그저 출생지로만 기재되어 있다. 그리고 주소는 '경성부 봉익동 1번지'로 되어있다. 바로 대각사였다. 그러니까 수감카드에 본적으로 적혀있는 신도의 집으로 가는 것이었다. 미리 연락을 받은 듯 신도는 용성이 들어서자 큰절을 올렸다. 용성이 처음으로 감옥이 아닌 '사람 사는' 안방에 앉았다. 방안을 이리저리 살폈다. 그때 제자들이 일제히 절을 올렸다.

"큰스님, 큰 고생하셨습니다. 그런데……."

제자가 엎드려 말을 올리다 이내 울먹였다. 용성이 제자의 등을 굽어보고 있었다.

"절이 없어졌습니다. 스님께서 돌아가실 대각사가 사라졌습니다."

용성을 한동안 말을 못했다. 비로소 제자들이 곧장 대각사로 가지 않은 이유를 알았다.

"어찌된 영문인가."

"차마 여쭙기가……. 대각사 식구 몇 명이 절을 팔았습니다. 모두 절을 나갔습니다. 뒤에서 일본 형사들이 사주한 듯합니다."

용성은 아무 말을 하지 않았다. 용성은 그야말로 집도 절도 없는 신세였다.

"스님, 그 사람들을 어찌해야 합니까?"

"어찌할 것인가. 인연이 그것뿐인데. 절을 나갔다니 더는 찾지 마시게."

그날 밤 용성은 푹신한 요를 깔고 이불을 덮었다. 따뜻한 기운이 올라왔다. 실로 얼마만인가. 용성은 잃어버린 절보다 옥중에서 세운 서원을 떠올렸다.

'독립선언서 발표의 대표 1인으로서 경성 서대문 감옥에서 3년 동안 철창생활의 고단한 맛을 체험하게 되었다. 각 종교의 신자로서 동일한 국사범으로 감옥에 들어온 자의 수효는 대단히 많았다. 각각 자기들이 신앙하는 종교서적을 청구하여 공부하고 기도를 하였다. 그때 내가 열람해 보니 모두 조선글로 번역된 것이었고, 한문으로 된 서적은 별로 없었다.'

용성이 저술과 역경사업을 시작하며 쓴 〈저술과 번역에 대한 연기〉에 기록한 내용이다.

서대문 감옥은 종교 신자들로 넘쳐났다. 그들은 각기 자신들이 믿는 경을 읽고 예배를 드렸다. 불교도들만이 그저 조용히 있었다. 불경이 한문으로 되어 있어 불교 신자들도 읽을 수가 없었다. 자연 불경을 찾아 읽는 사람은 아무도 없었다. 홀로 한문 경전을 받아 든 용성은 깊이 탄식했다.

'서대문 감옥에 갇혀있는 것은 내가 아니구나. 부처님 가르침이 갇혀있구나. 불경과 한국불교가 잡혀와 먼지를 뒤집어쓰고 있구나.'

반면에 기독교는 일찍이 선교 학당을 세워 젊은이들에게 직업교육을 시키고 번역 성경을 읽게 하여 신도를 늘려가고 있었다.

'자그마한 건물 안에서는 신학교육이 행해지고, 다른 건물에서는 젊은 수련 수사들이 실질적인 직업교육을 받는다고 했다. 그중 일부는 간호부 교육을 받고 있었고, 다른 사람들은 목수 일이나 제본술을 전수받고 있었다.

이 형제들은 인쇄소를 하나 경영하고 있었는데 여기에서 《더 코리아 리뷰》라는 영어로 된 월간지를 발행하고 있었다. 이것 외에도 반응이 좋은 종교에 관한 인쇄물들이 상당량 한글로 나오고 있었으며, 성경 번역판은 벌써 10만 부가 나갔다고 한다.' (아손 그렙스트 《스웨덴 기자 아손, 100년 전 한국을 걷다》)

이렇듯 기독교는 훨훨 날아가고 있었다. 하지만 불교 경전은 한문이란 틀에 갇혀있었다. 자신이 갇혀있는 것보다 더 아팠다. 한자를 모르면 누구도 불교의 가르침 속에 깊이 들어갈 수 없었다. 아는 만큼 보이는데 도대체 경전을 볼 수 없으니 승려들의 법문에 기대야 했다. 누구나 쉽게 경을 읽고 그 속의 오묘한 가르침을 터득할 수 있어야 했다. 용성은 출옥하면 경전을 한글로 번역하겠다는 원을 세웠다.

불교는 조선시대 온갖 탄압을 받으며 야위어갔지만 그래도 오직 민초들의 믿음으로 종교의 생명을 유지했다. 하지만 정작 불교는 민초들의 종교가 아니었다. 까마득히 높이 있었다. 중간에 승려들이 전해주는 법음을 그대로 받아먹어야 했다. 그렇다고 글을 아는 승려들도 많지 않았다. 어깨너머로 고승들이 전해주는 법어를 외어야 했다. 뜻도 모르고 승려인 척 흉내만 냈다. 용성의 서원은 간절했다. 그 간절함이 〈저술과 번역에 대한 연기〉에 그대로 드러난다.

'오동나무 잎사귀 하나가 떨어지는 것을 보고 천하가 가을이 되었음을 아는 것이다. 세계의 인류문화는 생존을 경쟁하고 경제의 파탄이 그 극에 도달하고 있는 시기에 누가 한문에 골머리를 앓으면서 수십 년의 세월을 허송하며 공부하겠는가. 비록 수십 년을 공부할지라도 한문을 모두 알고 죽는 자는 없을 것이고, 다 통달한다 할지라도 장래에는 무용의 학문이 될 것이니, 어디에 쓰겠는가. 현대철학, 과학, 천문학, 정치학, 기계학 등 모두 배울 것이 많은 시대에 한문만을 가지고 수십 년의 세월을 허비하는 것은 어리석을 뿐만 아니라 또한 문명 발달의 장애물만 될 것이며, 또 수십 년 동안 한문 공부를 하여 위대한 문장이 되었다 할지라도 우리 종교의 진리는 알지 못할 것이며, 또 중국 사람은 중국 글을 좋아하나 우리 조선 사람들에게는 조선의 글이 적절할 것이다. 그러므로 남녀 및 상중하가 보면 즉시 알 수가 있을 것이라서 보급하기 편리할 것이다. 이에 내가 출옥하면 즉시 동지를 모아서 경전을 번역하는 사업에 전력하여 이것으로써 불법의 진리를 연구하는 데 한 나침반을 만들 것이다.'

지혜의 한글화
진리의 대중화

용성의 머릿속은 온통 역경에 관한 구상으로 가득 찼다. 우선 동지들을 모았다. 사찰과 승려들에게 자신의 뜻을 전하고 동참을 호소했다. 그러나 돌아오는 것은 냉소와 핀잔뿐이었다. 승려들은 한문경전을 한글로 바꾸는 데 무관심했다. 출옥의 기쁨은 탄식으로 변했다. 그 탄식은 《용성선사어록》에 그대로 드러난다.

'신유년 봄 3월(음력), 나이 쉰여덟이었다. 백발은 성성한데, 아! 세상 조류가 날로 변하여 조선의 문자인 한글은 발전하고 한문은 저절로 폐지될 것이 명약관화明若觀火한데 불경은 온전히 한문이다. 어찌해야 하는가? 어찌해야 좋은가? 여러 스님들

삼장역회 현판

과 상의하였으나 듣고 따르는 사람은 하나도 없었고, 게다가 각 사찰에 글을 보냈으나 한 사람도 돕겠다는 사람은 없고 오히려 비방하는 사람만이 많았다.'

용성은 신도들 시주를 받아 옛 대각사 바로 옆집을 다시 사들였다. 용성이 출감하자 다시 신도들이 결집했다. 순종황제비 순정효황후의 분부로 상궁들도 동참했다. 봉익동 2번지에 새로운 대각사를 지었다. 그리고 역경단체인 '삼장역회三藏譯會'를 설립했다. 삼장이란 불교의 법을 담는 세 가지 그릇이니 곧 경經, 율律, 논論을 이름이었다. 따라서 불교에 담겨있는 모든 진리를 한글로 번역하겠다는 원을 세운 것이다. 그러나 삼장역회를 설립하기까지 불교계 누구 하나 그 뜻을 헤아리는 이가 없었다. 용성은 참담했다. 경봉鏡峰(1885~1969)은 이제 그만 산으로 들어오라고 권했다. 용성은 그럼에도 서울에 머물 수밖에 없는 자신의 처지를 탄식하며 이런 편지를 보냈다.

'병납病衲은 진뇌塵惱에 골몰하다보니 말씀드릴 게 없습니다. 소위 삼장역회에 대해서는 허가 서류를 십여 종이나 되게 얻었습니다만, 자금의 어려움이 한이 되어서 끝맺음을 하지 못했습니다. 그래서 금년에는 좌우간 서울에 머무를 형편이고 내년에

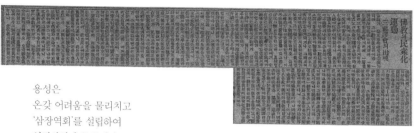

용성은
온갖 어려움을 물리치고
'삼장역회'를 설립하여
역경사업에 몰두했다.
《동아일보》사실이다.

는 다시 산에 머무를 계획이니 양해하여 주십시오.'

삼장역회는 용성의 서원으로 출범했다. 정작 불교 집안에서는 외면했지만 언론은 이를 비상하게 지켜보고 있었다. 《동아일보》는 1면에 '불교의 민중화운동, 삼장역회의 출현'이라는 제목의 사설을 게재했다.

'이제 불교를 다시 진흥하여 법계중생法界衆生으로 하여금 무명치암無明癡暗을 파타하고 청정각성에 대혜大慧를 개발케 하랴 함은 그 교리의 선전방법을 개혁하여 모든 민중으로 하여금 친히 그 교리를 이해하여 체득케 하여야 할지니 이곳 불교를 민중화하는 것이며 그 생명을 발發하여 행복의 원천을 작作하는 소이所以이라. 재래불교의 선전방법을 관찰하면 첫째 그 경전이 순한문이라 일반신도가 이를 이해하기 곤란할 뿐 아니라 그 학득學得하기 또한 용이하지 아니하며, 둘째 그 해독과 강의가 순한문이 아니면 순한문식이라 이럼으로 일반 민중은 그 입문入門의 불편을 감感하여 결국 그 전생명全生命을 한각 閑却함에 이르나니 이 어찌 불교계를 위하여 통탄할 바 아니며 조선문명을 위하여 가석可惜할 바 아니리오. 우리는 이에 감鑑하여 불교의 제諸 경율론經律論 등을 조선문으로 혹 번역하며 강의하며 혹 저술 편술 조론造論하여서 불교의 민중화를 목적하고 백상규씨를 중심으로 일어난 삼장역회의 사업을 찬성하는 동시에 그 전도를 축복하여 이에 수언數言을 발發하노니 원컨대 일반사회는 이에 대하여 다대한 동정同情을 베풀며 동회同會는 만난萬難을 떨치고 용왕맹진勇往猛進할지어다.'

언론의 격려대로 온갖 어려움을 물리치고 용성은 역경사업에 몰두했다. 1921년 9월 《심조만유론心造萬有論》을 지었고, 이듬해 2월에 《선한문금강경신역대장경鮮漢文金剛經新譯大藏經》을 한문에 우리 말 토를 달아 번역해서 간행했다.

'시운이 끊임없이 흘러 사람들의 지혜가 새로워지고 사조가 매일 변하고 있다. 지식과 계급도 경제생활에 의하여 경쟁하는 즈음인데 어느 겨를에 한문 경전을 읽느라고 오랜 세월을 보내겠는가. 그런즉 한자경전이 산처럼 쌓여있다 할지라도 하나의 오물이 되고 말 것이다.

지금 내 나이가 예순 살이 되고 보니 정신과 손이 떨리며 눈은 침침하여 경전의 번역을 감당할 수 없게 되었다. 이런 연유로 동지들에게 거듭 말하면서 조선의 모든 사찰에 글을 돌렸는데 무관심할 뿐 아니라 비방하는 자가 많았다. 이에 내가 부득이하게 한글로 《금강경》을 번역하고 또 주해하였다. 또한 한글과 한자를 섞어서 《금강경》과 《능엄경》과 《원각경》을 번역하였는데 후인이 이해하기 어려운 것을 염려하여 이전의 번역을 삭제해버리고 거듭 자세하게 번역을 하고 주해를 붙이며 과목을 나누었다. 그러나 경전 번역의 어려움은 오히려 차치하고라도 인쇄할 비용이 실로 없는 것을 어쩌한단 말인가. 이런 까닭에 나는 《금강경》과 《능엄경》과 《원각경》을 번역하고 그만 붓을 놓는다.'(용성,《상역과해금강경詳譯科解金剛經》1923년 3월 8일)

모든 것이 열악했다. 당시에는 한문과 한글에 능통한 사람이 드물었고, 재정적인 지원이 절대 부족했고, 또 불경을 구입하는 독자층이 많지 않았다. 여기에 가장 큰 걸림돌은 승려들의 암묵적 반발이었다. 한문 경전을 읽고 전하는 것을 승려들의 고유 영역으로 여기며 한글 경전은 그러한 자신들만의 아성을 허무는 일로 탐탁지 않게 여겼다. 자신들의 밥그릇을 뺏는 일로 여기는 부류도 있었다. 한문으로 권위를 위장했는데 혹 한글 경전이 보급되면 얄팍한 자신들의 법력이 들통날까봐 그러는지도 몰랐다.

1926년 4월 양산 내원암에서 《화엄경》 번역에 착수했다. 참

《조선글 화엄경》은 80권본 《화엄경》을 저본으로 직역하여 순수하게 한글로 표기
하였다. 경전 내용 가운데 글 뜻을 보태어 늘리기도 하고 번잡한 것은 빼기도 하며,
간단한 뜻으로 축약하기도 하였다. 12권이며 삼장역회에서 펴냈다.

선만일결사를 시작하면서도 용성은 붓을 들었다. 그리고 1927
년 11월에 매듭을 지었다. 12권으로 이뤄진 한글 《화엄경》은
1928년 3월에 완간, 세상에 첫선을 보였다. 불교계 안팎에서는
이를 극찬하며 용성을 향해 경의를 표했다.

'세종조世宗朝께서 훈민정음을 반포한 후에 즉시 간경도감을
설치하고 일체 경經 번역에 착수하여 능엄·법화·원각 등 경經
과 월인천강지곡月印千江之曲 등을 조조彫造하였지만 《화엄경》
까지는 번역하지 못하였으며 그 후에 개인적으로 행원품·지장
경·미타경 등 단행본을 역행譯行한 적도 종종 있었지만은 일
찍이 《화엄경》 전부를 번역한 적은 없었더니 이제 백용성 선사
가 대심대원大心大願을 다하여 《화엄경》 전부를 순조선문으로
역출譯出하고 이름을 《조선글 화엄경》이라 하였다.

진실로 조선불교의 유사 이래에 처음 있는 파천황破天荒의

대사업이다. 전에 말한 바와 같이 국력 혹은 개인의 사업으로 얼마의 번역이 있는 것도 대개는 한문을 본위로 한 것이니 다시 말하면 한자 경문經文 그대로 글자의 음이나 조선문으로 쓰든지 좀 더 잘한 것이라야 경문은 경문대로 음을 달고 그 새김은 소주小註로서 그 뜻을 간략히 통해주었을 뿐이거늘 이제 경의 정문正文을 자자字字히 석사釋辭하여 누구나 조선문을 아는 사람이면 거침없이 읽을 수 있게 되며 읽을 뿐만 아니라 심오미묘한 지취旨趣를 요해了解하게 되었은즉 이로부터는 여래의 중생을 위하시어 고구정녕苦口叮嚀하시던 본회本懷를 여온餘蘊 없이 필로畢露하며 중생으로 하여금 불문에 곧 유심留心하는 자이면 비록 지해종장知解宗匠을 친근치 못할지라도 넉넉히 여래의 무상법문을 스스로 오입悟入하고 증득하게 되었은즉 내세 중생을 위하여 대이익大利益을 지어줌이 진실로 막대하도다. (…) 최후로 조선불교를 위하여, 조선사회를 위하여, 조선민족을 위하여 용성화상을 축하하노니 조선불교계에 용성화상 1인이 있는 것을 축하함이 아니라 이어서 제2, 제3 내지 무수한 용성화상이 출세出世하기를 축祝하노라.'《불교》 43호, 1928년 1월)

이는 역사적인 사건이었다. '지혜의 한글화'였고, '진리의 대중화'였다. 용성은 시간이 주어지면 저술하고 번역하였다. 근대 불교사에 용성만큼 많은 저술과 번역을 한 선승은 없었다.

　용성의 혜안은 당대에는 안광을 뿜지 못했지만 후학들은 그 정신을 기리고 있다. 청담은 용성을 향해 크게 합장했다.

　'내가 내세운 세 가지 큰 항목 가운데 하나인 불경의 한글 번역은 나의 주장이라기보다 차라리 용성대사의 큰 뜻이었다고 해야 할 것이다. 그리고 오늘은 한문을 해독하지 못하는 한글 세대들이 계속 자라나고 있기 때문에 불경 번역은 한국불교의 가장 시급한 최대사업이라고 해도 과언이 아니다.'(《청담대종사총서》 1999년)

　용성은 열반에 들기 직전까지 역경을 멈추지 않았다. 용성은 감옥에서 세운 서원을 이루었다. 만 가지 어려움이 있었다. 특히 감옥에서 얻은 병으로 눈이 침침하고 붓이 흔들렸다. 그래도 멈추지 않았다. 용성이 지은 책과 번역한 주요 경전을 살펴보자.

저술

《귀원정종》(1913. 6, 중앙포교당)

《심조만유론》(1921. 9, 삼장역회)

《각해일륜》(1930. 3, 대각교당)

《청공원일》(1933. 6, 대각교중앙본부)

《임종결》(1936. 3, 삼장역회)

《수심론》(1936. 4, 대각교중앙본부)

《오도의 진리》(1937. 6, 삼장역회)

역서

《신역대장경 금강경강의》(1921. 1, 삼장역회)

《수능엄경 선한연의》(1922. 7, 삼장역회)

《팔상록》(1922. 9, 삼장역회)

《선한문역 선문촬요》(1924. 6, 삼장역회)

《대방광원각경》(1924. 6, 삼장역회)

《상역과해 금강경》(1926. 4, 삼장역회)

《조선글 화엄경》(1928. 3, 삼장역회)

《조선어 능엄경》(1928. 3, 삼장역회)

《대승기신론》(1930. 9, 대각교중앙본부)

《각설범망경》(1933. 1, 대각교중앙본부)

《천수경》(1938. 5, 삼장역회)

《지장보살본원경》(1939. 4, 삼장역회)

치아사리의
방광

용성이 출옥한 지 얼마 지나지 않아서이다. 동호東湖라는 화공
이 용성의 초상화를 그려 올렸다. 용성은 그림 속의 자신을 한
참 들여다봤다. 지난 세월이 떠올랐다. 숱한 역경이 있어도 자
신을 지켜온 스스로가 고마웠다. 용성이 자신에게 시를 지어
주었다.

  내가 너인가?
  네가 나인가?
  초당에 봄볕이 따스하니
  온갖 꽃이 흐드러지게 피었구나

我是汝耶 汝是我耶

草堂春日暖 百花爛熳開

개에게는 불성이 없다고

조주가 망령되게 분별했네

동쪽 호수의 봄 물결은 푸르고

갈매기는 자유로이 떴다가 가라앉네

狗子無佛性 趙州妄分別

東湖春水綠 白鷗任浮沈

용성은 깨달았으니 조주를 희롱한다. 무자 화두를 깨치고 나니 조주의 '있다 없다'의 분별이 참으로 별것 아니라는 것이다. 그렇게 생사를 걸고 정진을 했지만 그것은 과거의 일, 지금은 조사를 만나면 조사를 죽이겠다는 말이다. 강을 건넜으니 뗏목이 무슨 소용인가. 대장경도 고름 닦은 휴지에 불과한 것 아닌가. 그러면서도 그림 속의 자신을 향해 네가 누구냐고 묻는다. 참으로 능청스럽다.

용성은 자신의 사진에도 시를 지어 넣었다. 한가한 도인의 경계가 드러난다. 물과 산이 사진 속 용성 자신이고, 꽃과 풀이 사진 속 용성의 뜻이라고 했다. 선禪이 끌어낸 도인의 심경이 펼쳐지고 있다.

물과 산은 너의 모습이고
꽃과 풀은 너의 뜻이다
한가로이 오고 가니
밝은 달 비추고 맑은 바람 불어오네
水水山山爾形 花花草草爾意
等閑來等閑去 明月照淸風拂

비구승들이 '조선불교 선학원 본부'을 창설했다. 1921년 11월 종로구 안국동에 솟아오른 선학원은 선종의 중앙기관이었다. 불조의 정맥을 잇자며 시퍼런 결기의 비구들이 세운 도량이었다. 선학원 창건 상량문의 발기인 명단을 보면 첫 번째로 용성의 이름이 나온다. 용성은 청정 비구의 상징이었다.

'사찰령' 시행 이후 한국불교는 급속히 세속에 물들었다. 당시 서울에서 포교사로 활동하고 있던 남전南泉, 도봉道峰, 석두石頭 스님 등은 사찰령에 저촉되지 않는 사찰을 세워 전통불교를 수호하고 임제 선맥을 되살려보자고 했다. 그리고 그들의 뒤를 받쳐줄 상징적인 스님을 찾았다. 결국 용성을 비롯하여 만공, 성월惺月 등이 이름을 올렸다.

선학원의 원천은 '조선임제종 중앙포교소'였다. 개원식에 용성은 개교사장을 맡아 설법을 했다. 선학원이라는 이름은 사찰령과 사법寺法의 규제를 벗어나기 위해 '사寺' 자와 '암庵' 자를

피해 지은 명칭이었다. 선학원은 전국 선원과 선승들의 구심점이 되었다. 한국불교의 전통을 지키고 선승들의 본향이 되었다.

선학원이 창설된 이듬해 1922년 12월 31본사 주지들이 각황사에 모여 재단법인 '조선불교 중앙교무원'을 설립했다. 이들은 거의가 친일승이었다.

'스님이 하루는 경전을 보는 중에 홀연 왼쪽 치아 사이에서 자흑색의 사리舍利 한 알이 나왔다. 모양은 부처님 머리와 닮았고, 그 색 또한 광택이 났다.' (오세창, 〈용성 대선사 비명〉)

어언 환갑을 맞았다. 그날도 대각사에서 경을 읽고 있었다. 갑자기 왼쪽 치아가 흔들렸다. 왼쪽 뺨을 문지르며 용성이 말했다.

"이가 흔들리는 것 같네."

둘러 앉아있던 대중이 용성 주위로 몰려들었다. 용성이 손가락을 집어넣어 이를 뽑았다. 쉽게 뽑혀 나왔다. 그런데 치아가 예사롭지 않았다. 빛이 났다. 대중이 자세히 살펴보니 윤기가 흘렀다. 누군가 나직이 외쳤다.

"사리다!"

그래서 다시 돌려보니 모양도 범상치 않았다. 부처님 머리처럼 생겼다. 모두 흥분해서 어쩔 줄 몰라 했다. 모두 돌아가며 친견하는데 오직 용성만은 대수롭지 않다는 듯 조용히 웃었다.

"누가 알면 괜히 수선을 필 것이야. 그것 내다 버리게."

그러자 신도들이 펄쩍 뛰었다.

"이 귀한 것을 어찌 버릴 수 있습니까. 스님께서는 그런 말씀 마십시오."

그리고는 정말 용성이 어디다 버릴까봐 치아사리를 들고 우르르 방을 나갔다. 대각사 대중이 사리를 돌려가며 친견했다. 그러다 사리가 사라져버렸다. 누가 가져갔는지 알 수 없었다. 신도들은 낙담하여 용성에게 그 사실을 알렸다.

"스님 사리가 없어졌습니다."

풀이 죽어있는 신도들에게 용성이 말했다.

"아무 쓸데없는 것이야. 나는 이미 버린 물건 아니던가. 차라리 잘된 일이고만."

어느 늦은 봄날 밤이었다. 대각사 뜰 한쪽에서 불빛이 솟아 났다. 한 신도가 괴이 여겨 살펴봤다. 용성의 치아사리였다. 방 광하는 치아사리. 대각사가 다시 들썩거렸다. 대중은 조심스 레 수습하여 별당에 봉안했다. 그 뒤에도 치아사리는 여러 차 례 방광했다. 별당에 불이 난 줄 알고 달려가 보면 치아사리가 빛을 뿜었다. 정확히 기록한 날은 1925년 4월 8일, 같은 해 12 월 28일, 그리고 10년이 지나서 1937년 2월 8일 한밤중에 방 광하였다. 특히 12월 28일 방광 때는 3일 동안 빛이 이어졌다. 섣달 그믐의 어둠을 사르고 정월 초하루에 사라졌다. 신도들은 방광할 때마다 기뻐하며 용성의 공덕을 우러러 예배를 드렸다.

용성의 치아사리 발견 소식은 정작 본인은 대수롭지 않게 생각했지만 전국적으로 화제가 되었다. 불도들은 듣기만 해도 환희심이 생겼다. 사리를 보기 위해 대각사로 사람들이 몰려왔 다. 또 스님이나 신도들에게서 범상찮은 치아가 뽑혀 나오면 혹 시나 하고 모여서 수군거렸다. 그러나 거의가 사리가 아니었다.

치아사리가 나온 용성은 별 수 없이 사리를 감정해주기도 했 다. 한번은 모악산 금산사에 들렀다 범어사로 내려가는 중에 일어난 일을 1936년 12월에 발간된 《불교시보》 17호에 이렇게 전한다.

'전북 정읍군 칠보면 반곡리 김영섭金泳燮씨 자당慈堂인 김 우선화金禹善華씨 금년 72세의 노인으로 온후정열溫厚貞烈하며 당차유덕當且有德하여 자선사업을 많이 행한고로 향리에서 활불活佛로 칭송하여 오던 분이다. 그런데 씨는 지난 십수년 전에 발심하여 불교를 믿으면서부터 염불 정행淨行이 놀라운 중 육자주문을 전송專誦하였더니 올 봄에 우연히 치아간으로부터 일과정주一顆淨珠의 치사리를 얻게 되었다. 그러나 노인은 이것이 무엇인지 알지 못해 감춰두고 있었다. 그런데 마침 백용성선사가 금산사金山寺를 경유하여 범어사로 출발하는 도중에 정읍 신태인 김가산 거사 댁에 들리게 되어 이 기회를 이용하여 선사 설법을 듣고자 모인 선남선녀가 사오십 명쯤 되었다. 설법을 마친 뒤에 김씨 노인이 사리 일매一枚를 내놓고 이 물건이 무슨 물건인지 알 수 없으니 선사의 감정을 바란다고 함에 선사가 보니 진사리眞舍利임이 틀림 없었다. 선사가 진사리로 공포하였으므로 오십 명의 대중이 환희용약歡喜踊躍하여 염불정진하며 김씨의 사리를 배관拜觀하였다 한다.'

용성의 치아사리는 용성이 열반한 후에 대중이 해인사 서쪽 산기슭에 봉안했다. 그 자리에 용성의 사리탑을 지키는 암자를 지었다. 바로 용탑선원龍塔禪院이다.

용성의 치아사리는 여러 차례 방광했다.
별당에 불이 난 줄 알고 달려가 보면 치아사리가 빛을 뿜었다.
열반한 후에 해인사 서쪽 산기슭에 봉안하고
사리탑을 지키는 암자를 지었다. 바로 용탑선원이다.

환갑

용성이 환갑을 맞았다. 1924년 음력 5월 8일 대각사에서 수연壽宴이 벌어졌다. 아침부터 전국 각지에서 고승과 명사들이 찾아왔다. 종로 봉익동 일대는 아침부터 북적였다. 사람들은 용성의 모습이 흡사 기원정사 숲에 하강한 듯하다며 손을 잡았다. 하객들이 종일 찾아왔다. 한 사람이 신을 신으면 다른 사람은 신을 벗었다. 대각사에 시흥이 넘쳤다. 많은 이들이 시詩를 지어 올렸다.

갑자년이 다시 돌아와 이제 육십일 세가 되시니
이제야 활불의 밝은 공덕이 깊음을 알았도다

학처럼 노닐면서 본성에 따라 한가히 게송을 읊고
소나무를 심어 원림圓林에서 노년을 즐기시는구나
백호 광명 가득하여 내생의 복이 함께하니
마음 가운데에는 항상 중생 제도할 마음으로 장엄하시네
수성壽星과 규성奎星이 빛나 세상이 함께 찬란하며
부처님의 경전을 읽고 다시 낭랑하게 읊습니다
　- 내은迺隱 최두영崔斗榮

선천先天의 갑자년 다시 만난 오늘
원만한 공덕과 오랜 수행으로 중생을 제도해 마쳤도다
도기道氣는 장한 제자에게 보배로운 발우 전하시고
가르침의 소리로 학을 이끌어 진림으로 나오게 하여
총림 가풍의 혜월慧月로 삼생을 관할지어다
흐르는 물과 한가로운 구름은 만 가지 경계의 마음이로다
누대의 숙업이 다해 진실로 살아있는 부처라네
염주 돌리며 게송으로 노래하여 길이 축하시를 읊습니다
　- 석농石農 이성회李星會

듣자하니 삼장존자께서
현생에서 오늘 육십이 되었다 하시네
운목雲木이 겪은 풍상이 오래되었고

강물 따라 세월의 흔적이 깊구나
아스라이 신령스러운 부처님이 앞에 계셔서
중중무진한 이 중생을 제도하시나이다
예전 감옥의 일들을 기억해보니
누가 앞날을 기약할 수 있으리오
　- 춘암春菴

어린 시절 출가하여 오늘에 이르니
거울 속 귀밑머리 서리가 깊게 앉았구나
진리의 바다에서 신룡神龍처럼 경론을 번역하시고
율문律門의 맹호가 되어 선림禪林에 드셨도다
어두운 시대에 인천人天의 안목이 저절로 열려
묘각의 경지에서 불조의 마음을 거듭 밝히셨네
뛰어난 노승들이 다 칭송할 뿐만 아니라
꾀꼬리와 제비도 참례하여 축하시를 읊고 있구나
　- 선암사 김경운金擎雲

많은 손님이 오늘 모여 와서
축하의 말이 이어져 친분은 더욱 깊어지네
거문고 주위의 한가로운 학은 일산처럼 소나무에 의지하고
장기판 위의 여러 신선들은 감귤 숲에 앉아있네

세속의 번뇌는 가사袈裟 그림자에도 닿지 않고
밝은 달은 오래도록 비춰서 마음(梵唄心)을
그윽이 읊조려주소서
더군다나 우리 문중 종장宗匠의 성대한 경축일에
어찌 졸작이라 하여 한 수 읊기를 마다하오리까
    - 낙선樂善

  몸이 불편한 옥파沃坡 이종일李鍾一(1858~1925)도 참석하여
용성과 하객들을 감동시켰다. 이종일은 천도교 직영 인쇄소 보
성사 사장으로 3·1혁명 당시 독립선언문 3만 5천매를 인쇄하
여 배포했다. 그가 없었으면 3·1혁명도 없었다. 복역 중 2년 6
개월 만에 가출옥했고, 출옥 후 곧바로 제2의 3·1독립선언을
계획하다가 발각되어 실패했다. 이종일은 고문과 긴 수감생활
로 건강이 좋지 않았다. 그래도 동지의 초대에 기꺼이 응했다.
그는 용성의 수연에 참석한 후 1년이 지난 1925년 8월 30일
서울 서대문 밖 죽첨정 단칸 초가에서 숨을 거뒀다. 병마에 시
달렸어도 돌보는 사람 하나 없었다. 사인은 영양실조였다. 강철
같은 의지의 서슬 퍼런 독립지사가 굶어죽는 게 당시의 현실이
었다. 그가 떨리는 손으로 용성을 위해 축시를 지었다. 아마 세
상에 남긴 마지막 시였을 것이다.

대사의 회갑이 오늘 다시 돌아오니

인연의 과보가 깊어서 좋은 분을 만났습니다

지난날 감옥에서 인자한 가르침에 보답할 길 없었는데

주장자의 지혜와 복덕으로

오래도록 선림을 보살펴주소서

육식六識의 고통을 선계로 통하게 하시며

손수 삼장을 번역하여 부처님의 마음을 노래하시네

오래도록 현세에서 무량수 누리기를 축원하며

운율에 맞추어서 수연시를 읊습니다

　용성은 함께 옥고를 치른 동지들을 초대했다. 지방에 머물고 있던 나인협羅仁協(1872~1951)도 서울로 올라와 용성의 손을 잡았다. 나인협은 나용환羅龍煥(1864~1936)과 함께 동학농민혁

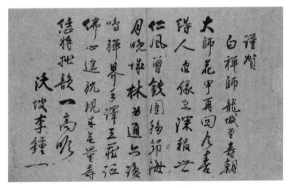

이종일의 축시

명에 뛰어들었고 이후 천도교 도사로 있었다. 고종 인산을 보러 상경했다가 3·1독립선언 계획을 듣고 역시 나용환과 민족대표로 서명했다. 이날 수연에도 나인협은 나용환과 같이 참석하여 축시를 지었다. 솔직한 심경이 오히려 깊은 울림을 준다.

서대문 감옥에서 헤어져 오늘에 이르렀는데
홀연히 초청하여 불러주시니 깊이 감격했습니다
농사꾼이라 부끄럽게도 배운 것이 없어
도시에 선림이 있음을 누가 알았으리오
우리네 인생에서 육십이란 본래 꿈과 같거늘
오늘 다시 만나니 마음을 어떻게 보이고
운산雲山 만 리의 이 심정을 어떻게 표현하리까
다만 선림의 난간에 기대어 축하시를 읊을 뿐입니다

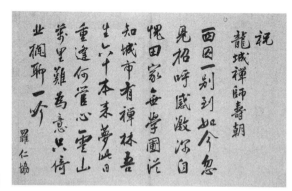

나인협의 축시

친일승 이회광도 찾아와 축시를 지었다. 이회광은 3·1혁명이 일어나 용성이 감옥에 있을 때에도 끊임없이 일본에 두 손을 모으며 불교 합병을 구걸했다. 1919년 11월 일본으로 건너가 조일불교 연합책동을 벌였다. 그러나 그의 지난날 행적은 의심을 사기에 충분했고, 승려들과 신도들의 반발로 그의 계획은 수포로 돌아갔다. 그럼에도 그는 멈추지 않았다. 그리고 숱한 비리에 연루되었다. 그는 한갓 요승妖僧에 지나지 않았다. 효용 가치가 떨어지자 총독부도 그를 내쳤다. 결국 그는 1923년 해인사 주지 자리에서도 쫓겨났다.

　　일제 승복을 입자고 날뛰던 이회광이 청정 비구이며 항일의 상징인 용성의 수연에 참석하여 말석에 자리했다. 그는 아무런 직위가 없었다. '학인들이 강론을 듣기 위해 풀덤불을 헤치며 찾아오던' 옛 영화는 사라지고 없지만 크고 높은 용성의 수연에는 꽃을 바치고 싶었을 것이다. 고난을 받아도 용성은 높임을 받았고, 아무리 친일에 앞장섰지만 용성을 존경했을 것이다. 자신의 행적에서 악취가 났기에 용성이 진정 부러웠을 것이다. 이회광은 이후 한 번도 종권에 접근하지 못하고 사라졌다. 불교계 이완용이라 불린 친일승 이회광이 절세의 항일승 용성에게 바친 축시는 여러 가지를 생각하게 한다. 아직도 문장이 유려하기에 새삼 문자가 얼마나 허망한 것인지 돌아보게 한다.

인간 세상에서 육십 세가 되어 오늘에 이르렀으니
생신을 경축하는 연회 자리에서 즐거움이 깊습니다
거리에서 보배구슬을 파는 오래된 초라한 점포에는
향기로운 귀한 과일과 쓸모없는 가죽나무가 숲을 이루었네
어지러이 섞이었으니 어찌 위신력을 발휘할 수 있으리오
법을 깨달아 진리와 계합했으니 더욱 중생을 제도하소서
삼신산에 늙지 않는 신주神呪를 수연으로 드리오니
나반의 관문을 초월하여 편안하시길 바라며
수연시를 읊습니다

龍城

제9장

도봉의 포효가 봉암사 결사로

사찰의
큰 도둑들

일제가 승려들에게 대처식육帶妻食肉을 허용하려 했다. 청년
승려들은 불교대중화를 명분으로 결혼을 허용해달라 요구했
다. 그러면서 보란 듯이 일본유학을 다녀온 승려들이 속속 결
혼을 하고 환속을 했다.

첫 승려 유학생들이 돌아온 것은 1918년 7월이었다. 조동종
曹洞宗 대학을 마친 그들은 귀국하여 대대적인 환영을 받았다.
이지광, 이혼성, 김정해 등 3명이었다. 조선불교계는 그들을 중
용했다. 학계, 언론계, 승단의 요직에 앉혔다. 이들을 시작으로
많은 승려들이 공비公費 또는 사비私費를 들여 일본 속으로 들
어갔다. 해마다 유학승들이 늘었다. 그들에게 유학은 조선에서

의 성공을 예약하는 것이었다. 일본 유학승들이 지식인임에는 분명했다. 하지만 그들은 일본불교에 젖어서 돌아왔다. 어찌 보면 당연했다.

유학생들의 귀국 후 행보는 기존 불교계를 불편하게 만들었다. 우선 유학승들은 대처식육을 주장했다. 결혼하여 속인이 되어 돌아오는 경우도 많았다. 전통승단에서 보면 용납할 수 없는 엄연한 파계승이었다. 하지만 이들은 총독부를 움직일 수 있었다. 대처식육을 허용하는 '일본불교에 젖어' 있기 때문이었다. 그들은 아예 불교계를 장악하려 들었다. 당시 교계의 중심 세력이었던 본사 주지들과도 갈등을 빚었다. 자신을 길러주고 유학을 알선한 원로 승려들과 '자리'를 놓고 대결을 벌이는 사태까지 벌어졌다. 일본 유학승들은 친일의 길을 걸었다.

일본 유학을 다녀온 서암홍근西庵鴻根(1914~2003) 스님은 이렇게 말했다.

"일본 유학을 한 승려 중 결혼하지 않은 스님은 서옹西翁(1912~2003) 스님과 나밖에 없다."

항일승 한용운마저도 일본 유학을 다녀온 후에 승려의 결혼을 주장했으니 서암의 말이 부풀려진 것은 아닐 것이다. 총독부는 일본불교를 배워왔다는 유학승들의 입장을 무시할 수 없었다. 또 자발적으로 왜색으로 물들어가겠다는 저들의 '예쁜 짓'을 외면할 수 없었다.

1925년에는 승려의 대처식육 허용 여부가 불교계 최대의 관심사로 떠올랐다. 결혼을 금지한 사법寺法 수정을 놓고 첨예하게 대립했다. 불교계가 찬반으로 나뉘어 일대 논란이 벌어졌다. 이런 논쟁을 지켜보면서도 시간만 끌던 총독부는 1926년 승려의 대처식육을 허용하는 쪽으로 기울고 있었다. 어쩌면 당연한 선택이었다. 지금까지 총독부의 방관은 모양 갖추기에 불과했다. 불교계를 장악하려면 당근을 주며 고유의 선풍을 흐려놓아야 했다.

청정 비구 용성은 이를 보고만 있을 수 없었다. 고유의 선풍이 눈앞에서 흐려지는 것을 참을 수 없었다. 비록 총독부에 건백서建白書를 내는 것이 한국불교의 하늘같은 자부심에 흠집을 내는 것이었지만 대처식육을 막을 수만 있다면 무엇을 못할 것인가. 비구 127명의 동의를 받아 건백서를 만들어 조선총독에게 보냈다.

우리 부처님 세존께서 세상에 출현하신 이래로 불자대중들이 각각 법륜을 굴려서 삼천 년에 가깝지만 비구가 처를 거느리고 육식을 한다는 말은 듣지 못했는데, 근래에 후안무치한 마귀권속의 무리가 마음을 오욕에 물들이고 부처님의 정법을 멸하여, 감히 대처식육을 행하며 청정한 사원을 마귀의 소굴로 변하게 해서 참선과 염불과 간경 등을 전폐全廢하므로 모든 천신이 눈물을 흘리고 땅 귀신이 모두 노여움을 내도록 하고 있습니다.

세존께서는 가르침을 믿는 사람을 사부대중으로 나누셨는데, 그중에 출가한 비구와 비구니 이부대중은 불법 가운데 하나로 구분된 종파를 성립함으로써 대처식육을 엄금하여 오로지 도업에만 부지런히 힘을 써서 제불의 교법을 맡아서 처리하게 하시고 천하의 후세에 전수함으로써 등불이 상속되게 하셨고, 게다가 무상한 세상이 갖가지로 허망한 환상이 되니 즐거워할 것이 없음을 간파하고 다만 견성성불을 근본 삼게 하였습니다.

다음으로 재가 이부대중은 청신사와 청신녀라 하는데, 이들은 남녀가 결혼하여 가정을 이루어 자녀를 낳아 기르고 효도로 부모님을 받들어 섬기며 선조를 제사로 받들면서 생업을 다스리는데, 오직 의리만을 따르고 오직 이치만을 실천하며 오직 예만을 행하고 오직 신뢰만을 지키며 오직 인仁만을 보존하여 자심慈心으로 타인에게 즐거움을 주고 비심悲心으로 타인의 괴로움을 제거할 수 있게 하도록 보살계를 수지하게 하셨습니다.

다시 말하여 대처를 허락한 대상은 세상에 거처하면서 가르침을 믿는 대중이고 대처식육을 엄금한 대상은 비구대중인데, 지금 출가한 대중으로서 청정한 사원에 거처하면서 아내를 두고 고기를 먹으며 자녀를 낳아 길러 청정한 도량을 더럽게 하

며 참선당, 염불당, 강당을 전폐하는 것은 우리 불교의 대적大
賊이라 하지 않을 수 없습니다.

곡식에서 생겨나 곡식을 해하는 것은 벌레이고, 불법에서 생
하여 부처를 해하는 자는 승려이니, 사자 몸 안의 벌레가 사자
의 살을 먹는 것과 같습니다.

승려가 된 자가 지계하고 수도하는 것은 당연한 본분사인데,
어찌 사찰법을 개정하여 아내를 거느린 자가 주지가 되도록 당
국에 요청하게 합니까. 그 수치심은 혀끝으로 다할 수 없습니다.

당연히 끊어버려야 하는 것을 끊어버리지 않으면 도리어 혼
란을 초래하니, 마땅히 절대적으로 대처승려와 대처하는 주지
를 엄금하여야 합니다. 오늘날의 폐해를 살펴 훗날에 한탄이
없도록 할 것입니다.

이미 출가한 불자라고 하면 불조의 계율을 준수하는 것이
당연한 일이라서 비구의 《사분율四分律》에서 경계하는 것이 지
엄하다는 것을 천하의 대중들이 모두 알고 있는 것입니다.

불교에 재가불자가 없다고 하면 비구가 아내를 두는 것에 대
하여 논할 것이 없겠지만, 이미 재가하는 불자가 있고 출가하
는 불자가 있으니 아내를 두고 고기를 먹는 것은 매우 옳지 못
한 것입니다. 삼가 특별히 밝은 식견을 드리우시기 바랍니다.

- 불기 2953년 병인년 5월 탄원인 백용성

건백서를 접수한 총독부는 용성의 의견을 받아들이지 않았다. 승려의 대처식육은 불교 내부의 문제로 돌리며 수용하지 않았다. 이에 용성은 2차 건백서를 제출했다.

오직 우리 불교의 제자는 네 부류로 나뉘는데, 하나는 재가자인 청신사이고 둘은 재가자인 청신녀이고 셋은 출가자인 비구이고 넷은 출가자인 비구니입니다. 재가자인 이부대중은 오계를 수지하여 청정한 도덕을 신앙하고 생산 작업을 수행합니다.

그러므로 《화엄경》에 "보살은 자신의 아내에 만족할 줄을 알고 다른 사람의 아내나 첩은 구하지 말라"라고 말씀하셨고, 또 "보살은 처자와 함께하되 애착하지는 말라"라고 하셨으니, 재가 이부대중은 다만 본처와의 올바른 음행만을 허락한 것입니다. (혹 자녀가 없는 사람에게는 첩을 허락하였다.)

출가자인 이부대중은 비구·비구니라고 부르는데, 불교의 계율인 이백오십계와 십중대계十重大戒와 사십팔경계四十八輕戒를 수지하여 대처와 식육을 엄금하신 것이 추상과 같아서, 만약 여인과 간음한 자가 있으면 영원히 승려세계 밖으로 축출하여 환속하게 하였습니다.

그러므로 《사분율》에는 "차라리 남근男根을 독사의 입안에 넣을지언정 여근女根 속에는 넣지 말라"라고 하셨고, 《능엄경》에는 "그대가 삼매를 닦는 것은 본디 세속의 번뇌에서 벗어나고자 하는 것인데 음심을 제거하지 못하면 번뇌에서 벗어날 수 없다. 설령 지혜가 많고 선정이 현전하더라도 마귀의 도에 틀림없이 떨어진다"라고 하셨습니다.

《사분율》에 "사람이 머리를 자르면 다시는 태어날 수 없다"라고 하듯이 승려세계 밖으로 영원히 쫓아내는 것은 승가의 결정된 법률인데도 요즘 조선의 승려들이 대처와 식육을 감히 행하여 청정한 사원은 오염된 부정한 마귀소굴로 만들고 있고 승려 자신의 몸은 돌아보지 않으니 피눈물을 흘리며 통탄할 일입니다.

승려의 대처와 식육을 허가한다면 따로 재가 이부대중을 둘 필요가 없습니다. 대처와 육식을 엄금하여 주시기를 천만번이고 청합니다. 만약 그렇게 하지 못한다면 대처한 승려는 비구계를 취소하고 환속시켜 재가 이부대중의 지위에 처하게 하여 주십시오.

현재 조선의 승려로서 아내를 거느리고 고기를 먹는 자들이 사원을 맡아 관리하므로 수행하는 납자들이나 고령의 승려들은 자연히 쫓겨나서 눈물을 흘리며 방황하게 되었습니다. 이들 수천 명의 대중이 어디에 안주할 수 있겠습니까? 자연적으로 안심될 수가 없습니다.

대처와 식육을 엄금하시든지 그렇지 않으면 지계하는 납승에게 몇 개의 본산本山을 할당해 주어서 청정한 사원을 복구하여 지계하는 승려들이 안심하고 수도하게 하여 주시고, 아내가 있는 승려와 아내가 없는 승려의 구별을 정부 관계자와 일반 국민이 모두 알게 하여 주시기를 온 마음으로 건백합니다.

－불기 2953년 병인년 9월 건백인 백용성

용성은 만일 대처식육을 허용하려 한다면 몇 개의 사찰을 할당해서 청정 비구들이 수행할 수 있게 해달라고 요청했다. 사찰에 여자를 들이고 고기 냄새가 진동한다면 청정 비구들은 어디로 가야 하느냐고 호소했다. 그럼에도 일제는 용성의 의견을 수용치 않았다. 오히려 사법 개정을 은근히 부추겼다. 그해 10월 이후 31본산 중 10여 본산이 사법을 고쳐 대처식육을 허용했다. 그리고 이후 사찰은 급속하게 세속에 물들어갔다. 용성의 우려대로 시정의 유곽이나 다름이 없었다.

'아, 옛날에는 사원이 없어도 불교가 극히 왕성하였다. 지금은 보전이 우람하고 종소리가 쟁쟁해도 우리가 안일에 취하여 게으름을 피우고 도덕을 닦지 않고 사리私利나 취하며 시주자에게 아부나 하고 있으니 막중한 성전이 무도장과 다름없다. 속인들이 볼 때 불교는 흡혈적 종교며, 사기적 종교며, 기생적 종교라 아편독과 차이가 없다고 한다.'(용성,《불교》93호, 1932)

62세에
다시
일어서다

"용성 스님은 가장 민중을 위한 종교가 민중에 기생하여 성인의 말을 빌린 사기적 수법으로 흡혈하는 생활을 가장 싫어했다." (윤선효, 《불교신문》 1983년 3월 6일)

사찰에 여인의 속옷이 걸리고 비린내가 빠지지 않았다. 수좌는 줄어들고, 자연 선방은 골방이 되어갔다. 승려는 결혼하고 계율은 해괴한 논리로 파괴되었다. 전통 선은 쇠퇴하고 승려들은 공부보다는 명리에 취해 휘청거렸다. 승가 공동체가 붕괴되고 있었다. 어느 날 살펴보니 사찰 주위는 온통 세속의 파도가 넘실거렸다.

마침내 용성이 일어났다. '만일참선결사회萬日參禪結社會'를 창설하기로 했다. 용성의 나이 예순두 살이었다. 만일결사면 30년은 족히 걸리니 용성이 구순이 되어야만 회향할 수 있었다. 용성은 선방에서 선승들의 눈빛을 보며 늙어가고 싶었다. 돌아보면 제방에서 화두를 들고 정진할 때가 그리웠다. 깨달음을 얻기 위해 자신을 다스렸던 시간들이 참으로 혹독했지만 속진俗塵의 고뇌에 부대끼지는 않았다.

진정한 하화중생의 삶이란 세속의 오물덩이 속에 있었지만 용성은 많이 지쳐있었다. 감옥에서 얻은 병은 갈수록 깊어졌다. 힘이 부치고 눈이 침침하여 역경을 계속하기도 어려울 지경이었다. 그럴 때마다 화두를 붙들고 대신심大信心, 대분심大憤心, 대의심大疑心을 내며 정진했던 순간들이 생생하게 떠올랐다.

중생의 아픔에 동참하고 부처의 말씀으로 세상을 맑게 해보겠다고 도심으로 내려온 지 15년이 되었다. 지난 세월 열심히 부처님 말씀 안에서 살았지만 아직은 시절인연이 아니었다. 여전히 나라가 없고, 불교는 조롱을 받고 있었다. 그렇다고 서울을 떠날 수도 없었다. 용성만을 바라보며 용성을 따르는 무리를 외면할 수 없었다. 결국 서울에서 가까운 산사에서 만일결사를 결행하기로 했다. 바로 도봉산 망월사였다.

망월사는 선덕여왕 8년(639) 해호海浩 스님이 창건했다. 선덕여왕이 스님을 존경하여 곁에 두려 했지만 이를 사양하고 도봉산에 암자를 짓고 머물렀다고 한다. 절의 이름은 대웅전 동쪽에 토끼 모양의 바위가 있고, 남쪽에는 달 모양의 월봉月峰이 있어 마치 토끼가 달을 바라보는 모습을 하고 있어 망월사라 불렸다고 전한다. 고려 문종 20년(1066) 혜거국사慧炬國師가 중창했고, 이후 전란 등으로 숱하게 부침을 거듭했다. 절이 새로워질 때의 기록을 보면 동계東溪, 영월暎月, 완송, 인파 등의 이름이 보인다. 특히 인파는 1901년 큰방을 보수했다는 기록이 나온다. 용성이 영찬했던 인파와 동일인물일 가능성이 크다. 예부터 선원으로서 이름을 떨쳤고, 만공, 한암, 성월 등도 이곳에 머무르며 후학들에게 선풍을 나눠주었다.

막상 만일참선결사를 결행하려하니 여러 난관에 봉착했다. 무엇보다 '누구와 어떻게 함께 살 것인지'가 문제였다. 당시에는 염불결사 등은 있었지만 참선결사는 엄두도 내지 못했다. 염불결사는 신도들도 참여하는 기복신앙의 성격을 띤 것이지만 참선결사는 온전히 승려들만의 결사체였다. 보조국사 지눌의 정혜결사定慧結社와 원묘국사 요세了世의 백련결사白蓮結社 등이 불교사에 우뚝 솟아있었다. 특히 지눌의 일갈이 우렁찼다.

"땅에서 쓰러진 자, 땅을 짚고 일어서라."

고려 무인시대는 칼이 모든 것을 해결했다. 나라님이 바뀌면 권력에 기대고 있던 승려들이 죽임을 당해야 했다. 자고 나면 시체가 산을 이뤘다. 그럼에도 불교계는 선종과 교종으로 나뉘어 싸웠다. 지눌이 일어나 결사문을 돌렸다.

'남은 세월이 한 줌 햇살인데 탐욕, 분노, 질투, 교만, 방일로 세월을 허비하고 부질없는 말로 세상을 흔들 셈인가. 덕도 없으면서 신도들 보시를 받고, 공양을 받으면서도 부끄러움을 모른다. 그 허물을 두고 어찌 슬퍼만 할 것인가. 선禪과 교敎, 유가와 도가를 막론하고 뜻이 높은 사람은 일어나라.'

지눌의 결사문은 거대한 죽비였다. 세상과 타협한 승려들은 저희들끼리 수군거렸다.

"지눌이 불법으로 우리를 찌르는구나."

지눌은 정혜결사를 시작했다. 처음에는 미약했다. 하지만 선승들이 안광으로 길을 밝히며 찾아들었다. 타락한 고려불교는 이렇듯 변방에서 다시 일어났다. 귀족불교에서 대중불교로, 명리에서 정혜로, 기복에서 수행으로 옮겨왔다.

일제강점기의 불교도 고려 무신시대와 같았다. 불교가 타락하여 사찰이 시정과 다름없었다. 승려들은 자신들만을 챙기고 부처님 말씀을 왜곡하여 팔아먹었다. 술 마시고 고기 뜯고 그런 후에 늘어지게 잠을 잤다. 몸과 마음에 기름이 올라 선방에 앉아있을 수가 없었다. 용성은 결사를 통해 그런 불교를 깨우고 싶었다.

참선결사를 하려면 우선 청정 비구가 되어 깨달음을 얻으려는 승려가 있어야 했다. 무너진 승단에서는 온갖 독버섯이 피어났다. 제대로 된 승려가 없으니 올바른 가르침이 없었고, 신도들은 '막연히 무조건' 믿었다. 그래서 일반인들에게 불교는 부녀자와 노인들이 복을 비는 미신으로 여겨졌다. 이를 타파하려면 출가자들이 본래의 모습을 회복해야 했다. 그것은 부처님 가르침대로 살아가는 것이었다. 제대로 된 사람을 구하려면 제대로 된 공동체의 규약을 마련해야 했다.

'부처님께서 계를 스승으로 삼으라 부촉하셨으니 선과 계율의 규범을 세우는 것이 참으로 엄정하지만, 오후에는 밥을 먹지 않고(午後不食), 장시간 묵언하며(默言修行), 절 입구를 나가지 않는 것(洞口不出)이 규범을 정함에 난관이었다.'《용성선사어록》)

용성은 정수별전선종활구참선만일결사회精修別傳禪宗活句參禪萬日結社會(참선만일결사회) 결성을 천명했다. 그리고 규범을 마련하여 공표했다.

규칙

제1조 : 본사本社의 명칭은 정수별전선종활구참선만일결사회라 하여 위치를 경기도 양주군 도봉산 망월사에 정함.

제2조 : 본사의 주지主旨는 활구의 참선으로 견성성불하야 광도중생廣度衆生함을 목적함.

제3조 : 본사에 결사는 만일萬日로 정하되 이를 십기十期로 나

누어 일기一期를 3개년으로 제정함.

제4조 : 본사의 주지를 충실히 하기 위하여

1. 매월 초일初一에 종승宗乘을 거양함.

2. 반월半月마다 대소승률大小僧律을 설함.

3. 매월 20일에는 간화정로看話正路를 개시開示함.

4. 오후불식을 단행함.

5. 평시에는 묵언을 단행함.

6. 외호법반원外護法班員 이외의 선중禪衆은 기내에 동구불
출洞口不出을 단행함.

7. 선중은 사중일체사社中一切事에 간섭을 부득不得함.

제5조 : 본사에 참방하는 선사의 자격은 이와 같다.

1.《범망경》사분율을 특히 준수하려고 결심한 자.

2. 범행梵行이 청정한 자로 정진에 근로하는 자.

3. 승적, 호적과 의발을 휴대한 자.

4. 만 20세 이상으로 55세까지의 기력이 건강한 자.

제6조 : 종주화상宗主和尙은 불조의 정법正法을 거양하며 사내
의 일체사를 지휘하고 수좌화상은 종주화상을 보좌하여 사
중일체사무를 총리總理하며 종주화상이 출타할 시는 이를
대리함.

제7조 : 본사의 목적을 달성하기 위하여 내호반원과 외호반원
을 두고 임원을 배정하여 그 임무를 분장分掌함.

제8조 : 결제結制 중에 계율 또는 규칙을 범하는 자가 있을 때
　　는 종주화상이 이를 경중에 따라 처벌함.

제9조 : 이 규칙 중 미비한 점이 있을 시는 종주화상이 임시로
　　규정하여 발표함.

입회선중入會禪衆 주의사항

- 선중은 절심切心 공부하여 견성통종見性通宗으로 최급무最
　急務라 자인한 자로 일체공의와 일체사중사에 간섭을 부득함.
- 호적상에 처자가 있는 자로 혹 처자가 왕래하든지 혹 서물書
　物이 빈번하게 왕래하여 선중의 도심을 산란하게 함을 부득함.
- 살생, 유도, 사음, 망어, 기어, 양설, 악구, 탐, 진, 사견하는 자
　와 음주식육이 무방반야無妨般若라 하는 자는 동거함을 부
　득함.
- 반월마다 대소승률을 설할 때에 이를 혹 비방하는 자는 동
　거함을 부득함.
- 좌선시에 무고히 불참하는 자와 규칙을 문란케하여 대중을
　번동煩動케하는 자에게 세 번 간諫해도 따르지 않으면 동거
　를 부득함.
- 병자 이외에는 불공과 예시에 필히 참석함.
- 사존師尊과 노숙老宿에게 불경하며, 악성惡性으로 능욕凌辱
　하여 화합하지 못하는 자는 동거함을 부득함.

- 일반 속인이라도 오신채와 술과 고기는 이 도량 내에 가져올
  수 없음.
- 단월이 의복을 대중에게 제공하고자 할 경우에는 유나維那
  가 선중의 의복 유무를 상세히 조사하여 나누어 줌.

어디서 많이 본 규칙이다. 맞다, 바로 22년 후에 있었던 선승들
의 봉암사결사 공주규약共住規約이 떠오른다. 1947년 가을, 봉
암사의 공주규약은 이렇다.

1. 삼엄한 계율과 숭고한 조사들의 가르침을 열심히 수행하여
   깨달음을 성취한다.

2. 어떠한 사상과 제도를 막론하고 부처님과 조사의 가르침 외
   에 개인적인 사견은 배제한다.

3. 일상용품은 스스로 해결한다는 목표 아래 물 긷고, 나무 하
   고, 밭일 하고, 탁발하는 등 어떠한 고역도 사양하지 않는다.

4. 소작인에게서 받은 소출과 신도들의 시주에 의존하는 생활
   을 하지 않는다.

5. 신도가 불전에 올리는 공양은 재를 지낼 때의 현물과 지성
   으로 드리는 예배에 그친다.

6. 대소변 볼 때와 잠잘 때를 제외하고는 항상 오조가사를 입
   는다.

7. 바깥으로 외출할 때는 삿갓을 쓰고 지팡이를 짚으며 반드시

함께 다닌다.

8. 가사는 마麻나 면으로 한정하고 이것을 괴색한다.

9. 발우는 질그릇으로 만드는 것 이외에는 사용을 금한다.

10. 매일 한 번씩 능엄대주를 외운다.

11. 매일 두 시간 이상 노동을 한다.

12. 초하루와 보름에 보살대계를 외운다.

13. 불전에 올리는 공양은 정오를 지나서는 할 수 없으며 아침
    은 죽으로 한다.

14. 앉는 순서는 법랍의 순으로 한다.

15. 방 안에서는 벽을 보고 앉으며 잡담을 금한다.

16. 정해진 시간 외에는 누워 잘 수 없다.

17. 필요한 모든 물품은 스스로 해결한다.

18. 그 밖의 규칙은 청규와 대소승율을 따른다.

도봉산 망월사에서 '만일참선결사회'를 창설했다.
용성의 나이 예순두 살이었다. ⓒ망월사

망월사의
포효

자세히 들여다보면 참선만일결사 규칙과 봉암사결사 공주규약
은 크게 다르지 않다. 표현이 조금 다를 뿐이지 간화정로, 묵
언수행, 동구불출, 오후불식 등은 동일하거나 만일결사가 훨씬
장중하다. 이와 관련 대각회 이사장이었던 혜총 스님은 흥미로
운 증언을 했다. 성철과 더불어 봉암사결사의 주역인 자운慈雲
(1911~1992)의 회고담을 이렇게 전했다.

"봉암사결사는 망월사결사(참선만일결사)를 이어받은 것입니
다. 스승 자운 스님께서 말씀하셨어요. 처음 납자들이 결사를
계획하며 '우리도 망월사에서처럼 해보자'고 했다는 겁니다."

봉암사결사의 주역은 성철, 자운, 우봉, 청담 등이었다. 성철

은 봉암사결사에 대해서 이렇게 회고했다.

"봉암사에 들어가게 된 근본 동기는 청담, 자운, 우봉 스님 그리고 나하고 넷이 마음이 맞아선데, 그러니까 우리가 근본 방침을 어떻게 세웠느냐 하면, 전체적으로나 개인적으로나 일시적인 이해관계를 떠나 오직 부처님 법대로만 한번 살아보자는 것입니다."

성철은 용성의 손상좌였고, 범어사에서 용성을 시봉한 적이 있었다. 자운은 수법제자受法弟子로서 망월사에서 용성으로부터 전법게와 의발을 받았다. 또 종로 대각사에 2년 동안 머물면서 국립중앙도서관을 드나들며 오부율장五部律藏과 그 주소注疏를 필사했다. 이러한 각고의 노력으로 방대한 율장을 통달하는 경지에 이르렀다. 청담 또한 용성을 향한 외경심이 깊었다. 청담은 출가할 때 용성에 대한 설렘을 〈나의 편력〉에서 이렇게 털어놨다.

'해인사와는 인연이 없는 곳이니 전라도 장성에 있는 백양사 운문암으로 행로를 돌렸다. 그곳엔 민족대표 33인 중의 한 분이신 백용성 스님이 계셨고 평소에 존경하던 스님이라 난 담담히 흐르는 가야산의 홍류동 계곡은 단념해버리고 운문암을 찾기로 한 것이다. 용성 스님은 얼마나 법력이 출중했던지 제방의 불자들이 인산인해를 이룬다는 소식을 나는 고향 진주의 호국사 노승에게서 들어왔던 것이다.'

인장

　이렇듯 봉암사결사 주역들은 모두 용성과 인연이 있었다. 그
런 만큼 이들이 망월사결사를 모를 일이 없었다. 제방의 선승
들에게는 산중의 연꽃 같은 얘기로 전해 내려왔을 것이다. 선
승들이 시공을 넘어 용성의 포효에 응답한 것이 곧 봉암사결
사였다. 망월사결사가 서원대로 이뤄지지 않고 중간에 끊겼으
므로 이를 더욱 아쉬워하며 다시 새롭게 뭉쳤을 것이다.

　용성은 모든 것을 새롭게 시작하고 싶었다. 성상聖像도 새로
조성하여 새 출발을 빛내보고 싶었다. 그러다 한봉린韓鳳麟이
라는 장인을 만났다. 용성이 한눈에 보기에 범상치 않았다.
용성은 그에게 성상과 계판戒板, 인장을 조성해달라고 했다.
한 장인은 최선을 다해 성물을 만들었다. 재료는 정묘한 옥이
며 진귀한 보석이었다. 인장에는 法王之寶법왕지보, 千華正脈천
화정맥, 戒師之印계사지인, 防僞之印방위지인이라 새겼다. 용성

은 감동했다. 제불보살의 가피였다. 용성은 《용성선사어록》에서 새로 조성한 성상에 대해 회상했다.

'관음성상은 높이가 한 자 일곱 치이고, 지장성상은 높이가 한 자 여섯 치 오 푼이었다. 모두 절세의 미술품으로 진정한 보물이었다.'

용성은 '활구참선만일결사 발원문'을 지었다. 불교는 고치에서 나비가 태어나듯이 전혀 새로운 모습으로 다시 태어나야 했다. 참으로 간절한 서원이었다.

삼보성현 전에 출가제자 진종은 삼가 엎드려 아뢰옵니다.

오탁악세 시절 만나 중생이 지은 업이 무량하여서 망망고해 벗어날 기약이 없으니 이를 가엾게 여겨 보리심을 일으킵니다.

광겁이 다하도록 부모육친이 삼계의 고통바다 늘 출몰하고 육도를 왕래하니 고통이 한량 없어 이를 가엾게 여겨 보리심을 일으킵니다.

사생四生과 육취六趣 세계 모든 생명들이 약육강식에 원한이 쌓이고 깊어지니 이를 가엾게 여겨 보리심을 일으킵니다.

제가 지금 복 없고 능력도 없어 뜻과 원력은 크고 역량 작지만 분심을 일으키어 용맹스럽게 서원을 세워 지장보살 대원행처럼 중생제도를 맹세합니다.

미미한 정성으로 지금 설립한 참선결사가 한 표주박의 물로 산불을 끄는 것과 같을지라도 우리 지혜가 문수보살처럼 광대해지고 비로자나 대원해大願海에서 보현 관음을 언제나 벗으로 삼겠습니다.

티끌같은 세계에 불신佛身 나투어 한결같이 중생을 제도하고도 피로나 싫증이 안 나고 열네 가지 무외無畏와 서른두 가지 응신應身처럼 천만 가지 형태로 몸을 나투어 무진한 방편으로 중생제도 하겠습니다.

삼보와 관음력에 의지하여 이와 같은 대원을 성취하고 단월이 환심으로 도와주어 사사四事가 구족되어 구애拘碍가 없도록 하시옵소서.

허공계가 다하고 중생이 다해 우리 서원 끝나면 정각을 이루겠습니다. 제불께서 증명이 되어주시기 바랍니다.

언제나 염원을 수호하여 성취시키고 세세생생 언제나 보살도를 수행하여서 마침내 대보리를 원만하게 성취하여서 대지혜로 피안에 이르겠습니다.

용성의 발원대로 마침내 참선만일결사가 시작되었다. 50명의 납자들이 모였다. 도봉산의 잎 떨군 나무들이 선객들을 맞았다. 1925년 10월 15일 용성이 법좌에 올랐다. 주장자로 법상을 세 번 내리쳤다.

"알겠는가? 도봉산에서 물은 동쪽으로 흐른다."

잠시 있다 말을 이었다.

"대중들은 무슨 일을 위하여 여기에 왔는가. 부처를 배우기 위함인가, 불법을 배우기 위함인가, 승려를 배우기 위함인가?"

용성은 법상을 한 번 내리쳤다.

"목이 마르니 오래된 골짜기의 차가운 샘물을 마시고 앉아 살펴보니 깊은 계곡에서 흰 구름이 일어난다.

모든 대중들이여, 15일 이전에는 대중과 함께 실었고, 15일 이후에는 대중과 함께 내릴지니 알겠는가?"

용성이 다시 법상을 내리쳤다.

"동쪽 호수를 멀리서 보니 봄날의 물은 푸르고 선명한 백조가 두서너 마리 보인다."

다시 말했다.

"옛날에 조주선사 회상에서 어떤 승려가 하직 인사를 드리는데 조주선사께서 말씀하셨다. '부처 있는 곳에 머무르지 말고, 부처 없는 곳은 빠르게 지나가며, 삼천리 밖에서 사람을 만나거든 잘못 거론해서는 안 된다.' 오늘 산승은 그렇게 말하지 않겠다. 부처가 있는 곳에서는 합장하고, 부처가 없는 곳에서는 졸며, 삼천리 밖에서 사람을 만나면 안배를 잘하겠다. 무엇 때문에 이와 같이 하는 것인가?"

법상을 다시 내리쳤다.

"만장봉 꼭대기의 바위이고 도봉산 아래의 샘물이다."

다시 말을 이어갔다.

"옛날에 남전화상 회하에서 고양이를 길렀는데, 근처에 있는 평상의 다리를 부러뜨렸고 이 일로 인하여 다툼이 일어났다. 남전화상께서 마침내 고양이를 잡아들고 대중에게 물으셨다. '한 마디 말할 수 있는 자가 있으면 고양이를 구할 것이고 말할 수 있는 자가 없으면 베어버리겠다.' 대중들이 말이 없자 남전화상께서 결국 베어버리셨다.

뒤에 조주가 들어가 배알하는데 앞의 일을 거론하시고 물으셨다. '자네가 당시에 있었다면 어떻게 말하겠는가?' 조주가 바로 짚신을 벗어 머리에 이고 나갔다. 남전화상이 용두사미龍頭蛇尾라고 말씀하셨다. 만약 머리도 올바르고 꼬리도 올바르기를 바란다면 모름지기 조주를 베어버려야 한다. 그러나 조주가 짚신을 머리에 인 의도가 무엇인가?

티끌이 쌓여 산이 되고 그 산은 더욱 높아지고, 수증기가 일어나서 물이 되고 그 물은 더욱 깊어진다."

주장자를 다시 한 번 내리쳤다.

용성은 화두를 간看하는 법을 설명했다. 그리고 잠시 가만히 있다가 법상을 내리쳤다.

"알겠는가?

수평선 하늘은 쪽보다 푸르고 붉은 해는 쟁반보다 둥글다. 계수나무 노와 목련 삿대로 물속에 비친 달그림자를 저으며 흐르는 달빛을 거슬러 올라간다."

이윽고 용성이 법좌를 내려왔다.

용성은 참선결사가 벌어진 망월사에서 가장 의욕적으로 의미심장한 법어를 남겼다. 이 법어는《용성선사어록》에 남아있다.

법좌에 올라 잠시 있다가 주장자를 잡고 말했다.

"휘익휘익 찬바람이 여러 날 부니 끝없이 이어진 송백나무 숲이 그 빛깔이 더욱더 새롭구나"

용성이 법상을 내리쳤다.

"어떤 사람은 계를 수지하여 천상에 태어나고, 또 어떤 사람은 파계하여 지옥에 들어가며, 또한 어떤 사람은 파계도 수계도 하지 않는다. 이 속에 있지 않다면 또한 어떻게 하는가? 만리철을 가로로 자르고 흐르는 물소리를 밟아 끊는다."

다시 법상을 내리쳤다.

"알겠는가? 주장자를 비껴 메고 하늘 밖으로 떠나니 흐르는 물과 세 개의 산이 나의 집이구나."

용성은 이어서《범망경》의 투도계를 설했다.

"범부는 소유물을 훔치고, 외도는 단견과 상견을 훔치고, 소승은 공견空見을 훔치며, 장교藏敎의 보살은 진제眞諦를 훔치고, 통교通敎의 보살은 속제俗諦를 훔치고, 별교別敎의 보살은

중제中諦를 훔치는데, 오직 원교圓敎의 보살이어야 일심으로
삼관三觀을 하여 십법계十法界에 걸림이 없다. 그러나 진실을
들어 논한다면 일체의 제불 또한 필경에는 대도大盜이다."

　법좌에 올라 잠시 있다가 주장자를 들고 말했다.
　"나는 눈이 있으나 소경과 같고, 귀가 있으나 귀머거리와 같
으며, 입이 있으나 벙어리와 같은데 나에게 무슨 법을 설하라
하는가. 눈이 있어 볼 수 있고, 귀가 있어 들을 수 있으며, 입이
있어 말할 수 있은들 나에게 무슨 법을 설하라고 하는가."
　주장자를 한 번 내리쳤다.
　"금시조가 날개를 펴니 용궁이 크게 진동했다."

　용성이 법상에 올라 가만있다가 말했다.
　"알겠는가?
　도봉산은 바위가 많아서 길이 더욱 깊으며 오래된 바위 위
에 범찰 하나가 있다. 낙락한 푸른 소나무와 산과 물에 때로는
달이 비추고 때로는 바람이 스친다."

　주장자를 들어 동쪽을 가리키다가 다시 서쪽을 가리키며 말
했다.
　"알겠는가?

동쪽은 높이가 석 자이고 서쪽은 넓이가 여덟 자이다."

주장자로 법상을 내리쳤다.
"노주는 치골을 뽑아내고 허공은 발톱과 이빨을 드러낸다."

다시 주장자를 고쳐 잡고 말했다.
"차가운 바위에 진귀한 식물이 푸르다고 지키지 말라. 앉아서 살펴보니 흰 구름이 결국 미묘하지 않더라."

주장자를 뉘어놓고 말했다.
"주장자를 비껴 걸치고 하늘 밖으로 떠나니 흐르는 물과 세 개의 산이 나의 집이다. 또한 주장자를 인식하여 알면 둘레가 남음이 있고, 주장자를 인식하여 알면 하늘과 땅처럼 현격하게 다르다. 그야말로 하나일 수도 없고 둘이 될 수도 없는 것이다.
알겠는가?
푸른 파도 깊은 곳에서는 흰 갈매기가 더욱 하얗고 다시 동쪽 산을 바라보니 조각달이 솟아 오른다."

용성은 망월사결사 중에 《간화결의론》《범망경》《능엄경》《선가귀감》《화엄경》《아미타경》 등을 설했다.

오락의 바다를
뒤집는 선풍

도봉산 망월사결사를 불교계에서는 비상하게 지켜봤다. 도봉
산에서 내려오는 소식은 세속에 물들어 하루하루를 그저 그렇
게 흘려보내는 승려들의 나태한 일상을 찔렀다.

경운이 편지를 보내 참선만일불사를 찬했다. 근대 한국불교
를 대표하는 강백이자 화엄종주로 추앙받던 경운은 일본 조동
종과 결탁한 원종에 맞서 임제종 설립을 주도했다. 위당爲堂 정
인보鄭寅普(1893~1950)가 "무릇 강학을 하는 사람치고 경운대
사의 지도를 거치지 않은 자는 거의 없다"고 평가했고, 석전石
顚(1870~1948)도 "계율이 엄정하고 해동의 마지막 불법을 이끄
셨다"고 찬탄했다. 경운의 편지에서는 선풍 진작의 기대감과 용

성에 대한 존경심이 잔뜩 묻어있었다.

'대사의 소식이 오래도록 끊겨서 몹시도 그립고 우울하던 차에, 도봉道峯에서 고회高會를 열었다는 소식을 들었습니다. 팔도의 승려들이 그것에 구름과 같이 몰려들어서, 마치 별들이 북극성을 향하는 것과 같았으며, 왕후와 후비가 황제에게 조회하듯 하였다고 하니, 이른바 용이 날아오르자 구름이 따르고 호랑이가 울부짖자 바람이 인다고 할 만합니다. 이 어찌 불법의 대운大運이 이르렀다 하지 않을 수 있겠습니까. 사람과 하늘이 함께 감응하고 이승과 저승이 같이 귀의하니, 대화상께서 일찍이 영산靈山에서 부처님의 부촉을 받은 것이 아니라면, 어찌 극심한 고통의 바다에 이와 같이 청량한 깃발(淸凉幢)을 세워서 번뇌에 허덕이는 무리들이 귀의할 바를 얻게 한단 말입니까.

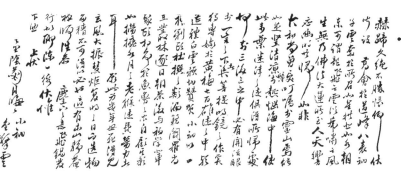

경운 스님이 보낸 편지

367

전삼후삼前三後三 중에 반드시 한마디 말에 활안活眼을 번쩍 뜰 자가 있어서, 보리명경菩提明鏡을 영원토록 이을 것이니, 어찌 황매산의 칠백 고승 가운데서 오로지 뛰어나기만을 힘쓸 뿐이겠습니까. 저 멀리 백운白雲에게 예를 드리고 간절히 감축드립니다.'

하지만 만일참선결사는 뜻하지 않은 난관에 부딪혔다. 망월사가 앉아있는 도봉산 산림이 보안림保安林에 편입하여 일체의 벌채 등을 못하게 했다. 산사에서 땔감은 경전이나 다름없었다. 땔감 없이는 아무것도 할 수 없었다. 3년을 1기로 했던 만일결사는 1기를 마치기도 전에 장소를 옮겨야 했다.

'백용성 선사의 주창 하에 경기도 양주군 도봉산 망월사 내에 활구참선만일결사회를 개최함은 본지에도 보도한 바이나 도봉산의 삼림은 보안림에 편입됨으로 선중禪衆은 다수多數하고 연료는 부족하여 삼 년 일기一期를 충만하기 어려워 부득이 경남 양산군 통도사 내원암內院庵으로 이주하였으며 겸하여 삼장역회의 사업도 그리 이전하여《화엄경》번역에 착수한다더라.'《불교》23호)

1926년 봄 소쩍새 울음이 떨어지는 산길을 걸어 도봉산을 떠나왔다. 모두 통도사 내원암에 바랑을 내려놨다. 당시 통도사 주지 송설우宋雪牛는 통도사 부속암자인 성불암, 금봉암, 안적암, 노전 등을 모두 선원으로 내주었다. 하지만 그 운영과 경비 일체는 용성이 책임져야 했다.

돌아서면 돈과 양식 걱정이었다. 용성도 통도사 주지도 감당할 수 없었다. 그런데 더 실망스런 일이 있었다. 바로 수좌들의 수행 태도였다. 그렇듯 정성을 다해서 뒷바라지를 했음에도 결사 규칙을 지키지 않았다. 거칠고 게으르고 나약했다. 도대체 용성의 마음에 차지 않았다. 오후불식을 실천한다고 했음에도 먹을 것을 찾았고, 동구불출을 약속해놓고 예사로 산문을 나섰다. 용성은 뼈가 저리도록 아팠다. 용성이 경봉에게 보낸 편지에는 당시의 곤궁함이 잔뜩 묻어나와 있다.

생生은 금년도에 내원內院에 대하여 작년도에 사중寺中의 빚으로 쓴 것 중에 700원이 선객의 소용 외에 명분 없이 소용되었기로 금년도의 재단조로 700원을 주었고, 또 선원에서 부족하다 하여서 400원을 주었는데 주지가 사표를 내겠다고 하여서 여러 번 권유해 보았으나 도무지 듣질 않으니 탄식할 노릇입니다.

생은 금년에 선원에 대한 책임을 다하였고 다시 가산加算하여 줄 수 있는 형편이 아닙니다. 북간도 사업과 함북 나남사업과 경성가옥 유지 등에도 맨손으로 심력心力을 다하는 가운데《화엄경》불사를 하니 어느 때에 의욕과 가량이 설 곳 없음을 느끼기도 합니다. 더구나 선원 수좌는 한 사람도 합당한 이가 없으니 시절 탓을 해야 할지 인연을 탓해야 할지 어찌할 바를 모르겠습니다. 불법이 스스로 폐지될까 두렵습니다. (…) 선원시절을 시작한 뒤 일만여 원을 소비하였습니다만 주지는 절대로 않겠다고 하니 사중에서 알아 선택하여 내도록 하십시오. 내년에는 수좌의 양식만 공급하고 재단의 인조印條 일체는 책임지지 않겠습니다. 세상에 하나도 믿을 것이 없습니다. 생은 정성을 다하여 한 일이온데 삼 년간 동구 밖으로 나가지 않을 것이라든지 오후에 먹지 않을 것 등 온갖 규칙을 모두 스스로 파괴하고 나의 지휘는 털끝만큼도 따르지 않으니 나의 신심도 또한 게으르게 되었습니다.

나 또한 늘그막에 기력이 점점 없어져서 걷기도 어려워지고 심신도 모두 피곤하기만 하니 이는 나의 죄보로 불법 멸망시대에 태어난 것이외다.

이렇게 불법에 기진맥진하여 있는 데다 서울의 모든 객승들은 이런 사정을 돌보지 않고 모여들어 먹어대니 스스로 위태로운 지경에 처해있는 중에 각처에서 오는 편지는 거의가 각종 청구서들뿐인지라 참으로 불지일자佛之一字가 나에게는 커다란 고처苦處가 되었습니다. 조주가 이르기를 '불지일자를 내 즐겨 듣고 싶지 않다'고 했더니 이야말로 진실로 참말이 아닌가 합니다.

7월 13일 백상규

용성은 주지에게는 편지를 쓰지 않고 경봉에게 편지를 보내 고단한 심경을 내비쳤다. 참선만일결사는 아직 시절인연이 아니었다. 그렇다고 용성의 서원은 그냥 사라지지 않았다. 훗날 눈 푸른 납자들이 이어받아 이 땅에 선풍을 다시 일으켰다.

용성 스님이
경봉 스님에게 보낸 편지

龍城

제10장

풍금 치며 노래하는 스님

대각교를
세우다

1926년 가을은 유난히 쓸쓸했다. 31본산들이 결혼한 승려도 주지가 될 수 있도록 사법을 개정했다. 청정 비구의 전통을 지닌 조선불교는 건강한 잎을 떨구며 쇠락해가고 있었다. 용성의 포효(건백서)도 메아리 없이 사라져갔다. 용성은 많은 생각을 했다. 이런 불교계에 몸을 담고 있음이 수치였다.

교세가 작아도 신도가 적어도 반듯한 종교를 세우고 싶었다. 새로운 종단을 만들기로 했다. 바로 대각교大覺敎였다. 용성은 이미 대각사를 세웠고, '대각'에 대한 남다른 애착이 있었다. 그것은 자신이 깨달은 세계이기도 했다.

'70년 동안 걸어온 길이 오로지 진오眞悟와 대각大覺만을 찾아 걸어왔다. 그런데 합병 이후 정부에서는 불교도들에게 남녀 간 혼인을 허許하여 주었다. 이것은 부처의 참뜻에 어그러지는 바이다. 그 뒤 나는 분연히 불교에서 물러나 '대각교'란 일파를 따로 형성시켰다.'(용성,《삼천리》8권 12호 '나의 참회록' 1936년 12월)

용성은 단호했다. 우선 해인사와 범어사에 있는 승적僧籍을 버렸다. 호적을 버려서 속가와의 인연을 끊었듯이, 승적을 버림은 불교계와 인연을 끊겠다는 결연한 의지를 표출한 것이었다.

용성은 경봉에게 편지를 보내 승적을 버린 심경을 내비쳤다.

'교생은 승적을 제거하였는데 그 까닭은 조선 승려는 축처畜妻를 하고 고기를 먹으며 사찰재산을 없앰에 대하여 승수勝數에 처할 생각이 없기 때문입니다.'

그러자 경봉은 간곡히 이를 만류했다. 그러자 다시 용성이 붓을 들었다.

'보내온 편지의 말씀은 일일이 절실하여 사람으로 하여금 감복하여 저절로 머리를 숙여지게 합니다만 나는 이미 제적한 지 오래되었으므로 다시 상속할 생각은 없습니다. 그러나 노한은 대각성전에 대계를 버린 것은 아니니 본래 받은 계를 몸과 마음에 굳게 짊어지고 있으므로 대각성존께서 나를 버릴 이치가 없기 때문입니다. 다만 현재 승적에만 제거한 것이며 다시 괘념할 필요를 느끼지 않을 뿐입니다.

노한은 요즘 사찰의 제도와 또 2백만원의 (종단)채무를 볼 때에 도저히 승려들의 무리 속에 함께 할 생각이 없어져 스스로 제적한 것이요, 대각의 성훈聖訓을 버린 것은 아니며 이미 대각교를 세운 뒤에 새로 교를 믿는 수만 명을 얻어 부처님의 최상 진리를 선포하니 대각교나 불교나 둘이 아닌지라 둘이 서로 방해롭지 않은 것 같습니다.

　　경에 이르기를 '불佛을 대각이라 이름하는 것은 일체의 지혜를 갖추었기 때문'이라 하시니 스스로 외도가 아닌 것입니다.'

　　용성이 창교를 선언했지만 이는 부처님의 가르침대로 살아가자는 외침이었다. 대각은 부처의 다른 이름이었다. 용성은 평소 '나의 도道는 각覺'이라고 했다. 이에 대해 용성은 이렇게 말했다.

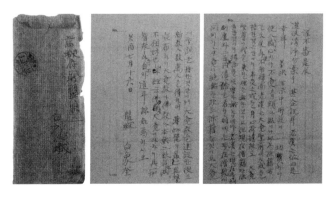

경봉 스님에게 보낸 편지

"대각(부처)께서 '허공이 대각 가운데서 나타나는 것이 바다에 한 물거품이 나타나는 것과 같다'고 하신 말씀은 각은 크고 허공은 작다는 말씀이시니, 그러므로 나의 도는 각이라 칭하였다.

천지가 무너지고 비고 이뤄지고 머물러 있어 온 이래로(自天地壤空成住以來) 각이 근본이 된다. 만일 사람이 깨닫지 못하면 마음이 없을 것이며, 어리석을 것이며, 축생과 다름이 없을 것이며, 초목과 기와와 돌과 같을 것이다. 그 각이라는 것은 무엇을 이르는 것인가 하면 본래 깨친 것(本覺)이며, 비로소 깨친 것(始覺)이며 궁극적으로 깨친 것(究竟覺)이며, 크게 깨친 것(大覺)이다.

또 대각께서 본각이라 하신 말씀은 부처와 조사가 나기 전부터 '본래각本來覺'이라는 뜻이고, 시각이라 하신 말씀은 일체 중생의 성품은 본래 각임을 깨달았다는 말씀이며, 구경각이라 하신 말씀은 본각과 시각이 둘이 아니어서 결국 둘이 아니라고 하신 말씀이다."

모든 삼계의 만법이 각이고, 일체의 범부와 성인이 역시 각이라는 것이다. 그러니 용성은 각을 떠나서는 하나도 없는 것이라 일렀다.

용성은 원상圓相(○)을 대각의 원조로 정했다. 그리고 그 이유를 《팔상록》 '대각의 원조를 표시' 대목에서 이렇게 설명했다.

'이 뚜렷한 모양은 본래 천지와 허공과 만물이 하나도 없어, 성현도 아니고 범부도 아니며, 마음도 아니고 귀신도 아닌 것이다. 일체 이름과 모양이 다 없지만 지극히 크고도 또한 작으며, 지극히 비었고 또한 신령하며, 그 밖의 것은 수백수천의 해와 달로서 비유할 수 없다. 이것은 곧 대원각 본연성이므로, 이것을 이름하여 대각의 원조라고 한다. 허공도 이 본연성으로부터 있는 것이므로 천지와 인류와 만물이 다 이 본연성으로부터 있는 것이다. 본성이 곧 대각의 원조인 것이다.

천지와 천지 만물이 일어남에 그 본연성품은 하늘, 땅, 사람의 세 가지에 주재되고 만법의 왕이 되는 것이다. 천지보다 먼저 있어 그 처음이 없고, 천지 뒤에 있어 마침이 없으니 형태가 없는 본연성품은 형상이 없는 각의 원조인 것이다.'

용성은 1926년 대각교 창교를 내외에 알렸지만 사실 대각사를 세우면서부터 줄곧 대각사상에 입각한 설법과 포교를 해왔다. 불교가 정도를 걸었다면 일개 대각파大覺派로 있었을 것이다. 하지만 불교계 전체가 요동을 치자 마침내 새로운 교敎를 표방했다.

'(용성 스님은) "불법을 지키는 것이 민족정신을 지키는 것이다"(라 했다.) 당시 왜색불교화로 치달리려는 흐름을 바로 잡기 위해 진력하였다. 이것은 현금 조계종의 3대 강령의 불사로 진행

하고 있다.'(윤선효,《불교신문》 '용성 스님의 항일운동' 1983년 3월 6일)

이는 대각교의 행동강령인 '12각문'을 제정하여 지키도록 한 데서도 찾을 수 있다.

첫째, 법에 의지하여 가르침을 좇아 행하되 법에 집착하지는 말 것.

둘째, 세속에 있어도 도를 닦고 세속에 물들지 말 것.

셋째, 마음을 밝혀서 본래의 성품을 깨닫고 어지러움에 빠지지 말 것.

넷째, 강한 것을 막되 두려워함이 없고 약한 것을 넘보지 말 것.

다섯째, 욕된 것을 참되 가리는 것이 있고 어리석음에 빠지지 말 것.

여섯째, 공적인 일에 목숨을 바치고 사적인 일로 핑계를 삼지 말 것.

일곱째, 자기 생활은 스스로의 노동으로 해결하고 남에게 기대지 말 것.

여덟째, 때를 잘 봐 배움을 닦고 세력에 따라 붙지 말 것.

아홉째, 바른 생각으로 계를 잘 지키고 삿된 생각을 하지 말 것.

열째, 널리 남을 위하여 덕을 펴고 자신만을 위하지 말 것.

열한째, 서로 평등하게 깨침을 성취하고 조금도 차별을 두지 말 것.

열두째, 믿음으로써 친구를 사귀고 착함을 시기하지 말 것.

일반 대중이 아닌 승려들의 규약이라 해도 무방할 정도로 엄중하다. 세속에 물들지 말라, 계를 지켜라, 강한 것을 막되 두려워하지 말라 등은 대각교를 왜 세웠는지에 대한 설명이자 밖으로는 부처님 가르침대로 살겠다는 선언이었다.

대각일요학교 설립을 알리는
《불교》 48호(1928년 6월)

대각교는 1928년 4월 일요학교를 열었다. 근대불교에서는 처음 있는 일이었다. 이는 다분히 기독교의 일요예배에 자극을 받은 것으로 보인다.

'경성부 봉익동 2번지 대각교회당 내에서는 지난 4월 15일부터 대각일요학교를 설립하고 현재 남녀 학생 80여 명을 교수敎授하는데 고문은 백용성, 이인표, 이만승, 고봉운, 최창운, 교장은 이근우, 교사는

대각교 현판

이춘성, 안수길 등이며 5월 6일에 제1회 학예회까지 개최하여 하모니카(독주), 자수노래(독창), 동화(오색 사심이), 유희(밝은 달 독창), 딴쓰, 뻬니쓰, 요술 연극 등을 관중의 갈채리에 흥행하였 다더라.'(《불교》48호)

대각사 일요학교는 불교를 산속의 '외딴 종교'로 인식하던 도 시인들의 선입견을 바꿔놓았다. 학생들이 자연스럽게 불교의 진수에 접근할 수 있었다. 경성사범부속 여자보통학교에 다니 던 소녀도 대각사 일요학교에 다니다 노老상궁의 눈에 들어 별 궁의 상궁이 되었다. 바로 성 상궁이었다.

'성 보살이 별궁에 들어가게 된 인연은 대각사에서 맺어졌다. 그는 용성 스님이 운영하는 대각사 일요학교 학생이었다. 고불 화古佛華도 용성 스님에게 받은 불명이다. 용성 스님이 쓴 찬 불가를 풍금반주에 맞춰 배우며 열심히 일요학교에 나온 소녀 고불화는 대각사를 세운 화주 보살 최상궁의 눈에 들었다.'(《불 교신문》 '마지막 상궁 성고불화 보살' 1992년 8월 19일)

대각사 일요학교는 《대각》이란 잡지를 주간으로 펴냈다. 순한글로 만든 잡지는 학생들은 물론이요 일반인들도 쉽게 읽어서 교리를 깨달을 수 있게 했다.

　　용성은 대각교의 관정사灌頂師로 추대되었다. 관정사란 '정수리에 물을 뿌리는 스승'이란 뜻으로 계율을 주는 수계사授戒師나 전법사傳法師와도 같다. 대각교 소의경전은 《원각경》으로 하고, 계율은 《범망경》으로 한다고 명시했다. 교수사敎授師, 훈교사訓敎師, 정교사正敎師 등 삼사三師를 두어 교리를 선양하고 포교하도록 했다. 이로써 역경, 포교, 인재 양성, 생산 불교 이 네 가지를 내세운 대각교의 깃발이 도심에 펄럭였다.

도심에
울려 퍼진
찬불가

대각교는 음력 4월 8일 부처님오신날, 음력 12월 8일 성도절, 음력 2월 15일 열반절 등 대 기념일에 '남녀교인총회'를 개최하도록 했다.

대각교 의식은 종을 치면서 시작했다. 다섯 망치의 운집종이 울리면 일제히 대성전에 모여 자리를 정돈하고 앉았다. 그런 다음에 다시 열세 번의 종을 쳤다. 이는 십지十地와 등각等覺, 묘각妙覺, 대각위大覺位의 법을 상징함이었다. 통상 조석예식朝夕禮式은 다음과 같다.

우선 헌향獻香을 했다.

"나에게 있는 향 한 개비가 변하여 향 구름을 이루어 삼보님

전에 봉헌하오니 큰 자비로 받으시옵소서."

그러면서 헌향진언을 세 번 외웠다.

"옴 바아라 도비야 훔."

다음은 모든 성현에게 배례하는 보례普禮를 올렸다.

"나의 이 한 몸이 다함없는 몸으로 나타내, 두루 삼보님 전에 수없이 경례하옵니다."

보례진언을 세 번 외우고 경례를 올렸다.

"옴 바아라믹, 옴 바아라믹, 옴 바아라믹

대각세존 석가모니 부처님께 일심경례하옵니다.

시방에 항상 계옵신 불보님께 일심경례하옵니다.

시방에 항상 계옵신 법보님께 일심경례하옵니다.

시방에 항상 계옵신 승보님께 일심경례하옵니다.

삼보님께서 가피하여 주시는 힘으로 크게 깨침을 속히 이루기 원하옵니다."

그런 후에는 발원發願을 했다.

"혼탁한 이 세상에 짓는 죄업으로 악한 길에 윤회하여 생사의 고통을 받는 우리 부모 친척들과 억천겁에 투쟁하여 원한을 맺은 마음을 품은 일체중생들을 불쌍히 여기어 큰 보리심을 발하옵나이다. 작은 정성 가운데에 존중한 법을 항상 신수봉행信受奉行하오니 불타는 산을 구원하는 데 한 잔 물과 같고 물결치는 바다에 외로운 돛대와 같으니 모든 방편으로 중생을 건질 때마다 삼보님께서 가피하여 주옵소서.

보고 듣는 자가 모두 깊이 감동하오며 행하는 일마다 원만히 성취되어 청정한 나라에 자재하게 놀면서 세세생생 보현행을 닦아 등급이 없는 지혜공덕으로 크게 깨침을 속히 이루기 원하옵니다."

그런 다음 부처님께 공양을 올렸다. 대각교 성공聖供 절차를 보면 사대주四大呪를 차례로 외웠다. 정삼업진언淨三業眞言, 오방내외안위제신진언五方內外安慰諸神眞言, 개법장진언開法藏眞言과 신묘장구대다라니를 정근했다. 이어서 참회진언懺悔眞言, 정법계진언淨法界眞言, 호신진언護身眞言, 관음성사본심미묘육자대명왕진언觀音聖師本心微妙六字大明王眞言, 준제진언准提眞言, 보소청진언普召請眞言을 외웠다. 그런 다음 청문을 했다.

"삼계에 큰 스승이시며 사생의 어진 아버지이신 석가모니부처님과 시방에 항상 계옵신 일체 불보님과 시방에 항상 계옵신 일체 법보님과 일체 승보님이시여! 우리들이 지극한 마음으로 받들어 청하오니 큰 자비로 도량에 강림하시어 이 청정한 묘공을 받으시옵소서."

이어서 변식진언變食眞言, 시감로수진언施甘露水眞言, 일자수륜관진언一字水輪觀眞言, 유해진언乳海眞言, 출생공양진언出生供養眞言, 정식진언淨食眞言, 운심공양진언運心供養眞言을 차례로 정근했다.

다음에 예경공양을 올렸다. 이어서 보공양普供養, 원성취願成就, 보궐補闕 진언을 정근했다.

대각교는 《원각경》을 소의경전으로 한만큼 그 속의 '문수장文殊章'을 외우도록 했다.

그때에 세존께서 이 뜻을 거듭 펴고자 게송으로 말씀하셨다. '문수여, 그대는 마땅히 알아라. 일체 여러 부처님들이 본래 발심한 인지囚地로부터 모두가 지혜의 깨달음으로써 무명을 분명히 깨치셨느니라. 그들이 허공 꽃과 같은 줄을 알면 능히 윤회전생輪廻轉生을 면하리라. 또 꿈꾸는 사람이 깨고 나면 가히 얻을 게 없는 것과 같다. 깨달음은 허공과 같아 평등하여 움직임이 전혀 없나니 각覺이 시방계에 두루하니 즉시 불도를 이루리라. 헛것이 멸하면 흔적이 없듯 불도를 이루는 것 역시 그러하니 이것은 본성이 본래 원만하기 때문이니라. 보살이 여기서 능히 보리심을 일으키니 말세 모든 중생도 이 법을 닦으면 사견을 면하리라.'

또 《법화경》의 '보문품普門品'을 외우도록 했다. 끝부분은 이렇다.

중생들이 액란을 당할 때마다 관세음이 지혜로 구원하며 신통의 힘이 구족하여 몸을 곳곳에 나타내니, 지옥 아귀 축생이 악한 길로 유회하며 생로병사 모든 고통을 받을 때 청정자비로써 관찰하여 차별 없이 구제한다. 항상 생각하고 첨앙하면 자비 구름과 감로 비로 번뇌 망상의 불꽃을 소멸하고 소원대로 되게 한다. 험한 송사와 진중塵中에서도 의심 없이 생각함을 따라서 묘음 관세음 성존이 능히 와서 잘 돕는다. 일체 공덕이 구족하여 자비로써 항상 살피니 복 바다가 한량없는 관세음께 예배하라.

용성은 《대각교 의식》을 책으로 펴냈다. 의식의 대부분을 한글로 서술했다. 한글로 설명하고 우리말로 예불을 드렸다. 이는 한국불교사의 새 장을 여는 획기적인 일이었다. 이후 각 종파에서도 대각교의 의식을 본 따서 알기 쉽게 우리말로 진행했다.

대각교 의식에서 찬불가는 빼놓을 수 없다. 법회가 있는 날이면 봉익동 골목에 노래 소리가 낭랑했다.

"절에서도 노래를 하네."

행인들은 신기해서 걸음을 멈추고 한참을 들었다. 용성은 〈대각교가大覺敎歌〉를 지어 신도들이 부르도록 했다.

1.

대각일월 올라오니 억만건곤 황랑하다

만상삼라 광명이오 육도중생 안목일세

정도사도 분명하니 탄탄대로 의심없다

2.

어서어서 오십시오 어서어서 믿으시오

우리 자성 깨치오면 팔해육통 구족하며

삼신사지 원명하여 영겁생사 해탈하오

3.

호호탕탕 우리 대도 상하평등 차별없어

가가광명 처처극락 즐겁도다 우리 교회

만세만세 만만세는 우리 대각 억만세라

용성은 《대각교 의식》을
책으로 펴냈다.
의식의 대부분을 한글로 서술했다.
한글로 설명하고
우리말로 예불을 드렸다.
이는 한국불교사의 새 장을 여는
획기적인 일이었다.

'정도正道 사도邪道 분명하다'는 대목은 왜 대각교를 세웠는지 모두에게 알리라는 외침이다. 사도에 빠져있는 불교에서 빠져나와 정도를 걷고 있는 우리를 보라는 노래이다. 대각교에 다닌 성 상궁은 수십 년이 지난 후에도 찬불가를 기억하고 있었다.

"주인공아 잠을 깨라 (…) 우리들은 무슨 일로 삼계고해 빠져있어 벗어날 줄 모르나뇨 (…)"

그것은 용성이 짓고 곡을 붙인 〈권세가勸世歌〉였다. 1절 '주인공아 잠을 깨라/대각마다 도를 깨쳐/만반쾌락萬般快樂 자재한데/우리들은 무슨 일로/삼계고해 빠져있어/벗어날 줄 모르나뇨'부터 17절까지 이어졌다. 이밖에도 신도들은 〈왕생가〉〈세계기시가世界起始歌〉〈중생기시가衆生起始歌〉〈중생상속가衆生相續歌〉〈입산가入山歌〉 등을 불렀다.

노승이 풍금을 치면서 어린이들과 찬불가를 함께 부르는 장면은 생각만 해도 정겹다. 용성이 어디서 작곡 기법을 터득했는지는 알 수 없다. 하지만 남아있는 악보를 보면 쉽게 따라 부를 수 있는 민요조이다. 또 어찌 들어보면 당시 유행하던 대중음악의 곡조가 느껴지기도 한다. 이로 미루어 용성은 대중들이 부르기 쉽도록 아주 친숙한 가락을 따왔을 것이다.

'이 노래들은 불교사상의 진리와 대각사상을 보급하려고 용성이 직접 작사·작곡한 것들이다. 그가 불교의 대중화를 위해 고민했던 사정들을 짐작하게 해주는 실례이다. (…) 용성이 서양의 음악기법을 수용하여 작사와 작곡까지 할 수 있었던 것은 중국을 순방할 때 만났던 중국인 거사에게 음악적인 소양을 배운 인연에서 기인했다고 한다.' (김광식,《용성》)

　대각교는 우리말 법어를 하고 각종 의식을 한글로 풀어 진행했다. 일요어린이학교 개설, 설법포교사 양성, 불교의 노래 제정 등은 실로 불교 역사에 남을 획기적인 일들이었다.

노승이 풍금을 치면서
어린이들과 찬불가를 함께 부르는
장면은 생각만 해도 정겹다.

수국이
불국으로

용성은 대각회 주최로 해마다 천도의식과 방생회를 열었다. 법
회를 마치고 회향할 때에는 무리를 이끌고 한강에 나가 배를
나눠 탔다. 그리고 잡힌 물고기를 놓아주었다. 용성은 어릴 적
아버지와 낚시를 갔다가 아버지가 잡은 고기를 모두 놓아준 적
이 있었다. 용성은 평생 잡힌 물고기를 놓아주었다. 용성이 번
역하고 주해한 《각설범망경》에서 방생에 대해서 이렇게 말하고
있다.

　'너희 각자覺者들이 자비심을 쓰는 까닭으로 방생업放生業
을 행할 것이다. 일체의 남자는 나의 아버지요 일체의 여자는
나의 어머니이다. 내가 날 적마다 저들에게서 생을 받은 까닭

으로 육도중생六道衆生이 다 나의 부모가 되나라. 그런데 이것을 죽여서 먹는 것은 곧 나의 부모를 죽이는 것이며 또한 나의 옛 몸을 죽이는 것이니라. 일체의 지地·수水는 나의 지난 몸이요, 일체의 풍風·화火는 나의 본체인 까닭으로 방생을 항상 행할지니, 날 적마다 생을 받는 상주常住하는 법이니라. 사람에게 방생을 가르칠 것이니, 만일 세상 사람이 축생을 죽임을 볼 때에는 마땅히 방편으로 구호하여 그 고난을 풀어주며 항상 정사계正士戒를 강설하여 중생을 교화할지니라.'

용성은 부처님의 '불행방구계不行放救戒' 가르침을 통해 세 가지 자비심을 닦아야 한다고 했다. 첫째는 육도중생이 나의 부모라는 생연자生緣慈, 지수화풍이 나의 본체라는 법연자法緣慈, 날 때마다 생을 받음에 불생불멸하는 상주법을 깨닫는 무연자無緣慈가 그것이다. 사람들에게 방생하기를 가르치는 것은 이 세 가지 자비심을 보여주는 것이라고 나름 해석했다. 또 붙잡힌 것들을 풀어주고 싶지만 그 힘이 미치지 못하면 지극한 마음으로 부처님 명호를 칭하며 법을 설하거나 진언을 외워 고통을 덜어주어야 한다고 했다.

천도의식은 죽은 자를 좋은 인연처로 갈 수 있도록 길을 밝혀 주는 의식이다. 그래서 망자들을 설득하는 의식은 비범해야 한다. 생전에 억울한 죽음을 당해 원한이 구천까지 서려있거나 탐·진·치의 독을 빼내지 못하고 떠도는 망자들의 마음을 돌리기는 쉽지 않기 때문이다. 귀신을 감복시키려면 결국 정성을 다해 만고의 진리를 설파해야만 가능하다. 그것은 오로지 망자의 마음을 바꾸는 법문이라야 한다.

죽은 자의 어두운 마음을 밝혀주기 위해서는 좋은 음식을 주는 것도 중요하지만 법문을 베풀어 무명심無明心을 깨뜨리는 것이 더 중요할 것이다. 법문은 생전에 맺은 모든 인연과 업의 속박을 벗어나게 해준다. 천도의식을 통해 죽은 자는 산 자들로부터, 산 자들은 죽은 자로부터 자유를 획득할 수 있다. 그래서 법문은 오히려 산 자들이 이해할 수 있도록 설해야 한다.

용성의 법문은 살아있는 자들을 감동시켰다. 그것은 죽은 자와 산 자의 해원解冤이었다. 천도재가 있는 날에는 대각사 뜰에 빈틈이 없을 정도로 신도들이 붐볐다. 그 많은 사람들이 모여 정성을 모았으니 법계고혼들은 새로운 인연처로 떠나갔을 것이다. 용성은 죽은 자들을 불러 간곡하게 일렀다.

"이미 청한 책주귀신嘖主鬼神 영가와 무주고혼無主孤魂과 모든 신위神位는 자세히 들으시오. 현재는 모든 고혼대중이 무슨 일로 험악한 삼계고해에 빠져 있어 벗어날 줄 모르는고. 모든 고통을 다 받으며, 기갈이 자심하니 누가 그 고통을 해탈시켜 주겠소.

모든 영가시여, 눈과 귀와 코와 혀와 몸과 뜻, 이 여섯 뿌리를 놓아버리고 빛과 소리와 향기와 맛과 닿음과 뜻, 여섯 티끌을 놓아버리시오."

용성은 역경사업을 최대 원력으로 삼았지만 천도식과 방생회 또한 해마다 빠뜨리지 않았다. '간간이 선원을 설립하는 일과 북간도에 대각교를 설립하는 일과 십년을 예정하고 연년이 법계고혼을 천도하는 천도의식과 방생법회를 설립하여 모든 생명을 방생하는 일《조선글 화엄경》후기)'이 큰일이었음을 알 수 있다.

대각회에서 개최한 천도의식과 방생법회는 단연 장안의 화제였다. 용성의 설법은 모두를 감동시켰고, 방생하는 장면은 장엄했다. 당시의 상황을 전하는 기사는 방생으로 놓인 물고기가 펄떡이며 강물을 가르는 것처럼 싱그럽다.

'지난 8월 23일 오후 2시부터 시내 봉익동 대각 능인교당에서 제6회 방생겸 천도회를 개최하여 29일까지 포교사 백용성선사가 세찬 물결 같은(현하懸河) 열변을 토하여 설교한 바에 일반 청중은 희비의 양감兩感이 참으로 흉중에 복받쳤다 하며 회향일인 전월 30일(일요일)은 푸른 하늘에 한 점 구름도 없고 일진풍一陣風도 불지 않는 좋은 날이었는데 집회장소로 정한 옛 용산강변에는 정각 전부터 인산인해를 이루어 입추의 여지도 없어 오전 11시경에 질서 있게 일반 회원은 승선하여 잠잠하고 물결이 고요한 강 위에 삼삼오오 선반船伴을 작作하여

대각회에서 개최한
천도의식과 방생법회는
단연 장안의 화제였다.
용성의 설법은
모두를 감동시켰고,
방생하는 장면은 장엄했다.
당시의 상황을 전하는
《불교》41호(1927년 11월)

흘러가는 물결에 둥실둥실 양화도揚花渡(서울 마포에 있는 마을 이름)를 목적 삼고 떠내려가면서 일변방생一邊放生 일변염불一邊念佛! 호생악사好生惡死는 피아일반彼我 一般이다! 가는 물결에 일렁일렁 떴다 잠겼다, 잠겼다 떴다 하면서 유쾌히 살아가는 고기들은 보는 사람으로 하여금 감사의 예를 표하는 듯 보인다. 어언 간에 삼삼오오 짝을 지었던 배들은 일제히 양화도에 도착됨에 한 덩어리 배 떼를 모아놓고 정숙히 수륙고혼水陸孤魂 천도식을 거행함에 일반 관중은 극락화의 관觀을 이루었다. 식을 마치고 다시 열 지어 돌아오는 길에 대중은 소리를 맞추어 염불가를 소리 높여 부르니 일시 수국水國이 불국佛國으로 변하여 공전절후空前絶後의 느낌 속에 산회하였다는데 때는 오후 7시경이라 한다.'(《불교》41호)

화과원과
선농불교

일일부작一日不作 일일불식一日不食. 하루 일하지 않으면 하루 굶어야 한다. 백장회해百丈懷海(749~814)의 '백장청규百丈淸規' 이다. 당나라 백장은 평생 일을 했다. 노동만은 남보다 먼저 나섰다. 아흔이 넘어서도 호미를 놓지 않았다. 제자들이 농기구를 숨기고 쉬기를 청하니 백장은 아예 방에서 나오지 않았다. 제자들의 간청에도 방문을 열지 않았다.

"내게 아무런 덕도 없는데 어찌 남들만 수고롭게 하겠는가. 하루 일하지 않으면 하루 먹지 않을 뿐이다."

용성 또한 승려들이 일을 해야 한다고 강조했다. 대각교의 행동강령인 12각문에도 '자기 생활은 스스로의 노동으로 해결하고 남에게 기대지 말라'고 일렀다. 용성 자신이 먼저 실천했다. 바로 일하면서 참선하는 반농반선半農半禪의 총림을 구상했던 것이다.

용성은 1927년 경남 함양의 백운산에 화과원華果院을 설립했다. 선농禪農 불교를 표방하고 농장을 연 것이다. 화과원은 용성의 속가 죽림촌에서 그리 멀지 않았다. 그곳에 감나무와 밤나무 등을 심었다. 산비탈을 개간하여 밭을 만들었다. 화과원에서 용성을 모셨던 시인 김달진金達鎭(1907~1989)은 화과란 이름엔 깊은 불교의 뜻이 있다며 《산거일기山居日記》에서 이렇게 풀이했다.

'화華는 보살의 만행萬行을 꽃에 비유함으로써 열매를 맺는 작용이 있음을 뜻한다는 글이 있다. 이것은 감과感果의 능력이 있는 행行이 안과 밖이 둘이면서 둘이 아닌 이치를 밝힌 것이며 아울러 법法으로서 사事에 의학하는 것이므로 '화'라 하는 것이다.

'화'를 인행因行과 비유하는 것은 참으로 광대무변의 깊은 진리가 있다 할 것이다. 꽃에는 피어나기 시작하는 '화', '화'와 열매(實)까지의 중간에 해당하는 생과生果의 '화', 그리고 화실華實의 때인 장과莊果의 '화' 등 세 가지가 있다. 이렇게 볼 때 용성 스님이 화과원이라 이름하여 백운산에 선농을 병행하는 항일불교단체인 대각교를 창시하고 경제적 자립상태에서 '장과=

화과'의 참뜻인 인과상즉무애因果相卽無碍를 몸소 후진들에게 교시하신 것은 불교사뿐 아니라 역사적으로도 높이 평가되어야 할 것이다.'

법당엔 불상 대신 원상을 그려서 모셨다. 원상은 대각교를 상징했다. 참으로 가난했지만 서원은 단단했다. 외딴 산골짜기에서 부패한 승단을 향해 외쳤다.

"우리는 이렇게 살아간다."

간도間島에도 선농불교 포교당을 지었다. 간도 일대 수십만 평을 구입했다. 1927년 3월 부지를 구입하여 9월 대각교당을 세웠다. 이주민에게 땅을 나눠주어 경작토록 했다.

'여법한 분위分衛(탁발)가 진실로 바른 생활수단인 정명正命이나 시대의 고금을 따라 변하여 가지 않을 수도 없다. 자신에게 응공應供의 덕행이 결핍되었다면 애초부터 신도의 시주를 받을 수 없는 것인데, 하물며 물질지상주의인 이때에 생활난이 극에 달한 오늘날 어찌 시주를 받겠는가. 돌을 나르고 밤에 방아를 찧고 밭을 개간했다는 이야기 등이 고인들께서 본보기를 보여주신 것으로 그 마땅함을 진실로 얻었다고 할 것이다.

용성선사께서 일찍이 여기에 뜻을 두어 지금부터 훗날의 승려생활, 즉 총림의 경영이 종래의 방법이나 규범을 그대로 답습하지 못할 것을 간파하고 자력으로 자급할 것을 주장하시는 한편, 함양 백운산에 30여 정보를 점유하여 감나무와 밤나무 등등 유실수 만여 그루를 재배하여 화과원을 설립하셨고, 간도의 연길에 있는 명월촌明月村과 봉녕촌鳳寧村에 70여 상晌(1상은 약 3,000평)의 전답을 매입하고 교당을 설립하여 승려가 반농반선半農半禪하는 생활의 효시를 시작하신 지도 벌써 15년이다.

그 업적의 성공 여부는 후세 사람들의 계승 여하에 달려 있지만 선사의 발군의 탁월한 견해는 다음의 후손들에게 본보기를 드리우고도 남음이 있을 것이다. 가까운 장래에 우리 교단의 승려들이 참선을 수행하는 여력으로 농사에 힘써 공양물자를 스스로 갖추는 미덕을 일으킨다면 이는 모두 선사께서 베푸신 것이다. -용하龍夏 삼가 쓰다'《용성선사어록》)

용성의 화과원 설립은 당시로는 대단한 일이었다. 서산대사는 《선가귀감》에서 시주를 받아 살면서 수행을 게을리하는 승려들을 무섭게 다그치고 있다. 불자의 한 그릇 밥과 한 벌 옷에는 농부의 피와 길쌈하는 여인들의 땀이 들어있다고 했다. 휴정은 또 수행자는 음식을 먹을 때 독약을 먹는 것 같이 하고 시주를 받을 때는 화살을 받는 것처럼 하라고 일렀다. 그러기에 '뜨거운 철판을 몸에 두를지언정 신심 있는 이가 주는 옷을 입지 말고, 쇳물을 마실지언정 신심 있는 이가 주는 음식을 먹지 말고, 끓는 가마솥으로 뛰어들지언정 신심 있는 이가 주는

용성은 1927년 경남 함양의 백운산에 화과원을 설립했다.
선농禪農 불교를 표방하여 후학들에게 영감을 주었다.
농작물을 팔아 독립운동 자금을 마련했다고도 전해진다.

집에는 거주하지 말라'고 했다. 용성의 쟁기질은 시주의 무서움을 모르고 신도들의 '정성을 받아먹는' 풍토를 갈아엎는 일이었다. 용성의 선농불교는 후학들에게 많은 영감을 주었다.

'수제首題의 문제(반농반선)는 내가 처음 주창한 것이 아니다. 수년 전에 선배인 백용성화상이 주창한 것을 재인식시킬 뿐이다. 농은 천하의 대본업大本業이며 선은 인생의 근원사根源事이다. 농은 육신을 기르는 원소요 선은 정신을 기르는 원소이므로 대본업과 근본사라고 단언한다. 인생은 농이 아니면 육신을 보전할 수 없고 선이 아니면 정신을 안정시킬 수 없다. 육신과 정신 양방면을 쌍으로 수양하여야 무결원만無缺圓滿한 인생의 생활이 되겠기에 반농반선이 필요하다는 것이다.

우리는 생활보장을 자작자급自作自給하면서 선에 정진하자는 의미에서 반농반선이 필요하다는 것보다 인과의 필연과 회인전과廻因轉果의 가능과 불생불멸의 진리를 일상생활과 관계가 먼 데서 찾는 이보다 일상생활과 직접 관계를 가진 문제에서 찾는 것이 용이하기 때문이며 은연隱然한 경전에서 구하는 이보다 현저한 실업實業에서 구하는 것이 첩경이기 때문에 반농반선의 불교라야 된다는 것이다,

오! 사해四海의 학인법우여 조선불교 존망지추存亡之秋에선 우리 학인의 책임과 사명이 과연 어떠한가. 위법망구爲法忘軀의 굳은 각오와 신념하에 동심협력하여 반농반선의 혁신불교

를 건설하여 삼천리강산에 불일이 재휘再輝케 하자.' (석운애釋
雲涯,《홍법우》창간호, 1938년 3월)

용성은 화과원의 반선반농이 불교계 전체로 퍼져나가길 원
했다. 함께 농사지으며 선禪의 길로 들어서자고 〈중앙행정에 대
한 희망〉의 글에서 촉구했다.

'나는 이렇게 본다. 세계사조가 연년월월年年月月 변하고 반
종교운동이 시시각각 돌진하고 있다. 우리는 이때에 교정敎政
을 급속도로 혁신하지 않으면 아니 될 것이다. 하나는 선종을
겸행하지 않으면 안 될 것이요, 하나는 우리 자신이 농사짓지
아니하면 안 될 것이다. 옛날에도 황벽 임제와 위산潙山 앙산
仰山이 다 밭에서 보청普請하사 친히 경작하시었다. 아! 우리는
시급히 밭일을 하거나 약초단지를 세우거나 과일농사를 지어
서 자작자급하고 남의 힘을 가자假資하지 않아야 될 것이다.'

화과원에서는 해마다 적잖은 과일을 수확하였다. 그렇지만
수확량과 이를 팔아 생긴 이익이 얼마나 되는지 제자들은 몰
랐다고 한다. 용성만이 알고 있었다는 얘기다. 그래서 제자들
이 한때 스승을 의심하기도 했다. 그런데 사실은 이 돈이 독립
운동 자금으로 쓰였다는 것이다. 이 같은 사실은 용성의 문도
들 사이에 구전되어 내려오고 있다.

'당시 화과원에서 생활했던 용성선사의 최측근 표회암

용성은 화과원의 반선반농이
불교계 전체로 퍼져나가길 원했다.
함께 농사지으며 선禪의 길로
들어서자고 촉구하는 글을
《불교》 93호(1932년 3월)에 기고했다.

(?~1981)선사는 나중에 자신의 제자들에게 "시간이 흐르면서
스님들 사이에 스승님을 의심하는 마음이 생기기도 했다"고 전
했다. 과일을 팔아 버는 막대한 돈이 온데간데없어서였다. 돈
은 대체로 용성선사가 갖고 나가 국내 또는 중국에서 독립운동
가들에게 전했다. 용성선사가 자주 중국에 오가자 일부 스님은
"중국에 살림 차리고 돈을 쓰는 것 아니냐"고 오해도 했다고
한다.

　용성선사는 주로 거지로 위장해 역시 거지로 변장한 독립운
동가를 만났다. 돈은 구걸할 때 쓰는 바가지 아래쪽에 넣고 그

위를 식은 밥으로 덮었다. 용성선사가 "옴마니반메훔"이라고 진언을 외면 상대가 "무궁화꽃이 피었습니다"라고 답하는 식으로 암호를 주고받았다. 이렇게 신원을 확인한 뒤에는 바가지를 바꿔 자금을 전달했다. 화과원에서 벌어들인 돈을 불상 안에 넣어 상해 임시정부에 전하기도 했다.' (《중앙일보》 2015년 8월 15일)

龍城

제11장

간
도
의 별

간도의
대각교

간도는 '사이(間)에 있는 섬(島)' 같은 땅이었다. 그곳은 조선의 영토이지만 조선의 것이 아니었고, 그 안에서는 조선인이 살지만 조선인으로는 살아갈 수 없는 '사이의 땅'이었다. 남쪽에서 올라온 유민들은 총과 칼을 들어야 했고, 땅을 파고 물을 찾아야 했다. 그러면서도 머리를 남쪽을 향하고 새우잠을 청했다. 우리 민족의 한과 눈물이 고여있었다.

간도는 고구려와 발해의 영토였다. 하지만 1677년 청나라는 압록강·두만강 북쪽의 500km까지를 청의 발상지라 해서 봉금령封禁令을 내렸다. 아무도 살지 않는 땅에 1860년대에 이르러 조선인들이 조심조심 들어가 집을 지었다. 조선 땅에 대흉

년이 들었고 그럼에도 끊임없는 학정에 수탈이 계속되자 백성들이 압록강과 두만강을 넘어갔다. 간도에는 이리 떼가 웅크리고 있었지만 부패한 인간들보다 덜 위험했다.

1883년 봉금령이 폐지되어 조선 백성들이 압록강 중상류와 두만강 중하류에 합법적인 이주가 가능했다. 부지런한 백성들은 경작지를 넓혀갔다. 조·보리·밀·콩·수수·옥수수·감자 등을 심었다.

일제강점기에는 강을 넘는 사람들이 폭증했다. 나라를 빼앗은 일본은 곧바로 1910년 9월 임시토지조사국관제臨時土地調査局官制를 공포했다. 수백만 농민의 삶을 뒤흔드는 비열한 책략이었다. 조선총독부는 토지소유권 확보라는 명분으로 토지를 약탈했다. 토지소유주가 성명, 주소, 생산목표와 품목, 땅의 크기 등을 신고하도록 했다. 기간 내에 신고하지 않으면 주인이 없는 땅이라며 몰수해버렸다.

총독부는 다른 한편으로 신고된 토지에는 엄청난 세금을 물릴 것이라는 소문을 퍼뜨렸다. 당황한 농민들은 어쩔 바를 모르고 있다가 결국 땅을 뺏겼다. 신고한 농민들도 토지 측량 과정에서 일인들의 농간으로 토지를 약탈당했다. 땅 도둑들이었다. 결국 총독부가 전체 토지의 절반을 차지해버렸다. 강탈한 토지는 일본인들과 친일파들에게 헐값으로 불하해주었다.

농민들은 자기 땅에 농사를 지으면서도 졸지에 소작인으로 전락하였다. 땅을 파먹던 순박한 백성들은 한순간에 머슴을 살거나 삯꾼으로 살아가야 했다. 농업의 나라 근간이 흔들렸다. 하지만 찾아가 하소연할 나라와 나라님이 없었다. 땅을 잃은 농민들은 새 땅을 찾아 고향을 떠났다. 그렇게 간도로 넘어갔다.

토지를 탈취당한 농민들과 나라를 찾으려는 독립투사들이 한인촌을 건설했다. 여기에 일제가 대륙침략의 교두보를 마련하려 한인들을 강제로 이주시켰다. 간도 한인들은 갈수록 늘었다. 1926년에는 간도 농경지 절반 정도를 한인들이 차지했고, 한인 가구 수도 5만이 넘었다.

불교는 이런 아픔에 동참했다. 수많은 스님들이 국경을 넘어가 이주민들의 척박한 생활에 동참했다. 또한 절을 지어 영혼을 보듬었다. 경허선사의 제자 수월도 1912년 두만강을 넘어 간도로 들어갔다. 백두산 기슭에서 3년 동안 일꾼으로 숨어 살았다. 수월은 밤에는 짚신을 삼고 낮에는 주먹밥을 만들었다. 한인들이 간도로 들어오는 길목의 바위에 주먹밥을 쌓아 놓고 나뭇가지에는 짚신을 매달아 놓았다. 동포들의 주린 배를 채워주고 새 짚신으로는 고단한 여정을 감싸주었다.

1921년 봄부터 수월은 동포들이 지어준 화엄사라는 작은 절에서 여생을 보냈다. 이곳에서도 누더기를 걸치고 날이 밝으면

종일 들이나 산에 나가 말없이 일했다. 여전히 아픈 사람들을 돌보고 밥을 지어 산과 들에서 일하는 사람들을 먹였다.

1928년 수월은 하안거를 마치고 열반에 들었다. 절 뒤편 개울에서 몸을 씻은 후 짚신 한 켤레를 가지런히 올려놓고 결가부좌 자세로 세상을 떠났다. 세수 74세, 법랍 45세였다. 나라 잃은 백성들에게 짚신을 삼아주고 주먹밥을 먹이며 무주상보시를 베풀었던 '북녘의 상현달' 수월은 이렇게 간도에서 최후를 맞았다.

용성 또한 간도로 달려갔다. 이국땅에서 동포들의 아픔과 설움을 보듬어주어야 했다. 이주민들이 정착하는 데 작은 도움이라도 주고 싶었다. 1927년 4월 간도 용정시에 대각교당을 설립했다. 그리고 20만여 평의 땅을 사서 동포들이 경작토록 했다.

'1920년부터 1923년에 이르는 3년간에는 일본불교계의 정토종, 선종파의 조선인 승려들도 용정 등지에서 본원사本願寺, 보조사普照寺, 조동종별원曹洞宗別院 등 절간을 잇달아 세웠다. 1927년 조선불교계의 대각사파 역시 용정에 절간을 세웠다. 1929년, 1930년간에는 귀주사歸珠寺파도 용정에 보흥사普興寺를 짓고 연길에서 연명사延明寺를 새로 지었다.

금세기 20년대 후 연변의 불교계는 수화상극水火相剋의 두 파로 갈라졌다. 즉 조선불교계의 귀주사, 대각사파가 그 한 파라면 일본불교계의 정토종, 선종파를 다른 한 파로 하여 서로

엇서서 '자선사업'으로 불자들을 쟁탈했다.' (남명철,《연변문사자
료》8집 '연변의 불교' 1997년)

　용성의 헌신적인 포교로 대각사 신도는 대폭 늘어났다. 자
연 일본 조동종 절의 신도들은 급감했다. 그러자 일본불교계는
유명 포교사를 파견했다. 하지만 신도의 이탈을 막을 수는 없
었다. 결국 포교를 중단하고 조동종 사찰은 문을 닫아야 했다.
일본인들도 그것을 인정하고 이런 기록을 남겨놓았다.

　'다이쇼(大正) 10년(1921) 아군의 간도 토벌 사건 이후, (일
본 조동종) 본원사 포교사 우에노 코오진(上野興仁)이 내문하
여 조선인 지도소의 포교소를 열고 의료기관도 부설하면서 포
교에 노력했지만 배일排日 분위기가 농후한 선인鮮人은 관료의
주구라 부르면서 그것을 좋아하지 않아 큰 효과를 얻지 못했
다. (…) 때문에 쇼와(昭和) 3년(1928)에 선인 승려가 운영하
는 대각교회가 설립됨에 따라 신자의 대부분이 그곳으로 갔
기 때문에 본원사 포교는 여기서 흔적이 끊어지게 되었다.(가
와구치 타다시(川口忠) 편 〈간도혼춘북선급동해안지방행각기間島琿春
北鮮及東海岸地方行脚記〉1932년)

　여기서 우리는 대각교의 성향을 알 수 있다. 바로 거의 모든
신도가 반일 성향의 한인들이었음을 알 수 있다. 추측하건대
대각교는 항일운동의 용정 거점이었다.

　용성은 용정을 수시로 방문했다. 서울에서 간도로 가는 길

은 멀고 험했다. 국경은 어수선했고, 변경에는 여러 위험이 도사리고 있었다. 걸핏하면 마적떼가 출몰하고 총격전이 예사로 벌어졌다. 어느 나라도 치안에 힘을 쓰지 않았다. 우리나라 땅이 아닌 곳에 우리 민족이 개간한 땅이었고, 우리를 지켜줄 나라가 없었다. 그래서 뭉쳐있어야 그나마 안심할 수 있었다. 용성은 간도 대각교당이 유민들의 삶을 보듬는 구심처가 되기를 원했다.

용성은 간도를 오갈 때마다 길 위에서 관세음보살을 염했다. 용명龍溟 스님은 용성에게서 이렇게 들었다.

"내가 여러 차례 간도를 왕래했지만 무사히 다녔다. 나는 차중에서 수상한 것을 느낄 때면 관세음보살을 염한다."

용성은 이제 노승이었다. 제자들은 용성의 간도행을 만류했다. 그래도 용성은 일이 생기면 곧잘 행장을 꾸렸다. 간도에는 전혀 다른 달과 별이 떴다. 그 달은 고향이고, 그 별은 그리움이었다. 용성은 남녘의 자비와 정을 바랑에 싸가지고 간도로 향했다. 간도의 유민들에게 노승 용성은 고향 남녘에서 올라온 달이며 별이었다. 용성을 보며 눈물지었다.

'간도 지방으로 나간 동포들을 그 누가 따뜻이 맞이해주던가? 그들의 눈앞에는 잡초만 무성한 황무지만이 펼쳐져있을 따름이었다. 당장 조석 끼니를 걱정해야 하는 이주민들에게 황무지를 개간하여 생계를 해결하라니 그들의 굶주림이 어떠했겠느냐가 불을 보듯 환하다. 게다가 개간할만한 황무지가 무한정 널려있는 것도 아니요, 아무 땅이나 마음대로 일굴 수도 없는 형편이었다.

　아무튼 피와 땀으로 신천지를 개간하는 우리 동포들이 차츰 늘어나자 교육기관이 필요했고, 이들에게 불법을 심어줄 포교당이 필요했다. 이런 상황에 눈을 돌린 용성 큰스님은 곧 북간도 용정으로 들어가면서 먼저 포교당을 개설하니 대각교당이 그것이다. (…) 사실 용성 스님의 꿈은 컸다. 용정을 중심으로 동포들의 계몽을 통해 조국 광복을 앞당기려는 비원의 꿈은 컸던 것이다. 그 당시 북간도나 만주의 여러 지방으로 넘어온 동포들은 거의가 왜인들에게 모진 박해를 받다가 고향 산천을 버리고 낯선 만주벌판으로 피신해 온 독립운동가요 애국지사이자 그 가족들이었다. 이러한 애국동포들이 집단으로 모여 사는 것을 용성 큰스님은 그냥 지나치지 않았던 것이다.'《대한불교》'강백 백운白雲 스님의 중국방문기' 1994년 9월 3일)

깨달음의
바다
진리의 빛

용성은 《각해일륜覺海日輪》을 지었다. 1930년 3월 대각교당에서 펴냈다. 용성의 나이 예순일곱에 갈고 닦은 법력을 풀어내 이를 요약해서 세상에 내놓았다. 용성이 묻고 답하는 자문자답自問自答 형식으로 한글로 된 최초의 선서禪書이다. 《각해일륜》의 뜻을 머리말에서 이렇게 밝혔다.

'각覺이라는 것은 본각本覺, 시각始覺, 구경각究竟覺이 원만하여 둘이 아님을 말하는 것이고, 해海라는 것은 깊고 넓어서 헤아릴 수 없음을 말한 것이며, 일륜日輪이라는 것은 묘한 지혜가 원만하고 밝아서 비추지 않는 바가 없음을 말하는 것이니, 종교 도덕 진리 철학 과학 인과 등 모두 다 갖추지 않음이 없

으므로 각해일륜이라고 이름한 것이다.'

용성은 깨달음의 바다는 깊고 넓으며, 묘한 지혜는 비추지 않은 바가 없다고 했다. 그러므로 《각해일륜》은 '깨달음의 바다에서 건져 올린 진리의 빛'이라 풀어서 제목으로 삼으면 어떨까.

《각해일륜》에는 용성이 터득한 대각사상이 스며있다. 불교의 골수가 무엇인지, 무엇이 부처와 중생인지, 정교와 사교의 차이가 어떤 것인지, 무엇을 공부해야 하는지, 어떻게 수행해야 하는지, 깨달음의 경지가 어떤 것인지를 알기 쉽게 풀어놓았다. 마치 우리와 동시대를 살아가는 큰 스승의 법문을 듣는 것처럼 생생하다.

선가에서는 문자를 경계했다. 문자의 세계에 갇히면 견성은 요원하기만 하다. 부처님께서 아난에게 이렇게 말했다.

"네가 비록 억천만겁토록 여래의 묘장엄법문을 기억한다 해도 하루 동안 선정禪定을 닦느니만 못하다."

팔만대장경 속에서 깨달음을 찾으려는 것은 얼음 속에서 불을 찾는 것처럼 어리석은 일이었다. 그렇다고 팔만대장경을 불태워야 하는가. 아니다. 경經은 깨달음을 향해가는 사람에게 길을 가르쳐 준다. 그 길은 수도 없이 많다. 그래서 수없이 많은 길을 가리키는 일종의 노정기이다. 그 길을 아는 것은 지해知解에 불과하다. 그 길을 따라 걸어가 목적지에 도달해야 한다. 용성은 이런 비유로 지해와 증오證悟를 설명했다.

"이것은 너의 지해가 아닌가. 네가 참으로 증득한 것인가. 비유하건대 어떤 사람이 서울을 보지 못하고 서울을 본 사람에게 서울 이야기를 들어보았다. 그 서울을 자세히 본 사람은 서울에 대해서 자세히 말하니 그 서울을 아니 본 사람이 서울의 남대문이 어떻고, 종로가 어떻고, 대궐이 어떻다고 하는 말을 들어서 알았다. 그러면 그것이 서울을 친히 본 것이 되는가?"

용성은 이렇듯 말과 글이 도가 아님을 일찍이 알았다. 그럼에도 이런 사실을 알리려면 역시 문자를 동원해야 했다. 《각해일륜》은 선불교의 봉우리로 안내하는 노정기이다. 오랜 구도행각으로 얻은 정보가 들어있다. 〈오직 마음으로 된 것임을 밝힘〉편은 압권이다. 용성은 적확한 비유로 유물론을 질타했다.

'마음이 하지 않고 오직 물건이 분별할진댄 죽은 송장이 어찌 분별이 없는가? 고금천하에 종교와 도덕, 철학과 과학, 이 모든 학문을 누가 제정하였는가? 마음을 제외하고 오직 물건만으로는 그 법을 제정하지 못한다. 현재에 전 제국과 공화국과 내지 노농공산勞農共産 등을 마음이 하는 것이 아니라면 무정목석이 하는 것인가? 그 유물을 주장하는 것은 마음을 제외하고 누가 하는 것인가?'

어떤 이가 묻기를 '나무가 불에 타면 모든 것이 연기처럼 사라지는 것처럼 사람이 죽으면 그와 같지 않느냐'고 물었다. 그러자 용성은 당시 세상을 놀라게 한 발명품들을 비유로 들어 불

대각교의 교학적 토대와 사상적
지향을 대중적으로 정리함과 동시에
수행의 지침으로 삼기 위하여
저술한 책이다.
1930년 3월 15일 대각교당에서
펴냈다.

교의 골수인 '불생불멸'을 설명했다.

'그대가 유성기를 보느냐? 그 축음기의 양태 속에 소리를 잡아넣어 녹음하여 두었으되 그 소리의 형적形跡을 보지 못하는 것이니 이와 같이 우리의 광명체성 가운데에 우주만상의 일체를 인印하여 두매, 미래가 다하도록 머물러 조금도 없어지지 아니하는 것이다. 그대가 큰 소리로 하든지 작은 소리로 하든지 그 성음聲音이 공중의 전성電性을 따라 전파가 일어나서 순식간에 시방허공과 법계를 다하여 음파가 가득하게 되나니 그 음파의 가득함을 따라서 허공과 법계에 가득한 전성으로부터 아뢰야식장과 대각본원성에 형적 없는 인印을 쳐서 그 말소리의 본체가 미래 겁이 다하도록 없어지지 아니하는 것이다.

한 사람의 말소리만 그러한 것이 아니라, 무시겁으로부터 미래겁이 다하도록 일체유정一切有情과 무정無情의 모든 소리가 역력히 분명하여 삼세에 간단間斷이 없고 시방에 공결空缺이 없다. 그것은 현금에도 증명할 수 있다. 어디든지 전파를 따라 '라디오'의 기계를 설치한 곳에 접촉되면 원근이 없이 말소리를 전한다. 참으로 부사의한 일이다. 그 소리가 시방에 가득하되 볼 수 없고 들을 수도 없다. (…) 보아라! 전깃불이 올 때 어디서 왔으며 또 가면 어디로 가는가? 올 때도 형적 없이 오고 갈 때도 형적 없이 가니, 이것은 인연의 모임에 따라 나타나고 인연의 흩어짐에 따라 없어지니, 그 전성과 전기가 허공계와 법계에 가득히 충만하여 불생불멸한 것을 아느냐?

흙과 물과 불과 바람과 모든 만물이 모두 죽고 사는 것이나, 그들이 모두 죽지 않고 항상 우주와 허공계에 가득한 것을 아는가? 일체 유정 동물이 다 생멸하나 미래겁이 다하도록 항상 죽고 사는 것이 없는 것을 아는가?

사람의 몸은 물거품과 같고, 마음은 바닷물과 같아서 물거품은 없어지더라도 물은 항상 있는 것과 같이 몸은 없어졌다가 다시 있기도 하고, 있다가 없어지기도 하는 것을 아는가?

허공의 구름은 항상 일어나고 멸하되 허공은 언제든지 텅 비어서 동하지 아니하는 것을 아는가? 그리고 유심과 유물이 둘이 아닌 하나임을 아는가?

대각께서 말씀하시되 "사대오온四大五蘊이 곧 금강계金剛界다" 하시니 금강은 곧 생멸이 없는 데에 비유한 것이다. 그러므로 유물과 유심이 둘이 아니다.

비유하건대 바닷물이 청정하매 그 물이 맑은 줄로만 아는가? 그 물에는 반드시 짠맛이 있다. 허공이 텅 비어 있으매 빈 허공인 줄로만 아느냐? 그 허공의 본원인 대각성이 있는 것이다. 그대는 무엇이든지 눈에 보이지 아니하면 없는 줄로만 아느냐? 그 성품은 형상이 있는 물건에도 포함되어 있지만은 눈으로 보기는 어렵도다. 불은 뜨겁고, 후추는 맵고, 나무는 결이 부드러운 것과 강한 것이 있으니 형형색색의 만물이 다 자기의 성질이 있으되 가만히 두고 보기 어려운 것이다.

이 형적 있는 물건도 각각 가만히 두고는 그 성질을 알 수 없으며 일체 만물이 형체 없는 기운으로부터 나고, 형체 없는 기운은 형체 없는 아뢰야식의 업종業種으로부터 난다. 그리고 형체 없는 아뢰야식은 일체명상一切名相이 없는 대원각성으로부터 난 것이니 대원각성은 언어도단言語道斷하고 심행처멸心行處滅하여 일체명상이 없으니, 비어있는 것으로 말할 수 없으나 본래 깨친 성품이 결정코 있는 것은 마치 전기 성품이 우주에 가득하되 보지 못하는 것과 같으리라.

그러나 비유하건대 허공의 구름이 일어나고 멸하며, 바람이 일어나고 쉬며, 산하대지 만물이 허공을 의지하여 있으면서 변태무상하나 허공은 언제든지 동하지 아니하는 것과 같다.

또 비유컨대 물이 동하여 파도가 되므로, 물은 곧 파도요 파도가 곧 물이라. 물과 파도가 둘이 아닌 것과 같아서 마음 밖에 각覺이 없고, 각 밖에 마음이 없는 것이다. 그러므로 나는 삼계만법이 유심유식唯心唯識이라, 유심유물唯心唯物을 둘로 보지 않는다.'

금생에 인因을 지으면 내생에는 과果를 받는다는 인과론을 의심하는 질문에는 이렇게 답했다.

'비유하건대 동산에 계수나무나 전단향나무가 많이 있는데 그대와 내가 이곳에 있으매, 맑은 바람이 저 향숲(香林)을 거쳐 지날 때에 기이한 향취가 우리 코에 닿으니 저 형체 없는 바람이 형체 없는 향냄새를 가지고 이곳까지 온 것이다. 이처럼 형체 없는 식이 형체 없는 선업을 가지고 후세로 옮겨가서 무한한 복락을 받는 것도 이와 같은 것이다. (…) 사람의 심식은 형적이 없으되, 그 악업을 도장 찍어(印) 아뢰야식에 간직하여 두었다가 후세로 옮겨가는 것이다.

비유하건대 그대와 내가 이곳에 있는데, 앞동산에 모든 부정한 물건이나 혹 썩은 송장이 있을 때 마침 바람이 불어옴에 이곳에 악취가 코에 닿는 것이다. 여기에서 바람은 형체 없는 식

에다 비유한 것이고 악취는 악업에 비유한 것이니, 일생에 악업
이 형적은 없으나 형체 없는 식이 형체 없는 악업을 가지고 후
생으로 옮기어 악도에 몸을 받아 태어나(受生) 고苦를 받는 것
도 이와 같은 것이다.'

내 말을
들어 보라

용성은 《각해일륜》에 〈수심정로修心正路〉를 수록했다. 용성이 경經에 통달하지 않았다면 또 마음을 닦아 깨달음을 얻지 못했다면 수좌들에게 '마음을 닦는 바른 길'을 제시할 수 없었을 것이다.

'대저 마음을 닦는 도인들은 먼저 공부 길을 자세히 간택하여 바른 길을 얻어 헛 고상苦相을 아니하고 탄탄대로를 걸림 없이 간다. 수도인들은 자세히 들어보라. 사람 사람마다 한 물건이 있으니 천지와 허공을 온통 집어삼켜 있고, 또 가는 티끌 속에도 적어서 차지 아니한다.

밝기는 백천일월百千日月로 견주어 말할 수 없고, 검기는 칠통漆桶과도 같다고 할 수가 없다. 이 물건이 우리가 옷 입고, 밥 먹고, 잠자는 데 있으되 이름 지을 수 없고 얼굴을 그려낼 수 없다. 이는 곧 마음도 아니요 마음 아님도 아니요, 생각도 아니요 생각 아님도 아니요, 불佛도 아니요 불 아님도 아니요, 하늘도 아니요 하늘 아님도 아니요, 귀신도 아니요 귀신 아님도 아니요, 허공도 아니요 허공 아님도 아니요, 일물一物도 아니요 일물 아님도 아니니, 그것이 종종 여러 가지가 아니로되 능히 종종 여러 가지를 건립하나니 극히 밝으며, 극히 신령하며, 극히 비었으며, 극히 크며, 극히 가늘며, 극히 강하며, 극히 유하다.

이 물건은 명상名相이 없으며 명상 아님도 없다. 이 물건은 마음 있는 것으로도 알 수 없고 마음 없는 것으로도 알 수 없으며, 언설言說로도 지을 수 없고, 고요하여 말 없는 것으로도 알 수 없으니 '이것이 무슨 물건인가?' 의심하고 또다시 의심하되 어린아이가 어머니 생각하듯이 간절히 하며, 닭이 알을 품고 앉아 그 따뜻함이 끊이지 아니한 것과 같이 하면 참나의 본래면목本來面目을 깨친다.

수도인들은 또다시 나의 말을 들어보라.

우리가 공부하여 닦는 것은 삼장십이부경전三藏十二部經典에 상관이 없고 오직 대각께서 다자탑전多子塔前에서 반좌半坐를 나누시고, 영산회상靈山會上에서 꽃을 드시고, 사라쌍수간沙羅雙樹間에서 관棺으로부터 두 발을 내어 보이시니 이것을 전하여 오는 것이 우리가 믿으며 행하는 바라. 출격장부出格丈夫들은 알게 되면 곧 알 것이거니와 모르거든 의심하여보라. 사리불舍利弗 같이 지혜 있는 사람이 온 세상에 가득하고 티끌 수와 같이 많은 상사上士라도 조금도 알지 못하며, 삼세三世의 모든 대각도 이 물건을 알지 못하나니 이것이 무슨 물건인가?

　모든 도인들은 알거든 내어 놓고 모르거든 의심하여보라. 부디 공부하는 도인들은 보는 대로 듣는 대로 모든 경계를 따라가면서 이것이 무엇인가 하지 말라. 또 소소영영한 놈이 무엇인가 하지 말며 또 생각으로 생각이 일어나는 곳을 들여다보지도 말라. 또 화두할 때에 잘 되고 못되는 데 대해서 이해利害를 취하지도 말며, 또 고요하고 안락함을 취하지 말라. 또 공부하다가 마음이 텅 빈 것을 보고 견성하였다고 하지 말라. 이 물건은 모든 각覺의 말로도 미치지 못하고 모든 팔만경전八萬經典에도 그려내지 못한다.'

　육조혜능도 서산휴정도 '한 물건'을 이리 자상하게 설하지 않았다. 육조는 '나에게 한 물건이 있는데 위로 하늘을 받치고 아래로 땅을 괴었으며, 밝기는 일월 같고 검기는 칠통과 같아서 항상 나의 동정動靜 가운데 있으니 이것이 무슨 물건인고?'라고 했다. 또 휴정은 《선가귀감》에 '여기 한 물건이 있으니, 본래부터 한없이 밝고 신령하여 나는 것도 아니며 멸하는 것도 아니다. 이름도 없고 모양도 없다'는 1칙에 주해註解를 달았다.

용성은 이렇듯 화두를 붙들고 있는 수좌들에게 선의 본질을 설파하고 있다. 또 중국말로 하면 활구가 되고 우리말로 하면 사구가 된다는 일부의 주장을 통렬하게 꾸짖었다.

'나는 항상 제방학자들이 이러한 말을 하는 것을 대단히 탄식한다. 알지도 못하고 선지식이 되어 남의 눈을 멀게 하지 말라. 조선말로 화두를 참구하면 참의사구參意死句가 된다니 무슨 말인가? 쓸데없는 말로 나의 잘함을 자랑하며 타인의 단처短處를 찾는 일은 참으로 부끄러운 일인 것이다.'

용성은 화두를 참구할 때 나타나는 병통病痛을 자세하게 설명했다. 그것은 깨달은 사람만이 설명할 수 있다. 무심無心을 도道라 여기고 마음을 죽이고 얼굴은 고목처럼 하는 자는 병이 있음이었다. 마음을 쉬라하니 마음을 고목이나 돌덩이처럼 만들려고 하는 자가 있었다. 이 또한 병이었다. 또 맑은 것을 비추어 보는 것으로 도를 삼은 자가 있었다. 이는 제8식(아뢰야식)을 지키는 외도라서 깨달음과 아무런 상관이 없었다.

용성은 또 공부하는 도인들을 괴롭히는 마군을 구체적으로 열거했다. 마魔는 마음에서 일어나니 오음마五陰魔, 번뇌마煩惱魔, 산란마散亂魔, 음란마淫亂魔, 탐마貪魔, 진심마瞋心魔, 즐거워하는 희마喜魔, 슬퍼하는 비마悲魔, 조금만 깨치면 자족하는 마, 잘 안다는 지해마知解魔, 아만마我慢魔, 마음을 일으키지 않는 음마陰魔, 마음을 일으키는 천마天魔, 일으키기도 하고 아니 일으키기도 하는 희론마戲論魔, 인과가 없다는 마, 사견마邪見魔 등을 들었다. 용성은 또 범인의 마음에는 팔만사천의 번뇌가 있어서 팔만사천 자심마自心魔가 있다고 일렀다.

부처님은 마군이 비록 성을 내어 힘을 쓰지만 그 무리는 진뇌 망상 가운데 있고, 도인들은 묘각 가운데 있으니 염려하지 말라 일렀다. 용성 또한 수좌들에게 마군을 두려워하지 말라 했다. 아는 마음과 구하는 마음을 두지 말고 일심으로 조사의 공안을 의심하여 궁구하라 당부했다.

'기름이 밀가루 속에 들어가면 마침내 찾아낼 수 없는 것과 같아서 한번 사도에 들어가면 나오기 어려운 것이다.'

용성은 또 색음色陰이 녹을 때 나타나는 10가지 경계를 설명하고 수음受陰이 녹을 때 나타나는 10가지 마군을 열거했다. 다시 상음想陰이 녹을 때 10가지 경계가 나타나는 것을 설명했다. 깨달음에 가까워지면서 느끼는 변화를 구체적으로 설명했다. 용성은 그러면서 간절하게 후학들에게 당부했다.

'나는 지금 노년이라 눈이 어두워 붓대를 잡아 기록하기가 심히 어렵다. 아무쪼록 이 글을 보고 사도에 따르지 말기를 간절히 바란다. 공부에는 아는 것과 구하는 것이 큰 병이다. 공부하는 법을 잘 알아가지고 일심으로 정선된 마음으로 하여 가면 공부가 순순하여 자나 깨나 말하고 묵묵할 때나, 활동하고 고요하게 있을 때에도 간단없이 화두가 자연히 들어있을 것이니 그러할수록 더욱 더욱 오로지 한결같이 하여가면 나의 본래면목을 깨달아 모든 마군에게 속임을 입지 않을 것이다.'

'요즈음에는 각법覺法이 더욱 쇠퇴하여서 마군이 대단히 왕성하여서 신도들은 참으로 알 수가 없다. 중(僧) 가운데 마군이 많으며 선지식이라는 명성을 얻은 사람 가운데에 외도 마군이 많다. 또는 도인이라야 서로 아는 것이니 요즘 신도들은 아무것도 모르고 무단히 된 중이나 아니 된 중이나 자기의 가깝고 먼 것을 따라 도인이니 선지식이니 하는 것은 참으로 애석한 일이다.

어지간히 도에 눈이 밝아가지고는 도인을 알기 어렵거늘 어찌 나의 눈이 밝지 못하고서 남의 도를 알 수 있겠는가? 부디 신도들은 음주식육이 무방반야라는 중들이 비록 선지식일지라도 좇아가 배우지 말지어다.'

《각해일륜》은 깨달은 사람만이 쓸 수 있는 선서禪書였다. 깨달음에 이르는 바른 가르침을 구체적으로 설파하고 있다. 선방에 앉아 본 사람이라면 누구나 공감할 수 있다. 또 한글로 씌어있어 누구나 쉽게 진리에 접근할 수 있었다. 한보광韓普光은 이렇게 평가했다.

'한국불교 선적禪籍 중 본서(각해일륜)가 차지하는 비중은 대단히 크다. 선종을 표방한 한국불교에는 많은 선적들이 있으나 대부분이 한문으로 저술된 것이다. 예를 든다면 고려대 보조普照의 《수심결》 등 몇 편과 천책天頙의 《선문보장록禪門寶藏錄》, 조선대 휴정의 《선가귀감》 등을 들 수 있다.

그런데 이러한 선서들에 반해서 본서는 한글로 된 최근세의 대표작이라고 할 수 있다. 무엇보다도 한글 선서로서는 최초라고 할 수 있다. 그러므로 서산대사의 《선가귀감》에 버금간다고 해도 과언이 아니다.'

대각교
문을 닫다

일제는 1932년부터 한국에서 심전개발운동心田開發運動을 전개했다. 한국인들이 천황에게 충성하는 황국신민을 만드는 일종의 정신운동이었다. 일제는 이러한 심전개발운동을 불교와 접목시키려 했다. 승려들의 지위를 향상시키겠다는 당근도 제시했다. 총독부는 '경신숭조敬神崇祖의 사상을 함양하고 보은·감사·자립 정신을 양성한다'는 심전개발의 목표를 발표했다.

친일승이 종권을 장악한 불교계는 '당연히' 이에 호응했다. 1935년 7월 주요 사찰 주지들이 모여 지지를 선언했다. 당시 일본은 대륙을 노려보고 있었다. 구체적인 만주 침략계획을 세우고 있었다. 그러기 위해서는 식민지 한국과 한국인을 활용해야 했다. 심전개발운동은 본격적인 대륙 침략을 앞둔 시기에 한국인을 일본화하려는 황민화정책이었다. 한국인의 '마음 밭'에 일본을 심는 운동이었다. 여기에 불교계가 적극 동참한 것이다. 이러한 심전개발운동은 용성과 대각교에는 독이 묻은 화살이었다.

조선총독부는 순수 종교를 보호한다는 명분으로 유사종교에 압력을 행사했다. 그리고 대처식육을 꾸짖으며 참불교 신행을 내세워 설립한 대각교를 유사종교로 분류했다. 용성의 뜻과 대각교의 설립취지를 모를 리 없을 것이다. 하지만 총독부는 자신들의 입맛에 맞는, 야욕에 맞장구치는 불교단체가 필요했다. 자연 꼿꼿하고 반듯한 대각교는 마뜩찮았다. 총독부는 명분을 찾았다. 마침 심전개발운동이 전개되자 승려들의 지위 향상을 빌미로 유사종교단체를 정비하겠다고 나섰다. 용성은 금강석이었고 대각교는 대장경이었지만, 용성은 혼자였고 대각교는 작았다.

총독부는 1936년 '조선의 유사종교'라는 문건을 만들어 용성에 대한 신상과 신도 수, 교칙敎則 등을 상세하게 밝히고 있다. 당시 총독부가 파악한 대각교의 신도 수는 1,000명(남자 600명)에 이른다.

용성은 깊은 고민에 빠졌다. 일제는 대각교를 해산하라고 연일 압력을 가했다. 더 이상 대각교를 고집했다가는 최악의 상황을 맞을 수도 있었다. 결국 대각교당을 해인사 경성포교소로 변경해야 했다. 당시 친일 불교 언론 《불교시보佛教時報》 13호 (1936년 8월)는 이런 기사를 내보냈다.

'시내 봉익동 2번지에 있는 대각교당은 백용성선사가 창립한 교당으로, 선사는 생각하되 동일한 불교를 발전시킬지라도 구곡舊穀을 벗어나서 새로운 기분으로 고쳐서 명칭도 고치고 제도도 고치고 의식도 고쳐서 하는 것이 불교를 오해하는 조선인 두뇌의 악습을 고치는 데 가장 유력하리라고 생각하고 불교에서 분파 독립된 대각교를 세워서 간도에 지부를 두고 20여 성상星霜을 대각교 본부의 대각교당이라고 고수하여 왔었다. 그러나 선사가 노경에 이르러 이는 본의에서 나온 것이 아니라 조선 사람이 불교에 대하여 나쁘게 보는 악습에 대한 감정에서 나온 것인 바 지금부터는 심전개발의 추秋를 당하여 당국에서도 불교를 우우優遇하고 승려의 지위를 향상시키는 중인고로 사필귀정으로 고래古來 불교에 귀속함이 정당함으로 생각하게 된지라 선사는 대각교를 변경하여 가장 인연이 깊은 조선불교 양교선종 해인사 경성포교소로 고치고 7월 16일에 일체 문서수속을 완료하였다는데 당 교당에는 동부동산動不動産 재산이 상당하게 있는고로 설립자 대표로서는 선사 급 문도 7인의 명의로 당 포교소를 좌우하고 영원히 포교사업과 자선사업을 경영하기로 하였다 한다.'

기사는 심전개발운동이 무르익어 불교를 우대하고 승려 지위를 높였으니 대각교가 다시 불교로 들어가기로 결단을 내렸다는 것이다. 고래 불교에 귀속함이 사필귀정이라며 심전개발운동을 미화하고 용성의 진의를 왜곡했다. 친일 신문의 숭일崇日 논조였다. 용성은 총독부, 친일 불교단체, 친일 언론에 둘러싸여 집중 포화를 맞았다. 결국 다른 출구를 찾아야 했다.

일본은 1931년 만주사변을 일으킨 후 대륙을 삼키려는 야욕에 불타고 있었다. 1936년 군부 강경파 미나미 지로(南次郎)가 새 조선총독으로 부임하며 한반도는 어느 때보다 전운이 짙게 드리워졌다. 그리고 1937년 7월 중일전쟁이 터졌다. 일본군이 북경을 공격하여 전면전이 벌어졌다. 한반도는 전쟁의 발판이 되어야 했다. 한국은 사람과 물자를 징발당하는 일제의 군수기지로 전락했다. 총독 미나미는 만주와 조선이 하나라는 '만선일여滿鮮一如'를 정강으로 채택하여 인적, 물적 수탈을 자행했다.

사회 곳곳에 '황민화' 용어가 범람했다. 황민皇民은 '일본 천황의 백성'이라는 뜻이었다. 따라서 조선인들도 천황의 백성이 되자는 구호가 나부꼈다. 각급 학교에서는 '황국신민이니 충성으로써 군국에 보답하자'는 '황국신민서사皇國臣民誓詞'를 수업 전에 암송했다. 공식 행사는 물론 결혼식장에서도 주례, 신혼부부, 하객이 일어나 이를 암송해야 했다.

전쟁이 모든 것을 삼켰다. 일제는 온건 민족주의 단체도 해체시켰다. 1938년 5월 비교적 온건한 인물들로 구성된 흥업구락부興業俱樂部 간부회원 60여 명을 치안유지법 위반 혐의로 검거했다. 대신 일본은 조선연맹朝鮮聯盟, 사상보국연맹思想報國聯盟 같은 친일단체들을 잇달아 결성시켰다. 조선연맹은 1938년 7월 경성운동장에서 700개 친일단체 3만여 명이 모여 발족했는데 총독부 정무총감이 명예총장을 맡고 조선인으로는 윤치호, 최린, 김성수, 김활란, 박흥식, 백관수, 장직상, 방응모 등 친일파들이 상무이사로 참여했다. 조선연맹은 반상회를 통해 사상통제를 하고 반별로 신사참배를 하고 일본어를 일상어로 쓰기를 강요했다.

이 땅에 '항일'은 그 뿌리조차 뽑아 없앴다. 친일단체가 아니면 모든 모임을 불온하게 바라봤다. 독립운동은 그 씨를 말리려했다. 모든 것이 황폐해졌다. 믿었던 항일지사들이 속속 친일로 돌아섰다. 누구는 소리치며, 누구는 슬그머니 일본을 미화했다.

불교계도 예외가 아니었다. 이 무렵 '황도불교皇道佛敎'가 출현했다. 황민화정책을 불교에 접목시켜보자는 것이었으니 해괴했다. 황도는 천황의 도이니 조선불교를 천황의 아래에 두자는 것이었다. 총독부에 예속되어 있던 불교 단체들은 재빨리 호응했다. 제국주의의 전쟁을 미화하고 승려와 청년들을 전선으로 보내는 데 앞장섰다. 조선불교 중앙교무원은 모든 사찰에서 '국위선양國威宣揚 무운장구武運長久'를 기원하는 재齋를 지내도록 강요했다.

'중일전쟁이 일어나자 조선불교 중앙교무원은 전 조선 사찰에서 1937년 8월 1일 오전 5시를 기해 일제히 국위선양 무운장구 기원제를 봉행하여 일제의 중국 침략전쟁이 성공하기를 빌었다. (…) 또 불교계에서는 중앙교무원의 주최로 시국강연회를 개최하였다. 즉 1937년 8월 5일에는 개운사에서 대일본제국 무운장구 기원법요와 박성권·김경주·김영수의 친일 시국강연회를 열었다. 이어 다음 날에는 부민관府民館에서 권상로權相老(1879~1965)와 김태흡金泰洽(1889~1989) 두 친일 학승들의 열변으로 2천3백여 청중들에게 친일 감명을 주었으며, 이어 중일전쟁 선전영화가 상영되었다. 이 친일행사는 월정사 주지이자 31본사 주지대표인 이종욱李鍾郁(1884~1969)의 주도로 행해진 것이다.'(임혜봉, 《한 권으로 보는 불교사 100장면》)

권상로, 이종욱, 김태흡 등은 항일의식이 남다른 투사들이었다. 하지만 그들은 다들 일본의 앞잡이가 되어 대한의 청년들을 대륙 침략의 총받이로 떠밀고 있었다. 그들 연설에 속아 젊은 영혼들이 조국을 떠나 전장에서 스러져갔으니 이 얼마나 원통한 일인가.

원조 친일승 이회광은 '불교계의 이완용'으로 온갖 아부를 다했지만 효용가치가 없자 조선총독부가 외면해버렸다. 홀연 사라졌다가 1933년 한강변의 작은 절에서 최후를 맞았다. 아무도 그의 마지막을 챙기지 않았다. 그가 사라졌지만 친일승은 계속 생겨났다. 특히 존경받던 승려들의 변절은 불교를 더욱 초라하게 만들었다.

　이종욱의 변절은 당시 이 땅의 지식인들이 조국을 버리고 자신의 영달만을 좇아갔던 하나의 상징이다. 이종욱은 3·1만세시위에 참여하면서 항일투쟁에 뛰어들었다. 이탁 등과 함께 결사대원으로 매국노를 살해하려다 실패했고, 중국으로 건너가 상해임시정부 수립에 참여했다. 또 의열단원 김상옥의 종로경찰서 폭파사건에 연루되어 3년 넘게 옥고를 치르기도 했다. 뜨거운 가슴을 지닌 행동하는 지식인이었다.

　하지만 그는 월정사에서 승려생활을 하며 왜색에 물들어갔다. 그리고 1937년 31본산 주지회의 의장으로 취임하면서 왜정의 주구走狗가 되었다. 그는 월정사 주지와 31본산 주지대표로 종권을 장악하자 '황도불교'를 부르짖었다. 젊은 날의 항일정신은 오간 데 없었다. 골수 친일파로 날뛰었다. 중일전쟁 발발 이후 모든 친일행사를 관장했다. 일본군을 중국으로 떠나보내는 자리에서는 목탁을 두드리고, 전쟁 참전을 독려하는 시국강연회에서는 침을 튀겼다. 언론에 친일 논설을 기고했고, 창씨개명을 해서 히로타 쇼우이쿠(廣田種郁)로 살았다.

중일전쟁이 치열해지자 사찰마다에 헌금을 강요하여 비행기를 헌납했다. 또 종회에서 국방자재헌납을 결의하여 사찰의 철, 동 등 모든 금속을 거두었다. 범종, 촛대 등 불기佛器들이 전선으로 보내졌다. 부처님께 바치던 불구들을 살인 무기로 둔갑시키는 대죄를 지었다. 이회광보다 죄질이 나빴다. 그는 대처승으로 후손을 두었고, 해방 이후에는 독립운동가로 신분을 세탁하여 독립운동가로 훈장을 받기도 했다.

사찰마다 승전을 기원하는 재를 지내고 국방헌금과 위문품을 모아 전달했다. 여기에 성불사, 직지사 등 일부 사찰 주지는 탁발을 하여 모은 금품을 전달하는 '탁발보국托鉢報國'까지 하게 되었다. 탁발은 하심下心을 심어 수행에만 전념하겠다는 의식이었다. 그럼에도 불교 고유의 전통적 수행방법인 탁발을 친일의 도구로 활용했다.

용성과 대각교는 점점 고립이 되어가고 있었다. 대각사는 도심의 섬이었다. 용성을 향한 일제의 감시와 탄압은 여전했다. 여기에 유사종교단체는 그 재산을 몰수한다는 소문이 돌았다. 그러자 대각교 내부가 먼저 흔들렸다. 대각교를 공식 해산하자는 의견이 튀어나왔다. 더욱이 해인사와 맺었던 '해인사 경성포교소로 이전' 합의는 서로 조건이 맞지 않아 파기하는 일이 벌어졌다. 결국 교당을 범어사 경성포교소로 이전하기로 합의하고 대각교 재산을 모두 기부하기로 했다.

'당(대각)교당의 기초 건물 및 토지와 또 함양에 있는 화과원의 토지 및 건물, 간도 용정촌에 있는 교당 및 부동 임야 토지(이상 현 시가 10만원가량)를 모두 범어사에 헌납케 되었고 범어사에서는 그 대신 매월 초하루 100원씩 경성포교소에 지불하여 경비에 충당케 되었다 한다.'《불교시보》17호, 1936년 12월)

용성은 비록 대각교란 명칭을 포기했지만 종지宗旨를 버릴 수는 없었다. 그것은 용성 선禪의 생명이었다. '범어사 경성포교소' 간판을 붙이고 포교활동을 할 수는 없었다. 용성은 1937년 겨울 '조선불교선종총림'을 창설했다. '선종'과 '총림'은 용성의 평생을 관통하고 있었다. 1938년 새해 '근하신년謹賀新年-경성부 봉익정 2, 조선불교선종총림 백용성'이란 광고를《불교시보》(1938년 1월)에 게재했다. 비록 대각교라는 이름은 없어졌지만 이렇듯 선종총림으로 살아있음을 내외에 밝힌 것이다.

용성과
만해

만해 한용운은 항일 투사이자 빼어난 시인이다. 그가 쓴 〈님의 침묵〉은 우리 문학의 새로운 지평을 열었다. 만해는 1879년 8월 충남 홍성군에서 태어났다. 어렸을 때의 이름은 유천裕天이고 용운龍雲은 법명이다. '만해萬海'는 필명이다(법호라는 설도 있음). 14세에 고향 홍성에서 결혼하고 18세에 부인과 가족을 두고 출가했다. 만해는 1905년 1월 백담사百潭寺로 들어갔다.

주지 연곡連谷 스님은 한문에 능통한 만해를 불문에 귀의시켰다. 백담사에서 경을 배우고 건봉사로 건너가 최초의 불교 학교인 명진학교明進學校(동국대학교 전신)에 입학했다. 다시 1907년 29세 때 건봉사에서 참선 수행을 시작했다.

만해는 금강산 유점사로 들어가 서월화徐月華 스님에게《화엄경》을 배웠다. 그해 4월 일본행을 권유받아 유학길에 올랐다. 만해는 조동종대학에 입학하여 서양 학문을 처음 접했다. 또 일본 각지를 다니며 새로운 문물을 목격했다. 만해는 유학생활을 청산하고 1908년 10월에 귀국하여 여러 사찰을 순례했다. 살펴보니 한국의 사찰은 퇴락의 길을 걷고 있었다. 어느 한 곳도 반듯한 곳이 없었다. 이때부터 만해는 '불교유신佛敎維新'을 구상했다.

1909년 7월 금강산 표훈사 강사로, 1910년 9월에는 경기도 장단군 화산강숙華山講塾 강사로 취임했다. 이때 만해는 훗날 불같은 항일운동과는 다른 의아스런 행보를 보였다.

'이 무렵 만해에게는 일생일대의 '실수'라고 하기에는 너무 큰 실책을 범한다. 경술국치가 일어나던 해 3월과 9월 두 차례에 걸쳐 중추원中樞院 의장 김윤식金允植에게 〈중추원 헌의서獻議書〉와 통감 데라우치 마가다케(寺內正毅)에게 〈통감부 건백서〉를 보낸 것이다. 병탄 전후의 일이다. 만해는 이 〈통감부 건백서〉 내용을 몇 해 뒤에 쓴 불후의 명저《조선불교유신론》의 제14장에 편입하였다.' (김삼웅,《만해 한용운평전》)

〈통감부 건백서〉는 실로 선승으로서는 할 수 없는 주장이었다. 바로 승려도 결혼해야 마땅하다며 금혼 해제를 청원한 것이다.

불교로 말하자면 그 깊은 진리와 광대한 사상은 승려의 결혼 여부로 손상되거나 이익 되거나 하지 않습니다. 다만 부처님은 중생들이 미혹에서 벗어나 깨달음을 얻고 악을 고쳐 선을 행하도록 하셨습니다. 그러나 중생들의 근기가 각각 달라 한 가지 방법으로 인도할 수 없기 때문에 형편상 부득이 정情을 없애고 욕망을 끊도록 가르치신 것이며, 사람들에게 필요한 수단을 방편으로 활용해 중생들을 인도하시고자 한 것입니다. 그러므로 승려 결혼 금지 계율은 하나의 방편에 불과할 뿐 불교의 궁극적인 차원과는 거리가 먼 것이니 이를 해제한다고 어찌 불교의 근본에 손상을 입히겠습니까.

게다가 남녀 간 욕망은 지혜로운 이나 어리석은 이 모두 가졌기에 이를 평생 금한다면 오히려 폐단이 커지고 또 다른 폐단을 낳게 됩니다. 실로 조선의 승려들은 결혼 금지를 푸는 것의 이로움을 모르는 바 아니지만 천년의 관습을 하루아침에 타파할 수 없기에 의구심을 잔뜩 품은 채 해가 가도록 주저하는 실정입니다.

국가 법령으로 금혼을 해제하기를 바랐기 때문에 올해 3월에 이 사실을 전 중추원에 청원한 바 있습니다. 그러나 나라에서는 아무 조처가 없고 승려들의 의구심은 깊어가 환속하는 사람들이 날로 늘어나고 포교활동도 점점 위축되고 있으니, 하루속히 금혼을 해제해 교세를 보존하는 것이 낫지 않겠습니까?

많은 승려들이 지금까지의 태도를 바꾸어 결혼하고 자식을 둔다면 오히려 정치나 도덕 종교계에 좋은 영향을 미치지 않겠습니까? 그러므로 감히 소견을 올리니 깊이 살피시고 특별법으로 발표하시어 천년의 오랜 관습을 혁신하고 세상에 보기 드문 정치 업적을 이루시길 바랍니다. 정치는 혁신이 제일 중요합니다. 이 일이 비록 작은 듯하나 실로 중대한 임무이니, 하루바삐 조처해주시면 매우 다행이며 다시 한번 간곡히 바라마지 않습니다.

　- 메이지 43년(1910) 9월 통감 자작子爵 데라우치 마사다케 귀하

　만해가 승려의 결혼을 주장한 것은 일본불교의 영향을 받은 것으로 보인다. 만해는 《조선불교유신론》에서 승려의 결혼 금지는 '세상의 도리 면에서 적합하지 않다'고 했다. 그러나 따지고 보면 승려가 '세상의 도리'를 들고 나온 것 자체가 불제자로서는 적합하지 않았다. 만해는 네 가지의 이유를 들어 승려의 결혼 금지에 반대했다. 첫째는 윤리 면이다. 사람의 죄 가운데 불효죄가 가장 큰데 자손이 없다면 그 죄를 어찌 용서받을 수 있냐는 것이다. 둘째는 국가 차원에서 해롭다고 했다. 국가는 사람들의 조직이기 때문에 문명국은 당연히 결혼의 자유를 인정하고, 그래서 놀라운 속도로 인구가 증가하여 그 힘이 들

불처럼 확산하고 있는 바 조선 승려들도 결혼하여 인구 증가에 동참하자는 것이다. 셋째는 포교에 해롭다고 했다. 모두 계율을 지키게 해 혼인을 막고 자손을 두지 못하게 한다면 어느 누가 불교에 들어오겠냐는 것이다. 넷째는 교화하는 데 해롭다고 했다. 사람의 욕망은 다양하지만 희로애락과 함께 반드시 지닌 것이 식욕과 성욕이므로 이를 금하는 것은 불가능하다는 것이다. 식욕과 성욕은 억제할수록 더 심해지니 계율이라는 이유로 욕망을 누르고 향락의 그림자를 끊을 수 없다는 논리였다.

만해의 이런 주장은 당시 고기를 먹으며 처를 거느리고 사는 대처승들의 주장과 일치했다.

"인간의 본능은 원시시대 이래 변치 않았다. 육체는 활동과 가치의 원천이다. 인간을 위한 불교가 돼야 한다."

그들은 기실 인간을 위한 불교를 외쳤지만 사실은 승려 자신들을 위한 불교로 가자는 것이었다. 만해의 주장은 극히 세속적이었다.

'경술국치라 일컫는 그 역사적인 재앙 앞에서 온 국민이 굴욕과 비탄에 잠겼던 그 시절에 만해는 승려 결혼이라는 어찌 보면 뜬금없는 주장을 어찌 꺼낼 수 있었는지 의아하다. 게다가 침략 당사자에게 '메이지'라는 일본 연호까지 써가면서 이런 애걸하는 듯한 건의서를 왜 두 번씩이나 올렸어야 했는지도 이해하기 쉽지 않다. 아마도 일제의 침략 정책에는 분노하면서도 일본식 근대화는 선망하는 자기모순 때문이 아니었을 까 싶다.'(정은주, 《조선불교유신론-민족지성 한용운이 제시한 한국불교의 길》)

아무리 대처승이 사찰을 장악하고 있고, 일본불교가 위세를 떨치고 있었지만 이 땅에 선승들은 결코 받아들일 수 없었다. 일제강점기 불교의 가장 큰 문제가 세속화임에도 만해는 이에 동조한 셈이었다. 이후 승려의 결혼 허용은 이 땅에 엄청난 부작용을 불러왔다.

'그것(세속화)은 조선시대 억불정책보다 무서웠다. 일제는 대처식육을 허용했고 대처승들은 버젓이 처자식을 거느리고 살았다. 승려들은 살이 올라 뒤뚱거렸다. 승려의 결혼은 차치하고 축첩이 문제가 되는 무엄한 시대였다. 이 땅의 선지禪늡를 붙들고 있던 선승들은 제 가슴만 쳤다.'(김택근, 《성철평전》)

용성은 만해의 금혼 해제 주장을 정면으로 비판했다. 도저히 납득할 수 없는 해괴한 논리였다. 선종포교당을 세워 함께 뜻을 모았지만 막상 1913년 《조선불교유신론》이 간행되자 실망감을 감추지 않았다.

'3·1운동에 불교대표로 함께 활약했던 백용성 스님은 "그럴 줄 몰랐는데 용운 수좌가 마구니(惡魔)였군 그래" 하고 정면으로 반박했다.'(정은주, 《조선불교유신론-민족지성 한용운이 제시한 한국불교의 길》)

용성은 결국 대처식육을 반대하는 건백서를 제출하여 대처식육을 주장하는 무리를 '대적大敵'이라 단언했다.

그럼에도 용성과 만해의 삶과 사상은 많이 닮았다. 결국 동지였다. 똑같이 산사를 내려와 도심에서 활동했다. 독립선언 민족대표로 나란히 참여한 후에는 나란히 수행에 몰두했다. 아마도 소용돌이를 벗어나 선정에 들고 싶었을 것이다. 1925년 같은 해에 용성은 도봉산 망월사에서 만일참선결사를 시작했고, 만해는 자신이 오도한 오세암에서 집필활동에 돌입했다. 이때 시 〈님의 침묵〉을 지었다.

용성과 만해는 포교활동을 유독 강조했다. 책을 지어 포교의 중요성을 설파하고 구체적인 방법까지 제시했다.

'서교西敎의 무리가 불교를 배척하는 것으로 자신의 임무를 삼아 헐뜯는 말이 거리마다 넘쳐 끝이 없을 정도이다. 그렇지만 부처님의 도는 본래 나다 남이다 하는 분별을 끊고 시비에 구애되지 않는 것이기 때문에 인내의 힘을 성취하여 그들과 더불어 변명한 적이 없었다. 그러다 보니 세속 사람들이 완전히 캄캄해 불도가 무엇인지 모르고서 그저 책자에 말만 가지고 헐뜯고 비방하는 탓에 불일佛日이 나날이 어두워지고 법륜이 구르지 않게 되었다. 내가 이런 실태를 차마 좌시할 수 없어 저들이 배척하는 말들에 의거해 변론한 것이다.' (용성, 《귀원정종》)

'지금 다른 종교의 대포가 무서운 소리로 땅을 진동하고 다른 종교의 형세가 도도하여 하늘에 닿았고, 다른 종교의 물이 점점 늘어 이마까지 넘칠 지경이니, 조선불교에서는 어찌할고.

조선불교가 유린된 원인은 세력이 부진한 탓이며, 세력의 부진은 가르침이 포교되지 않은 데 원인이 있다. 가르침이란 종교적 의무의 선과 세력의 선이 함께 나아가는 원천이다.' (이원섭 옮김,《조선불교유신론》)

불교 침체의 진단과 처방이 일치한다. 부처님의 가르침이 제대로 알려지지 않았기 때문이라는 것이다. 그리고 이를 알리기 위한 방법으로 똑같이 역경을 들었다. 용성의 역경에의 서원과 불굴의 작업은 이미 살펴보았지만 만해 또한 역경의 중요성을 일찍부터 피력했다.《조선불교유신론》에서 만해는 이렇게 강조했다.

'포교방법은 다양하다. 연설로 하고, 신문잡지를 통해 하고, 경전을 널리 번역하여 널리 유포시켜서 하고, 자선사업을 일으켜 포교하는 등 참으로 다양한 방법이 있다.'

용성과 만해의 공통점은 무엇보다 그 삶에 있었다. 용성과 만해는 3.1혁명을 일궈낸 민족대표로서 그 후의 행적은 한 점 부끄러움이 없었다. 당당하고 치열했다. 용성은 청정 비구의 길을 걸으며 끊임없이 항일활동을 벌였다. 상해 임시정부와 간도의 독립투사들에게 자금을 전달했다.

만해 또한 서울 성북동 골짜기에 있는 심우장尋牛莊에서 여생을 꼿꼿하게 살았다. 본래 심우장은 볕이 잘 드는 남향집으로 설계했지만 만해가 고집을 부려 북향으로 지었다. 집이 남쪽으로 들어앉으면 조선총독부 건물이 보인다는 이유였다. 그 심우장에서 만해는 숱한 일화를 남겼다. 그중 애국지사 김동삼金東三(1878~1937) 선생의 장례를 심우장에서 지낸 일은 감동적이다. 김동삼은 독립운동을 하다가 붙잡혀 서대문형무소에서 옥사했다. 부음을 들은 만해는 맨 먼저 달려가 선생의 시신을 수습했다. 뻣뻣한 김동삼 시신을 업고 길에 눈물을 뿌리며 심우장까지 걸어왔다. 그리고 심우장에서 5일장을 치렀다.

용성과 만해는 근현대사에 가장 많은 저술을 남겼다. 또 용성과 만해는 똑같이 수연시를 남겼다. 환갑을 맞아 자신을 돌아보는 두 스님의 시는 다른 듯 닮았다. 용성의 문재文才가 결코 시인 만해에 못지않음이 또한 놀랍다.

묵묵히 상전벽해桑田碧海를 보니
예로부터 지금까지가 한순간이고
세월은 나를 싣고 점점 깊은 곳으로 가는구나
남쪽 별이 밤에 배롱나무 담장을 둘러서 지나가고
동쪽나라에는 봄이 쇠나무 숲으로 돌아온다
이익과 손해의 영웅은

원하지 않는 것은 아니나
자비의 대성大聖이 이미 마음이 되어있었다
고생과 은애恩愛는 끝내 잊기가 어려워
무성한 그늘에 빗대어 조금 펼쳐 읊조린다
  -용성 〈수연시壽宴詩 원운原韻〉

바쁘게도 지나간
예순 한 해가
이 세상에선 소겁小劫같이
긴 생애라고

세월이 흰머리를
짧게 했지만
풍상도 일편단심
어쩌지 못해……

가난을 달게 여기니
범골凡骨도 바뀐 듯
병을 버려 두매
좋은 방문方文 누가 알리

물 같은 내 여생을

그대여 묻지 말게

숲에 가득 매미 소리

사양斜陽 향해 가는 꿈을

-한용운 〈회갑 날의 즉흥〉

두 스님은 수연 시를 통해 아픔을 익혀 아무렇지도 않게 곁에 놔두고 있다. 격정의 순간들이었지만 돌아보니 덧없고 그런 세월을 반추하며 욕심 없이 현실을 살아가고 있다. 용성이 열반하자 만해는 용성의 사리탑에 비명碑銘을 지었다. 그가 얼마나 용성을 존경하고 그 삶을 기리고 있었는지 가늠해볼 수 있다.

한 가지 아쉬운 것은 용성도 그랬지만 만해도 조국 해방을 보지 못하고 세상을 떴다는 것이다. 치열했지만 마지막까지 자신들의 생을 맑게 꾸려갔던 두 선승을 역사가 기억할 것이다.

龍城

제12장

법기들의 숲

한암이
서울을 가리킨
까닭

용성은 많은 제자들을 두었다. 당시 절집에서 제대로 살아보려는 선승들은 용성 밑에서 제자 되기를 청했다. 조계산의 선지식 한암중원漢巖重遠(1876~1951) 선사도 찾아오는 선객들에게 서울 쪽을 가리키며 용성에게 가서 배우라고 권했다.

'첫 느낌에 위풍당당하시고 위엄이 있어 보이는 한암 스님은 또한 춘풍과 같은 인자한 기운을 발하고 있었다. 내 말을 듣고 나시더니 여러 말 하지 않으시고 "선재동자는 53선지식을 찾아갔다. 너는 이제 봉익동으로 용성 스님을 뵙고 오너라" 하신다. 용성 스님이 당대의 선지식이고 납자들을 잘 인도하신다는 말을 익히 들어왔던 터이라 나는 지체 없이 곧 봉익동 대각사로 갔다. 대각사 선방에는 선객들이 많이 있었고 또한 공부를 묻는 신도들이 수없이 출입하고 있었다.'(조용명,《불광》59호)

대각사는 몰려드는 선승들로 문턱이 닳을 정도였다. 용성은 늘어나는 입에 양식을 걱정해야 했다. 그래도 진리의 불을 찾아 선에 굶주린 객들을 어찌 내칠 수 있을 것인가. 용성은 궁핍한 살림에도 결코 선방 문을 닫지 않았다. 선승 한 사람이 귀하고도 귀했다. 친일승들이 부처를 팔아 고기를 뜯는 무엄한 시대에 선승의 참된 공부는 얼마나 아름다운가.

용성은 제자들에게 자신이 출가했을 때 한 사람도 도를 증명해준 사람이 없었다고 술회했다. 스스로 대각(부처)의 성전聖典을 보고 깨달았음을 분명히 밝혔다. 그렇기에 제자들을 세밀하게 살폈다. 무엇을 공부하는지 공부의 경계는 어디까지 왔는지 묻고 또 물었다. 모두가 자신의 체험에서 나온 것이었다.

용성은 1936년부터 부쩍 전법傳法에 관심을 보였다. 아마도 그때부터 떠날 준비를 한 것으로 보인다. 용성은 제자 동산을 각별히 챙겼다.

동산은 용성을 은사로 출가한 후 제방에서 정진했다. 용성이 민족대표로 서대문감옥에 갇혀있을 때는 대각사·망월사 등에 머물며 스승의 옥바라지를 했다. 고생하는 옥중의 용성을 생각하며 한겨울에도 방에 불을 넣지 않고 정진했다. 1934년 8월

제자 동산에게 내린 전계증과 금강산 장안사로 우편으로 보낸 전법게.
용성은 동산에게 계맥을 전해주었다. 전계증과 함께 옥인을 신표로 주었다.
동산은 훗날 조계종 종정을 지냈다.

범어사 금어선원의 동쪽 대나무 숲을 지나다 대나무들이 우는 소리를 듣고 깨달았다. 훗날 조계종 종정을 지냈다. 용성은 동산에게 계맥을 전해주었다. 전계증과 함께 옥인玉印을 신표로 주었다. 제자 동산에게 내린 전계증은 이러하다.

'내가 이제 전하는 계맥은 순조 때 지리산 칠불선원에서 대은율사가《범망경》에서 말씀하신 천 리 내에 계를 전해 줄 법사가 없을 경우 불전에서 서상수계하라는 것에 의거하여 부처님께 청정한 계를 받고자 서원을 세우고 7일기도 중 한 줄기 서광이 대은율사의 정수리에 쏟아지는 서상을 얻고 불계를 받은 것이다. 이 계맥은 금담율사에게 전하였고, 금담율사는 초의율사에게, 초의율사는 범해율사에게, 범해율사는 선곡율사에게, 선곡율사는 나에게 전해주셨으니 이는 해동의 화엄초조인 원효대사가 전하신 대교大敎의 그물을 펴서 인천人天의 고기를 걸러 올리는 보인寶印으로써 계맥을 삼으니 정법안장인 정전正傳의 신표와 함께 동산혜일에게 전하노니 너는 굳게 이를 호지하여 정법안장의 혜명으로 하여금 단절됨이 없도록 해서 부처님의 정법과 더불어 이 계맥이 영원무궁토록 할지어다.'

이와 함께 금강산 장안사에서 정진 중인 동산에게 전법게를 지어 우편으로 보냈다. 스승의 애틋함이 묻어나온다. 또 동산의 그릇 크기를 알고 있으니 부디 내일의 한국불교를 위해 깨어있으라는 당부도 그 속에 들어있었다.

세상과 함께 부침하며 망령되이 생각지 마라
순금은 백도의 불 속에서 단련되네
조계의 법수는 너로부터 전해지니
금강산 일만이천봉에 달빛이로다
與世浮沈莫妄想 眞金百度火中鍊
曹溪法水由汝傳 萬二千峰金剛月

고암도 평생 용성의 가르침을 받았다. 열네 살에 용성의 법
문을 듣고 발심한 고암은 어디를 가도 고개를 스승 쪽으로 돌
리고 수행했다. 용성의 분부로 간도 용정의 대각교당도 수시로
다녀왔다. 1934년 내원사 천불선원에서 안거 중에 깨닫고 오
도송을 지었다. 이때 함께 있던 용성이 이를 지켜보았다. 그때
그 순간들을 고암은 이렇게 기억했다.

6월 5일 정오를 넘어서 밥 먹는 일조차 잃어버리고 앉아있
는데, 마침 소나기가 내리면서 천둥소리가 쾅쾅 우지끈하고 천
지가 뒤흔들리었다. 이때 찰나에 마음이 밝아져서 온몸이 가벼
워지고 천지가 온통 광명으로 비추는 듯 밝아져 과거 현재 모
두가 눈으로 보는 듯 또렷하였다. 얼굴빛이 맑고 청명하여지는
것을 느꼈다. 문을 박차고 나오니 용성선사가 보시고는 이렇게
물으시었다.

"심요心要를 얻은 바가 있는가?"

나는 용성선사께 여쭈었다.

"《금강경》은 모두 공리空理입니까?"

용성선사가 답하시었다.

"반야의 공리는 정안으로만 보느니라."

그리고 다시 물으시었다.

"조주 무자 십종병에 걸리지 않으려면 어찌해야 하는가?"

"단행검상로但行劍上路라. 다만 칼 위를 걸어갑니다."

(…)

용성선사께서 다시 물으시었다.

"육조대사께서 이르시길, 비풍번동非風幡動이라 하였는데 그
대 뜻은 어떠한가?"

나는 자리에서 일어나 삼배를 올리고, 대답했다.

"천고지후天高地厚, 하늘은 높고 땅은 두텁습니다."

나는 다시 여쭈었다.

"선사님 가풍은 어떤 것입니까?"

용성선사께서 답하시었다.

"나는 주장삼하拄杖三下이니라. 그대는 어떤가?"

"제자도 또한 주장삼하입니다."

이때 노사는 껄껄 웃으시면서 말씀하시었다.

"만고풍월萬古風月이로다."

(고암문도회편《고암법어록》)

이에 고암은 곧바로 게송을 지어 용성에게 올렸고, 용성 역시 게송을 지어 주었다. 더불어 전법게와 고암이라는 당호도 내렸다. 고암은 훗날 세 차례나 조계종 종정에 올랐다. 종단이 흔들릴 때마다 스님들이 찾아와 종정에 오를 것을 간청했다.

용성은 많은 수법제자를 두었다. 그중 상좌 단암, 덕운, 보광, 회암, 도암, 동헌, 봉암에게 내린 게송이 남아있다.

(제자 단암성호檀庵性昊**)**
밝고 밝은 온갖 풀잎이
밝고 밝은 조사의 뜻이다
물든 논에 백로가 날아들고
여름 나무에는 꾀꼬리가 운다
明明百草頭 明明祖師意
水田飛白鷺 夏木囀黃鸝

(제자 덕운기윤德雲基允**)**
운문의 마른 똥탑이여
법신 보신 화신 완전히 초월하였네

일 없이 산을 돌아다니니

백 푼이 석장 끝에 걸려있다

雲門乾屎橛 全迢法報化

無事出遊山 百錢杖頭掛

(제자 보광태연寶光泰衍)

부처님은 일체법을 설하시어

일체 마음을 제도하셨지만

나에게는 일체 마음이 없는데

일체법을 어찌 사용하겠는가

覺說一切法 爲度一切心

我無一切心 何用一切法

(제자 회암준휘檜庵埈輝)

산을 좋아하고 물을 좋아하고 초롱을 좋아하며

삼월에 봄바람부니 제비가 난다

삼현이나 삼요는 나는 모르겠다

진양성 안에는 물이 동쪽으로 흐른다

好山好水好燈籠 三月東風燕子飛

三玄三了吾不知 晋陽城裏水東流

(제자 도암정훈道庵禎熏**)**

성인과 조사도 원래 터득하지 못했고

나 또한 얻은 것이 없다

운문의 호떡은 둥글고

진주의 무는 길다

聖祖元不會 我亦無所得

雲門胡餠團 鎭州蘿蔔長

(제자 동헌완규東軒完圭**)**

산수와 주장자는

고인들께서 일찍이 점검하여 얻었다

나 또한 하품하며 조는데

청풍이 빈 뜰을 지나간다

山水與柱杖 古人曾點得

我也打合睡 淸風過虛庭

(제자 봉암대희峰庵大喜**)**

산 정상에는 바위가 높아 삐죽삐죽하고

바위 아래에는 물이 맑고 깨끗하게 흐른다

책을 읽다가 잠이 드니

꽃가지에서 새소리가 어지럽다

山頭石矗矗 岩下水澄澄
讀書又睡眠 花枝鳥聲亂

용성은 제자들에게 게송을 전하며 이렇게 말했다.

"내가 전한 게송은 세상 사람들이 읊조리는 풍월과 다르다. 본분종사本分宗師의 본래 뜻이다. 이 게송을 대각의 종지宗旨로 삼아 널리 중생을 구하라."

제자들은 용성의 가르침을 붙들었다. 용성의 은법제자恩法弟子는 벽허, 운산, 단암, 동산, 회암, 동헌, 덕운, 자운, 통곡, 봉암, 해문, 해운, 포우 등이며, 수법제자受法弟子는 선파, 대하, 경성, 자항, 계월, 보우, 고암, 금포, 인곡, 중봉, 보경, 성봉, 도암, 양산, 동암, 성암, 자운, 동호, 연호, 상락, 보광, 석성 등이다. 또, 참회제자懺悔弟子(선좌禪佐, 선을 전해준 제자)로는 경봉정석, 범하도홍, 전강영신 등이다. 이들은 한국불교의 선풍을 드높인 대장부들이다.

제자 동산과 고암 외에도 손제자 성철이 조계종 종정을 맡아 불교계를 이끌었다. 이들이 있어 한국불교가 바로 섰다. 용성의 제자와 법손들은 용성을 닮아 계율을 중시했고, 선풍을 바로 세우는 데 앞장섰다. 용성문중은 제자들이 다시 제자를 두어 비범한 법기法器들이 숲을 이루었다.

제자들은 뜻을 모아 스승의 대각사상을 이었다. 마침내

1969년 종로 봉익동에 재단법인 대각회大覺會를 설립했다. 초대 이사장에는 동헌을 추대했다. 이사는 회암, 고암, 동암, 자운, 소천, 성철, 보경, 신암, 금하, 성수 스님이 맡았고, 초대 사무국장은 도문이 취임했다. 하나같이 불교계 큰 수레들이었다.

동헌과
도문

제자 동헌완규와 손제자 불심도문佛心道文의 '용성 섬기기'는 문도들은 물론 불교계에도 널리 알려져 있다. 동헌은 용성을 시봉하며 유훈을 받아 후세에 전하고, 도문은 유훈을 실천했다.

동헌은 1896년 충청도 대덕군에서 태어났다. 열다섯 살에 종로 대각사에서 용성을 친견하고 열일곱 살부터 6년 동안 행자생활을 하며 용성의 지도를 받았다. 1918년 용성을 은사 겸 계사로 사미십계를 수지했다. 법명으로 '태현太玄'을 받았다. 동헌은 용성 곁을 떠나지 않았다. 용성이 감옥에 있을 때는 밖에서 정성을 다해 시봉했다.

스승 용성이 내린 '시심마是心麼' 화두를 붙들고 정진했다.

1934년 지리산 칠불암 동국제일선원에서 용맹정진 끝에 깨달았다. 이런 오도송을 남겼다.

지리산은 말이 없으니
칠여래불 또한 말이 없다
시심마 화두 물음 없으니
흰 구름 가까워도 마음 냄이 없다
無言智異山 無說亦七佛
無問是心麽 無心親白雲

동헌은 스승이 대각을 내세운 뜻을 깊이 이해했다. 그러면서 스승의 고난에 기꺼이 동참했다. 곁에서 대각교의 해체 등을 생생히 지켜보았다. 용성은 그런 동헌을 믿었다. 열반을 앞두고 동헌에게 유훈遺訓이 들어있는 봉투를 주었다.

"나 떠난 후에 보거라."

스승이 입적한 후 동헌은 봉투를 열어보았다. 거기에는 용성이 제자들에게 남기는 열 가지 유훈이 들어있었다. 용성은 가야불교, 고구려불교, 백제불교, 신라불교의 초전법륜지를 잘 가꾸라고 했다. 또 금오산金鰲山, 신라의 진산인 낭산狼山과 고위산 천룡사 폐허성지를 잘 가꾸라고 했다. 부처님 탄생지 룸비니, 성도지 부다가야 보리수원, 최초 설법지 녹야원, 사위국 기원정사, 입멸지 사라수원 등 5대 성지를 잘 가꾸라고 했다. 또 불교경전과 어록을 1백만 권 넘게 유포하고 삼귀의 수계법회를 통해 수계제자가 1백만 명이 넘도록 하라 일렀다.

동헌은 스승 용성이 부촉한 '유훈10사목遺訓十事目'을 잊지 않았다. 유훈 실현을 위해 매진했다. 동헌의 스승을 향한 예경은 실로 지극했다. 동헌은 공주 마곡사, 의성 고운사, 장성 백양사, 정읍 내장사 조실을 지냈다. 동헌은 구례 화엄사에서 1983년 음력 8월 4일에 입적했다. 세수 88세, 법랍 61하였다. 임종게도 용성을 닮았는지 그윽했다.

> 팔십 년 전 너는 누구이며
> 팔십 년 후 나는 누구일까
> 서산에 해지고 동녘에 달 뜨니
> 낭산의 꽃이 웃고 밤에도 새가 노래하네
> 八十年前爾是誰 八十年後我是誰
> 日落西山月出東 狼山花笑夜鳥歌

손제자 도문은 용성과 숙세宿世의 인연이 있었다. 용성은 전국을 돌며 독립운동 후원자를 찾아다닌 적이 있었다. 그러나 모두 용성을 외면했다. 그때 임동수林東壽 거사만이 적극 호응하여 용성의 재정후원자가 되었다. 임동수는 독립지사 임철호

林喆鎬(1912~1948)의 할아버지이다. 전라도 운봉의 거부였던 임동수는 나라의 독립과 용성의 불사를 위해 재물을 아끼지 않았다. 그의 손자 임철호는 1930년 대각사에서 용성으로부터 철생哲生이라는 불명을 받았다. 그는 독립운동 사건으로 3년간 옥고를 치렀다. 훗날 독립운동에 기여한 공로로 건국훈장 애족장을 추서받았다. 임철호가 옥고를 치르고 석방된 지 얼마 지나지 않아 마침 용성이 그의 집을 방문했다. 용성은 이때 자신이 번역한 경전과 저술한 책자 등을 전해주며 의미심장한 얘기를 했다.

"아들을 낳게 되면 진실로 윤允, 빛날 화華, 즉 윤화允華로 지으시게."

임철호는 1935년 3월 정말 아들을 낳았다. 아버지는 용성의 말을 그대로 따랐다. 그래서 아들의 이름을 윤화라고 지었다.

용성은 1940년 1월 15일 동안거 해제 후 임동수 집을 방문했다. 용성의 병이 깊었기에 실로 어려운 걸음이었다. 임철호의 아들 윤화는 여섯 살이었다. 임철호는 아들과 세배를 드렸다. 용성은 세상에서의 마지막 가정방문 설법을 했다. 설법을 마친 용성이 아이를 한동안 쳐다봤다. 그러더니 동행했던 시자 동헌을 불렀다. 동헌이 방으로 들어와 무릎을 꿇었다.

"모두 내 말을 잘 듣게나. 윤화는 열두 살이 되면 출가시키시게. 그리고 여기 동헌 스님을 은사 삼도록 하게."

용성은 동헌에게도 당부했다.

"내 말 잘 들었지. 앞으로 저 아이를 잘 보살피도록. 그리고 윤화의 법명은 도문으로, 법호는 불심으로 오래전에 이미 지어 놓았어."

용성은 그런 당부를 하고 그해 4월(음력 2월 24일) 열반에 들었다.

결국 용성과의 인연은 도문이 뱃속에 있을 때부터 시작된 셈이었다. 도문은 어린 시절 할아버지 베갯머리 위에서 용성이 지은 책들을 보았다. 그리고 용성의 유훈대로 열두 살에 백양사로 출가하여 동헌을 은사로 득도했다. 만암종헌 스님을 계사로 사미계를 수지하고 '만법귀일萬法歸一 일귀하처一歸何處' 화두를 받았다. 또 동산혜일을 계사로 비구계를 받았다.

도문은 스승 동헌으로부터 용성의 유훈을 전달받고 이를 실현하기 위해 발원했다. 도문은 부지런히 일했다. 그리고 그러한 일들은 제자 지광법륜智光法輪에게도 전해지고 있다. 용성의 정신과 유훈은 면면히 스며들고 있음이었다.

도문은 스승 동헌이 전해준 용성의 유훈을 실천했다. 용성의 생가 터에 지은 죽림정사竹林精舍에 '백용성조사 기념사업회'를 발족시켰다. 백제불교 초전법륜지로 알려진 서울 우면산에 대성사를 새로 지었고, 아도화상阿道和尙이 모례장자毛禮長者에게 설법한 구미에 아도모례원을 세웠다. 또 네팔 룸비니에 대성석가사를 지었다.

'불심도문 큰스님은 지금 제가 하고 있는 모든 활동의 씨앗을 심어주신 분입니다. 용성진종 조사의 유훈 중 초전법륜성지 가꾸기 운동은 한국불교의 뿌리찾기로 상고사上古史 복원운동과 동일하다고 볼 수 있습니다. 또 지금 시대적 과제인 평화와 통일을 위한 운동은 용성진종조사께서 하신 당시 독립운동을 계승한 것입니다. 세계 각국의 교포들에게 포교하는 것도 용성진종조사께서 당시 우리 교민들이 많이 살던 만주 용정에 대각교당을 만들고 선농당을 세운 것과 같은 것입니다. 문경에서 생산공동체를 만든 것 역시 용성진종조사께서 화과원을 운영하신 것과 같은 생활불교운동입니다.

용성진종조사의 유훈은 동헌완규조사로 이어지고, 다시 불심도문법사에게 이르러 체계화되어 세상에 알려지게 되었습니다. 이제 제가 해야 할 일은 이 유훈을 세상에서 널리 실현하고 대중화하는 일이라 여기고 있습니다.'(불심도문 외《연기법의 생활》 법륜 스님 발문)

1969년 용성문도회의 기념사진.
앞줄 왼쪽에서 세 번째 혜총 스님.
다섯 번째부터 광덕, 일타, 도문 스님이며
가운데 줄 왼쪽에서
다섯 번째부터 자운, 동헌 스님이다.

뱃속 층에
사자가
쓰러지네

1982년 음력 6월 14일 동헌은 지리산 화엄사에서 87세 생일 맞았다. 세상에서 마지막 생일이었다. 그날 밤 동헌은 구충암 조실 방으로 제자 도문을 불렀다. 그리고 가슴에 품되 하지 못했던 얘기를 꺼냈다. 스승과 제자는 여름밤을 새웠다.

"용성 큰스님은 아무도 모르게 독립운동 지하조직을 돕고 있었어. 중국 동북 3성 조직과 러시아 고려족 조직이었지. 그런데 왜경 밀정이 서울 대각사에 침투해서 그 연계조직이 탄로나버렸어. 그게 모두 내 책임이야. 내가 육신의 옷을 벗을 날도 얼마 남지 않았고, 도문에게는 알려야 할 때가 된 것 같구나. 지금 생각해도 용성 큰스님께 큰 죄를 지었어."

동헌은 때로는 담담하게, 때로는 격정적으로, 때로는 흐느끼면서 당시를 회상했다. 도문이 동헌에게 들은 그날의 얘기는 이렇다.

　일본 경찰은 용성이 자주 중국을 왕래하는 것이 수상하여 뒷조사를 했다. 대각사 식구들이 자주 드나들며 약을 짓는 천일당 한약방에 직원을 가장하여 한 젊은이를 취직시켰다. 어느 날 보니 한약방에 준수한 용모의 청년이 근무했다. 예의가 바르고 부지런했다. 자주 용성의 약 심부름을 다녔던 동헌은 그 청년이 한눈에 들었다. 청년은 달변이었다. 자신은 순흥 안씨 삼천석꾼 아들로 태어나 일본에서 법대를 나왔다고 했다. 어쩌다 용성이 오면 깍듯이 대했다. 용성을 향해 예경하며 감격해하는 모습에 동헌 또한 감동했다. 동헌은 청년을 대각사로 불러 밤을 새우며 얘기를 나누기도 했다. 둘은 급기야 의형제를 맺었다.
　"법조인이 될 수도 있지만 우리나라가 독립할 때까지는 공직에 나가지 않을 것입니다. 차라리 약을 지어 동포들을 보살피는 것이 몇 배 보람찬 일이지요."
　동헌은 청년의 말을 철석같이 믿었고 크게 쓰고 싶었다. 출가를 권하며 용성에게도 훌륭한 청년이라고 소개했다. 그렇게 청년은 대각사 문을 넘었다. 그리고 곧 만주 봉녕촌 화과원 관리장으로 파견되었다. 그는 왜경의 첩자였다.

왜경의 사냥개 안 모는 만주 대각포교당의 살림살이는 물론 용성이 연계된 항일 지하조직의 실체를 낱낱이 파악하여 보고했다. 그렇게 중국 용정과 러시아 쪽의 독립운동 지하조직의 실체가 모두 드러났다. 이와 더불어 대각교 농장 화과원에 거주하던 동포들도 독립군과 수시로 연락하며 협조했음도 밝혀졌다. 일제는 경찰과 군인을 동원해 그 농장과 촌락을 모두 불태워버렸다. 나중에 전모를 알게 된 용성은 탄식을 쏟아냈다.

"큰 자치(연어과에 속한 물고기)가 작은 자치를 잡아먹는구나. 쇠에서 녹이 스니 상하는구나. 뱃속에서 충蟲이 생겨 사자가 쓰러지는구나."

그날 이후 동헌은 스승의 대작불사를 망쳤다는 죄책감에 날마다 가슴을 쥐어뜯었다. 그러던 어느 날 용성이 동헌을 불렀다.

"자책하지 말거라. 모두 시절인연이 닿지 않았기 때문이다. 매헌 윤봉길, 철생 임철호와 같은 애국지사가 있는가 하면, 안 모와 같은 일제 식민통치 앞잡이 사냥개가 있다. 또 속으로는 독립이 왔으면 하고 바라면서도 일본사람들에게 아첨하는 부류가 있는가 하면, 목구멍이 포도청이라 먹고사는 데 급급해서 허덕허덕하고 사는 이가 있으니 민족정기가 사분오열이 되었다. 지금 그 사분오열이 씨앗을 던졌으니 이런 과보를 받는 것 아니겠느냐."

그러면서 용성은 제자에게 아주 특별한 당부를 했다.

"아무래도 나는 오래 머물지 못할 것 같다. 내가 간 후에라도 너는 러시아로 가서 홍범도洪範圖장군을 만나거라. 지금은 왜경의 감시가 삼엄하니 훗날을 기약하거라. 대신 운봉 임동수 거사와 함께 독립운동 자금을 모금하여 전달해라. 어떻게 전달할지는 임 거사가 잘 알고 있다. 그리고 홍 장군을 만나거든 이걸 전해라."

용성은 동헌에게 서신 한 장을 내밀었다. 용성이 열반에 든 후 동헌은 홍범도를 만나러 기회를 엿보았다. 하지만 왜경의 감시망을 뚫고 러시아로 가기는 쉽지 않았다. 그리고 마침내 기회를 잡았다.

동헌은 러시아로 잠입하여 홍범도를 만났다. 용성이 입적한 후 거의 2년 만이었다. 그리고 스승이 남긴 서신을 전달했다. 대략 이런 내용이었다.

'막 세계대전이 일어났지만 어차피 전쟁이란 끝나게 되어 있소. 그런데 연합군이 이겨도 우리가 힘을 보태야 해방을 떳떳하게 맞을 것이요. 그러니 홍 장군이 대한의사군을 모집하여 싸웠으면 하오. 원래는 소승이 1만 명을 모집하려 했지만 모든 지하조직이 발각되어 꼼짝할 수 없소. 사자 몸에 충이 생겨 사자가 죽은 형국이요. 또 내 몸에도 병이 찾아와 언제 죽을지 모르오. 하지만 장군이 살아있으니 얼마나 다행이요. 1만이 안되면 삼천 명이라도 모집하여 연합군으로 참전했으면 좋겠소.'

서신을 읽은 홍범도의 얼굴은 어두워졌다. 당시 러시아와 만주 일대 독립투쟁은 최악의 상황에 놓여있었다. 러시아 볼셰비키 정권은 일본이 시베리아에서 철수하는 조건으로 한인독립군의 해산을 요구하자 이를 전격 받아들였다. 이후 러시아는 독립군의 무장투쟁을 막았다. 여기에 내부 분열까지 일어나 홍범도를 비롯한 항일투쟁 영웅들은 모습을 감춰버렸다.

"거두절미하고 나 홍범도의 처지가 부끄러울 뿐이요. 3·1독립운동이 일어난 후 대한독립군의 총사령관으로 만포진, 봉오동, 청산리 전투에서 크게 이긴 바 있소. 그러나 그 후 실패를 거듭하여 지금은 이렇듯 죽음을 기다리고 있으니 원통할 따름이요. 용성 스님께서도 사자 뱃속에 충을 길러 사자가 쓰러졌다고 하셨지만, 나 또한 독립군 동지들이 사분오열이 되어 오합지졸이 되었으니 조국 앞에 참담할 뿐입니다."

홍범도는 다시 말을 이어갔다.

"나 홍범도는 지난날 용정 대각사 포교당에서 용성 스님을 뵈었습니다. 스님께서는 조국광복의 큰 불꽃이 되라고 하셨지만 이제 그 뜻을 받들 수 없게 되었소. 대한의사군 3천 명이 아니라 이제는 3백 명도 모을 수 없소이다."

홍범도는 바닥을 치며 통곡을 했다. 그리고 이듬해 1943년 가을 생을 마감했다.

동헌은 여기까지 얘기하고는 잠시 말을 멈추었다. 그리고 다시 비통한 표정으로 도문에게 마지막 당부를 했다.

"도문은 잘 듣게나. 그대는 은사 겸 수법사인 나 동헌의 괴로운 심정을 다시 한번 새겨야 할 것이네. 나 때문에 용성 스님께서는 대한의사군 모집도 못하고 대각사가 곤경에 처해버렸네. 속가로 치면 멸문지화를 당한 셈이네. 용성 조사의 대작불사를 나 동헌이 망쳐버렸네. 그런즉 이제 도문이 나서서 용성 문도를 일으켜주시게. 부디 용성조사의 유훈10사목을 부촉하노니 문도와 나아가 나라를 융성하게 만들어 주시게.

나 동헌 한 사람이 시봉을 잘못한 과보가 스승님을 비통케 하시어 원적圓寂에 들게 하고, 제자에게도 무거운 짐만을 지어놓게 만들었네. 나도 곧 몸을 바꾸게 되었으니 비통한 심정으로 이렇게 가슴을 치며 당부하네."

동헌과 도문은 날이 훤히 밝아올 때까지 얘기를 나눴다. 그날 이후 도문은 스승의 당부를 잊지 않았다.

동헌의 고백에는 놀라운 내용이 많다. 우선 용성이 지원한 독립운동조직이 구체적으로 나와 있다. 또 용성과 홍범도가 계속 교유를 해왔다는 것도 새롭다. 용성이 열반 이후에도 동헌과 임동수가 독립운동조직에 자금을 제공했다는 것, 설로만 떠돌던 용정 대각교당이 항일 거점이었다는 것도 주목할 만하다. 이와 같은 증언은 앞으로 입체적으로 추적하여 사실규명을 해야 할 것이다. 철저한 검증을 통해 설說을 사史로 바꿔야 할 것이다.

대각사에서
몸을 벗겠다

용성은 병이 들어온 말년에도 저술활동을 멈추지 않았다.《오도의 진리》《오도는 각》《천수경》《지장보살원경》 등을 짓거나 번역했다. 이 저술들은 하나 같이 영원한 자유를 찾는 길을 구체적으로 가르쳐주고 있다. 아마도 용성이 죽음을 예감하고 자신이 깨달은 경계를 남긴 것으로 보인다. 세상에 남은 사람들에게 부디 선업을 쌓아 좋은 세상으로 오라는 유언과도 같은 것들이었다.

특히《임종결臨終訣》에서는 죽음과 결별하는 구체적인 방법들을 문답형식으로 서술했다. 용성은 임종 시에 어떻게 해야 생사를 면할 수 있는지 설명해 놓았다.

임종에 대한 자세 및 수행에 대한
내용을 문답체 형식으로 서술한 책이다.
죽음을 맞기 이전에 바른 수행을
해야 한다는 소신을 일반 대중에게
널리 전하기 위해 집필했다.
1936년 9월 30일 삼장역회에서 펴냈다.

제12장_법기들의 숲

"생사를 면하고자 하려면 생전에 '염불' '참선' '간경' '주력' 등을 일심으로 수행하되 지극한 마음으로 끊임없이 공부해서, 그 공부하던 습기로 임종할 때에 즉시 왕생하게 된다. 그런데 생전에 공부도 하지 않고 임종 시에 생사를 해탈하고자 하는 것은 목마름을 당해서 우물을 파는 것과 같으니라. 대단히 생사를 면키 어려운 것이니라. 평생에 공부도 하지 않고 임종 시에 공부를 아무리 하려고 해도 업식業識이 망망하여 자연히 모든 생사에 떨어지느니라.

어떻게 해서 그런가? 평생에 '번뇌' '습기'가 무겁고 도력이 없으므로 생사를 면치 못하느니라. 생사를 면하고자 하면 평상 시에 항상 공부를 익혀 두면 임종 시에 그 공부한 힘으로 매昧하지 않고 즉시 생사를 해탈하리라. 평생 공부하는 것은 죽을 때에 쓰는 것이니 만일 임종 시에 공부한 것을 잊어버리게 되면 '천당' '지옥'에 업을 따라 곧 가게 되느니라. 제일 꺼리는 것은 귀천 남녀노소 할 것 없이 임종 시에는 개나 소나 말이나 고운 여자 등이 생전에 좋아하던 모양으로 좋게 보여서 애심愛心과 음욕으로 인해서 자연히 자신의 업을 따라 생사윤회에 떨어져 고를 받게 되느니라. 이러하므로 아무리 좋은 것이 나타나도 그것을 쫓아가지 말아야 할 것이다.

마음을 견고히 하고 공부하는 힘이 일정하여 일념도 요동치지 않는 사람은 생사를 해탈하리라. 만일 임종 시에 마음이 동하여 혹 '천당'이나 '인간'이나 고운 여자나 어디든 따라가는 것은 자기 정신을 잃고 마음이 전도하는 것이니 참으로 '극락'도 아니요 '천당'도 아니며 그 마음이 업식과 전도로 되는 것이니 다만 일심으로 일체 경계를 따라가지 말고, 보고 듣고 아는 놈과 마음 근본을 반조反照하되 이것이 어디서 나오는가? 그 근본을 돌이켜 다만 어디서 나오는가? 이와 같이 하면 생사를 해탈하리라.

다시 권하는데 이것은 생사 대사인지라 한 생각이라도 일체 경계를 따르지 말고, 대체 한 생각이 일어나는 마음이 어디에서 일어나는가? 단지 이와 같이 하면 마음이 경계를 따르지 아니하므로 자연히 '전도상'이 없어지고 전도상이 공함으로 해서 '업식'이 공하고, 업식이 공함으로 해서 마음이 공하고, 마음이 공함으로 세계 전체가 공하고, 세계일체상이 공함으로 해서 모든 생사에 영원히 업력을 받지 아니하나니, 즉 생사 대사를 해탈하느니라."

마치 임종을 당해본 사람처럼 구체적이다. 용성은 임종을 맞았을 때의 요령까지도 자세하게 설명하고 있다.

"임종 시에는 편안한 곳에 잘 눕혀서 온몸을 요동시키지 말고 무엇이든 불편하게 하지 마시오. 만인이 여러 가지 분별과 말을 못함을 외면으로 보면 죽은 듯이 보이지만, 따뜻한 기운이 식기 전에는 식識이 떨어지지 않았으므로 아주 죽은 것이 아니니, 시체의 몸을 요동시키거나 만일 아름답지 못한 말로 번잡하게 하면 영혼이 분주함을 싫어함으로 인하여 성내게 되면 이 결과로 좋은 곳에 가지 못합니다.

고인의 말씀에 '한번 성냄을 일으킴으로 인하여 뱀의 몸을 받는다'는 말이 있습니다. 따뜻한 기운이 식기 전에는 세수도 하지 말며 영혼이 떠난 후라도 절대로 울음소리를 내지 말 것이며, 떠난 지 한 시간 후에는 혹 곡성을 내도 무방할 것입니다. 그러나 될 수 있으면 마음으로 슬픈 생각만 하고 곡성을 내지 않는 것이 망인을 위함이 되겠습니다."

또 용성은 '정토세계 노정기'를 써서 정토세계는 어떤 곳이며 어떻게 해야 갈 수 있는지를 알렸다. 용성은 극락에 가려면 아미타공안阿彌陀公案을 참구해야 한다고 했다. 아미타가 무엇인가, 어떤 것이 아미타불인가 행주좌와 어묵동정으로 의심해서 찾으라 일렀다. 이와 같이 의심하다보면 참선과 염불이 둘이 아니어서 견성성불과 왕생극락이 자기 마음 속(方寸)에 있다는 것이다.

"아미타 성존을 화두로 삼아 의심으로 참구하되 처음 시작할 때마다 '어떤 것이 나의 자성인가?' 한번 잘 듣고 연속하여 '어떤 것이 아미타 성존인가' 하되 자나 깨나 누울 때나 먹을 때나 일할 때나 어느 때를 막론하고 의심하여 가면, 아미타 성존의 가피력과 나의 법력이 합하여 일치됨으로, 나의 자성 아

미타 성존과 저 아미타 성존은 둘이 아님으로 극락세계를 성
취하리라."

　용성은 가야할 때가 되었음을 알았다. 제자들에게 음력 2월
15일 부처님 열반재일에 육신을 벗겠다고 말했다. 용성은 출가
한 해인사의 작은 뒷방에서 떠나고 싶었다. 스승의 원을 받들
어 동헌이 입적할 장소를 찾아 나섰다. 해인사에 들러 스승의
뜻을 전했다.
　"큰스님께서 떠나실 작은 방 하나만 내어주십시오."
　그러나 해인사 승려들은 용성의 열반을 무거워했다. 대표적
인 항일승을 들였다가는 당연히 총독부의 추궁이 있을 터였
다. 하지만 그보다 용성을 맞아들이면 추모객이 구름처럼 몰려
들 것이 더 두려웠다. 용성의 죽음을 맞아들이자는 스님도 있
었지만 결국 해인사는 '고승의 최후'를 품지 않았다.
　이때 해인사 주지는 지독한 친일승 변설호卞雪醐(1888~1976)
였다. 변설호는 강원에서 항일교육을 시킨다고 선승 고경을 밀
고해서 옥사하게 만든 대처승이었다. 또 왜경이 사명대사 비명
을 네 조각으로 부수도록 만들었다. 비문이 일본을 비방하는
불온한 내용이 있다며 왜경을 부추겼기 때문이었다. 자발적 친
일 행각에 '왜정주구倭政走狗'라 불리었다. 3·1운동 때 독립선
언서를 영역하여 해외로 발송한 시인, 수주樹州 변영로卞榮魯

⑴897~1961)는 변설호를 '절의 버러지'라 칭했다.

그랬으니 해인사가 용성을 받아들일 수 없었을 것이다. 동헌
은 서울로 돌아와 스승 앞에 무릎을 꿇었다.

"스님 다른 곳을 알아보겠습니다."

"아니다. 여기 대각사에서 몸을 벗을 것이야."

龍城

결장

삼밭 위에 한가로이 누웠도다

열반

용성이 대각사 조실 방으로 제자들을 불렀다. 앉은 자세가 꼿꼿했다.

"내일 떠나려 한다. 수선 피우지 말라."

제자들이 흐느꼈다. 방 안 분위기를 살피던 신도들도 울음을 터뜨렸다. 초저녁 대각사가 울음에 둥둥 떠있는 듯했다.

"울지 말라. 멸도減度할 것이니 곡哭하지 말라. 상복도 입지 말라. 다만 '무상대열반無上大涅槃 원명상적조圓明常寂照'만 암송해달라."

용성은 영원한 스승 육조혜능의 게송을 암송해 달라 당부했다. '위없는 완전한 깨달음이 둥글고 밝아 항상 고요히 비추네.'

결장_삼밭 위에 한가로이 누웠도다

영원한 자유를 얻어 저 언덕으로 가는데 무엇이 슬프단 말인가. 제자들이 이를 송誦한다면 그걸 바람 삼아 기쁘게 건너가겠다는 것이다. 제자들은 열반송을 받고 싶어 했다. 용성은 미리 써둔 열반송을 보여주었다.

칠십칠 년 헤매다가
오늘 아침에야 집에 가네
본시부터 없는 자리
보리생사 무슨 말인가
七七年間遊幻海 今朝脫骸返初源
廓然空寂元無物 何有菩提生死根

1940년 4월 2일(음력 2월 24일), 날이 밝았다. 제자들은 밤새 스승의 방을 지켰다. 아침 햇살이 막 대각사 조실 방문 앞에 도착했을 때였다. 용성이 자리에서 일어나 앉았다. 제자가 고개를 무릎에 묻고 말씀을 올렸다.

"스님, 어디로 가십니까?"

용성이 빙그레 웃었다. 그리고 나직하게 게송을 읊었다.

모든 행이 떳떳함이 없고
만법이 다 고요하도다

박꽃이 울타리를 뚫고 나가니
삼밭 위에 한가로이 누웠도다
諸行之無常 萬法之俱寂
匏花穿籬出 閑臥麻田上

용성이 제자들을 보았다.
"시자여, 대중이여. 수고했도다. 나는 간다."
용성은 앉은 채로 열반에 들었다. 세수 77세, 산문에 든 지 61년만이었다. 열반 소식을 들은 문도들이 각지에서 상경했다. 그보다 먼저 왜경들이 달려와 일주문을 지키고 출입을 통제했다. 장례는 5일장이었다. 대각사 다비식은 조촐했다. 제자들과 신도 몇이서 저 언덕으로 가는 용성을 지켜봤다.

《매일신보》는 인사人事난을 통해 용성의 죽음을 세상에 알렸다.
'白相奎氏 二日 府內 鳳翼町 一番地 自宅에서 別世'

용성은 지금도 사자후를 토해내고 있다. 그대들은 알고 있는가. 부처님 법대로 바르게 살았던 한 부처가 여기 서울에 머물다 갔음을.

용성 스님을 찾아가는 길은 멀고 험했다. 100년 전쯤의 근대사
는 들어갈수록 어둡고 습했다. 망국의 산하에서는 삿된 것들이
굿판을 벌였다. 하늘을 향해 주먹을 지르고 감히 성인들의 가
르침을 능멸했다. 그 속을 헤맬 때는 분하면서도 아팠다. 그렇
게 어렵게 용성 스님을 뵈었다.

　사람들은 용성 스님을 3·1독립선언 불교계 대표로만 알고
있다. 그러한 자리매김이 오히려 스님의 진면목을 가리고 있다.
스님은 민족대표이기 전에 절세의 선승이었다. 경·율·논 삼장
을 꿰뚫었다. 새벽에 일어난 수좌들은 이슬 내린 풀숲을 헤치
고 스님에게로 달려갔다. 그들이 모여서 숲을 이뤘다. 그 숲에
서 한국불교가 깨어났다.

　스님의 사상과 삶을 추적하는 하루하루가 아슬아슬했다. 하
지만 시간을 벗겨내고 생의 조각을 맞출 때마다 스님이 고마웠

다. 산속에서는 고요를 물리쳤고, 세속에서는 세파를 뿌리쳤다. 어느 누구에게서도, 어떤 글에서도 스님을 폄훼하거나 비난하는 말과 글을 찾을 수 없었다. 비록 식견과 재주가 턱없이 부족하지만 반듯한 선승의 삶을 글에 담는 일은 기쁨이었다. 특히 스님이 남긴 불서들은 '깨침'이 들어있어 구체적이었다. 명쾌하며 영롱했다. 결국 그 앞에 엎드려야 했다.

스님은 수많은 법문과 게송, 그리고 선시를 남겼다. 그럼에도 스님의 뜻을 제대로 헤아리지 못하고 문향文香을 오롯이 옮기지 못했다. '노년이라 눈이 어두워 붓대 잡기가 심히 어려운'데도 후학들을 위해 글을 썼던 스님의 각고刻苦에 두 손을 모은다. 스님이 주신 법문 하나를 옮겨본다.

이 한 자루 주장자가
하늘에 있으면 법도가 되고
땅에 있으면 형체가 되고
산에 있으면 맹호가 되고
물에 있으면 교룡이 되는데
산승의 손 안에 있으면
무슨 물건이 되는가?

울력이 있어 평전을 마칠 수 있었다. 용성 스님 문도회, 모과
나무 출판사 등 많은 이들이 고마울 따름이다. 용성 스님 서원
으로 내일은 맑을 것이다.

2019년 새해 세솔에서
김택근 두 손 모음

용성진종조사 행장

1864년(1세)
음력 5월 8일 전북 장수군 번암면 죽림리에서 아버지 수원 백씨白氏
남현공南賢公과 어머니 밀양 손씨孫氏 사이에서 장남으로 태어나다.

1870년(7세)
유년기에 한학을 공부하다.

1872년(9세)
'합죽선合竹扇'이라는 제목으로 한시를 짓다.

1877년(14세)
남원 덕밀암德密庵으로 출가하다. 그러나 부모의 반대로 귀가하다.

출가시出家詩
전생의 일 잊지 아니하고
꿈에서 부처님이 수기하셨도다
덕밀암으로 출가하니
그 부처님이 꿈에 친견한 부처님이로다
不忘前世事 夢中佛授記
出家德密庵 其佛親夢佛

1879년(16세)
해인사 극락암에서 화월화상을 은사로 혜조율사를 계사로 득도하다.

1880년(17세)

의성 고운사 수월영민(1817~1893)의 지도로 대비주大悲呪를 지송함.

1882년(19세)

파주 보광사 도솔암에서 지적미혹知的迷惑에서 벗어나버린 경지인 견도見道에 이르다.

견도송見道頌

오온 산중에 소를 찾는 나그네가

텅 빈 집에 홀로 앉으니 달빛이 고고하구나

모나고 둥글고 길고 짧고, 그 누가 말하는 것인가?

하나의 불덩어리가 대천세계를 태우는구나

五蘊山中尋牛客 獨坐虛堂一輪孤

方圓長短誰是道 一團火焰燒大千

1883년(20세)

금강산 표훈사에서 무융선사無融禪師 지도로 무자 화두를 참구하다. 보광사 도솔암에서《육조단경》간경 수행으로 마음에 계합하여 육조 혜능대사를 스승으로 모실 것을 서원하다.

1884(21세)

보광사 도솔암에서 정에 사로잡히지 않고 뜻에 얽매이지 아니하는 수도修道의 경지에 오르다.

수도송修道頌
먹구름을 헤치고 안개를 걷으면서 문수를 찾다가
비로소 문수에 이르니 넓고 텅 빈 듯이 공하구나
색은 색이고 공은 공이여, 다시 공으로 돌아가고
공은 공이고 색은 색이여, 거듭하여 무진하구나
排雲攫霧尋文殊 始到文殊廓然空
色色空空還復空 空空色色重無盡

통도사 금강계단에서 선곡율사禪谷律師로부터 비구계와 보살계를 받
고 해동율맥을 계승하다.

1885(22세)
송광사 삼일암에서 일면불월면불 화두와 무자 화두 참구, 무학도無
學道의 경지에 이르다.

무학도송無學道頌
가야산의 명성과 평판이 청구에 높으니
마음 밝힌 도사들이 얼마나 왕래하였던가
우뚝 솟은 기암은 비늘처럼 포개어져 있고
빽빽한 잣나무는 서로 이어져 푸르구나
고개 돌려 산을 보니 저녁노을에 취하고
나무에 기대어 깊이 졸다보니 해는 벌써 기울었네
무한한 흰 구름은 골짜기마다 가득하고
크게 울리는 범종소리는 푸른 하늘에 사무친다

伽倻名價高靑丘 明心道師幾往來
疊疊奇巖疊鱗高 密密栢樹相連靑
回首看山醉流霞 倚樹沈眠日已斜
無限白雲滿洞鎖 洪種轟轟碧空衝

1886년(23세)

구미의 낙동강변을 지나다가 저녁노을을 보고 진실의 지견이 열리어
오도를 하다.

오도송悟道頌
금오산의 천년의 달이요
낙동강엔 만 리의 파도로다
고기잡이 배는 어디로 갔는가
옛날처럼 갈대꽃에서 자는구나
金烏千秋月 洛東萬里波
漁舟河處去 依舊宿蘆花

1887년(24세)

전라도 금구군 용안대에서 자문자답하고 일대사 인연을 마치다.
그 뒤 13년 동안 전국을 다니면서 간경 수행 및 보림 안거 정진을 계
속하다.

1900년(37세)

내포 천장암에서 혜월선사와 법거량을 하다.

전남 송광사 토굴에서 동안거 정진하다.

1901년(38세)

해인사에서 제산선사와 법거량을 하다.

1902년(39세)

구례 화엄사 탑전塔殿에서 하안거 정진하다.

순천 선암사 칠불전七佛殿에서 동안거 정진하다.

1903년(40세)

지리산 상비로암에서 참선법회를 열다.

1904년(41세)

보개산 성주암에서 수선회修禪會 개설하다.

1905년(42세)

보개산에 관음전觀音殿 건립하다.

《선문요지》를 저술하다.

망월사望月寺에 주석하다.

1906년(43세)

해인사 대장경판을 보수하다.

해인사 백련암에서 하안거 입제 상당법문을 하다.

무주 덕유산 호국사에서 참선법회를 열다.

1907년(44세)

중국 관음사, 장안사, 보타산 등지에서 중국 승려들과 법거량을 하다.

1908년(45세)

통주通州 화엄사를 참배하고, 중국에 조선의 서상수계 전통을 일러주다.

1909년(46세)

해인사 원당암에서 미타회彌陀會 창설하다.

1910년(47세)

지리사 칠불선원에서 《귀원정종》을 탈고하다.

1911년(48세)

타 종교의 활발한 포교활동에 자극받아 신도집에서 참선법회 개설하다.

우면산 대성초당에 주석하면서 종로 봉익동 1번지에 대각사 문호를 열다.

1912년(49세)

조선임제종중앙포교당 개교사장開敎師長에 취임하고 한용운과 함께 주석하다.

일제의 외압으로 조선임제종중앙포교당을 조선선종포교당으로 명칭을 변경하다.

1913년(50세)

용성을 은사로 동산혜일이 사미계를 수지하다.

《귀원정종》 초판을 발간하다.

범어사에서 대선사 법계를 받다.

백양사 운문암 조실로 취임하다.

조선선종중앙교당에서 금강반야법회 개설하고 법을 설하다.

인도승 담마파라達摩波羅를 영접하고 그와 법거량을 하다.

1915년(52세)

장사동長寺洞에 선종포교당인 임제파강구소臨濟派講究所를 설립하고 임제선풍을 강의하다.

1916년(53세)

북청北靑에 있는 금광을 3년 동안 경영하다.

1918년(55세)

한용운이 발행하는 《유심》 2호에 〈파소론破笑論〉을 기고하다.

1919년(56세)

3·1독립만세운동의 민족대표로 서명하다.

독립선언문 발표 직후 경찰에 체포, 서대문형무소에 수감되다.

1921년(58세)

5월 서대문형무소에서 출옥하다.

삼장역회를 조직하여 역경작업에 착수하다.

《범망경연의》를 번역 발간하다.

조선불교청년회관에서 '불교진리 성전'이라는 주제로 강연하다.

《심조만유론》를 저술하다.

선학원 창건 발기인으로 동참하다.

1922년(59세)

선학원 선우공제회禪友共濟會 발기인 82명 중 한 명으로 동참하다.

봉익동 2번지에 새로운 대각사를 열다.

1923년(60세)

운문암 선원의 조실로 추대되어 수좌들을 지도하다.

1924년(61세)

왼쪽 치아에서 사리 1과가 나오다.

대각사에서 백용성 수연 기념 모임을 갖다.

《선한문역 선문촬요》를 발간하다.

《대방원각경》을 번역 발간하다.

《불일》을 창간하다.

1925년(62세)

해인사 금강계단에서 수계법회를 봉행하다.

도봉산 망월사에서 만일참선결사회萬日參禪結社會를 조직하다.

1926년(63세)

만일참선결사회를 통도사 내원암으로 이전하다.

《상역과해금강경》을 번역 발간하다.

두 차례에 걸쳐 승려의 대처식육을 반대하는 건백서를 총독부에 제출하다.

대각교를 창립하다.

회령에 대흥사를 건립하고, 300여 명의 신도들에게 고성염불을 지도하다.

1927년(64세)

만일참선결사회를 자진 해소하다.

함양 백운산에 화과원華果院을 건립해 선농불교를 실천하다.

연변에 대각교당을 건립하고, 명월촌과 봉녕촌에 각각 농장을 운영하다.

삼장역회《조선글 화엄경》1권을 발간하다.

《대각교 의식》을 저술하다.

1928년(65세)

《팔양경》을 번역 발간하다.

《조선글 화엄경》전 12권 발간을 완료하다.

대각사에서《조선글 화엄경》강의회를 열다.

《조선어 능엄경》을 번역 발간하다.

대각교 일요학교를 설립하다.

삼장역회 조직 기관지인《무아》를 발간하다.

1929년(66세)

유점사 평양 포교당에서 금강계단의 증사로서 계를 설하다.

대각교당 선회를 개설하다.

1930년(67세)

《각해일륜》을 저술하다.

《대승기신론》을 번역 발간하다.

1931년(68세)

오대산 상원사에서 석존정골사리탑묘찬앙회釋尊頂骨舍利塔廟讚仰會 발기인으로 참여하다.

선학원의 한용운, 이탄옹, 김적음, 설운 등이 용성에게 새해 인사를 오다.

대승사 선원의 조실로 등단하다.

선학원 주실籌室로서 동안거 수행을 하고 선학원 조실로 이름을 올리다.

1932년(69세)

《불교》지에 불교의 행정 및 승려 생활 등 혁신적인 발언을 담은 〈중앙행정에 대한 희망〉을 투고하다.

1933년(70세)

《각설범망경》을 번역 발간하다.

통도사 경봉에게 보낸 편지에서 승려의 대처육식과 사찰재산의 매각 등을 이유로 종단을 탈퇴하였음을 밝히다.

《청공원일》을 저술하다.

1934년(71세)

일제의 강압으로 대각교의 재산 일체를 조선신탁회사에 신탁하다.

1936년(73세)

대각교당에서 동헌, 도암, 뇌묵, 봉암에게 법을 전하고 전법게문을 전달하는 법맥상속식을 거행하다.

《수심론》을 저술하다.

《대각교지취》에서 법제자 도암, 덕운, 보광, 회암, 단암, 동헌, 뇌묵, 봉암 등에게 전하는 전법게송을 밝히다.

범어사에서 동산에게 계맥을 전수하다.

《석가사》를 저술하다.

《임종결》을 저술하다.

일제의 탄압으로 대각교당 및 재산을 범어사 경성포교당으로 이전·기부하다.

1937년(74세)

《오도의 진리》를 저술하다.

《육자영감대명왕경》를 번역 발간하다.

대각사를 조선불교선종총림으로 개명하다.

1938년(75세)

통도사 내원암에서 고암에게 전법게를 주다.

도봉산 망월사에서 자운에게 전법게를 주다.

《오도는 각》을 저술하다.

《불자일송》을 저술하다.

《천수경》을 번역 발간하다.

일제의 탄압으로 창립 18년만에 대각교를 해산하다.

1939년(76세)

범어사 내원암에서 종주로 하안거 수행을 하다.

《지장보살본원경》을 번역 발간하다.

1940년(77세)

4월 2일(음력 2월 24일) 대각사에서 세수 77세, 법랍 61하로 원적에 들다.

열반송涅槃頌

칠십칠 년 헤매다가

오늘 아침에야 집에 가네

본시부터 없는 자리

보리생사 무슨 말인가

七七年間遊幻海 今朝脫骸返初源

廓然空寂元無物 何有菩提生死根

임종게臨終偈

모든 행이 떳떳함이 없고

만법이 다 고요하도다

박꽃이 울타리를 뚫고 나가니

삼밭 위에 한가로이 누웠도다

諸行之無常 萬法之俱寂

匏花穿籬出 閑臥麻田上

1941년

해인사에 용성대선사사리탑비가 건립되다.

1945년

김구와 임시정부 요인 일행이 대각사를 방문하다.

1962년

독립운동가로 선정, 건국공로훈장을 추서하다.

1969년

용성의 사상을 계승, 구현하는 재단법인 대각회가 설립을 인가받고
출범하다. 초대 이사장에 동헌, 사무국장에 도문이 취임하다.

1990년

문화창달에 기여한 공로를 인정해 정부에서 은관문화훈장을 추서
하다.

용성진종조사 행장

한글학회에서 문화발전에 대한 업적을 기려 감사패를 추서하다.

1998년
독립기념관과 국가보훈처가 3월의 독립운동가로 백용성을 선정하다.

2000년
화과원 유적이 경상남도 기념물 제229호인 '함양 백용성선사 화과원 유허지'로 지정되다.

2001년
오세창이 지은 '용성대선사비명'이 범어사에 건립되다.

2007년
용성조사의 생가인 전라북도 장수에 죽림정사 낙성 회향법회를 봉행하다. 용성조사의 생가 복원, 용성기념관, 용성교육관 등을 준공하다.

백용성 《각해일륜》 불광출판사, 1997

백용성 《귀원정종》 도서출판 나가원, 2011

백용성 《상역과해금강경》 죽림정사

백용성 외 《백용성 대종사 총서1~7》 재단법인 대한불교조계종 대각회, 2016

권보드래 《1910년대, 풍문의 시대를 읽다》 동국대학교출판부, 2008

김광식 《만해 한용운 연구》 동국대학교출판부, 2011

김광식 《백용성 연구》 동국대학교 출판부, 2017

김광식 《용성》 민족사, 1999

김구·도진순 주해 《백범일지》 돌베개, 2007

김삼웅 《만해 한용운 평전》 시대의창, 2011

김삼웅 《서대문형무소 근현대사》 나남출판, 2000

김삼웅 《조소앙 평전》 채륜, 2017

김순석 《백년 동안 한국불교에 어떤 일이 있었을까?》 운주사, 2009

김택근 《성철평전》 모과나무, 2017

김풍기 《선가귀감, 조선불교의 탄생》 그린비, 2013

독립신문 강독회 《독립신문 다시 읽기》 푸른역사, 2004

박상률 《풍금치는 큰스님》 우리출판사, 1996

박은식·김태웅 역해 《한국통사》 아카넷, 2013

박은식·남만성 옮김 《한국독립운동지혈사 상·하》 서문당, 1999

버튼 홈스·이진석 옮김 《1901년 서울을 걷다》 푸른길, 2012

범해각안·김두재 옮김 《동사열전》 동국대학교출판부, 2015

법흥 엮음 《보조국사와 송광사-선의 세계》 호영, 1993

불교성전편찬회 《불교성전》 동국역경원, 1973

불심도문 외 《연기법의 생활》 죽림정사, 2010

아손 그렙스트·김상열 옮김《스웨덴 기자 아손, 100년 전 한국을 걷다》책과 함께, 2010

야나기 무네요시·김호성 번역《나무아미타불》모과나무, 2017

역사신문편찬위원회《역사신문 6》사계절

윤병석《3·1운동사》국학자료원, 2004

윤청광《작은 솔씨가 낙랑장송되나니》언어문화, 1995

이덕일《아나키스트 이회영과 젊은 그들》웅진닷컴, 2001

이중표 외《묵담》묵담대종사 문도회

이지관 편저《가야산 해인사지》가산문고, 1992

이치노헤 쇼코·장옥희 옮김《조선침략 참회기》동국대학교 출판부, 2013

임혜봉《한 권으로 보는 불교사 100장면》가람기획, 2006

자현 외《한암과 용성, 현대불교의 새벽을 비추다》쿠담북스, 2016

최인호《할》여백, 2003

퇴옹성철 편역《돈황본 육조단경》장경각, 2006

한국사연구회 편《한국사연구입문》지식산업사, 1982

한보광《용성선사연구》감로당, 1981

한용운·이원섭 옮김《조선불교유신론》운주사, 1992

한용운·정은주 풀어씀《조선불교유신론》풀빛, 2017

황인규《조선시대 불교계 고승과 비구니》혜안, 2011

황현·허경진 옮김《매천야록》서해문집, 2012

부록

용성진종조사 유훈십사목
용성진종조사 법맥과 율맥
용성진종조사가 지은 찬불가

용성진종조사 유훈십사목遺訓十事目

1. 가야불교 초전법륜 성지를 잘 가꾸어라.

2. 고구려불교 초전법륜 성지를 잘 가꾸어라.

3. 백제불교 초전법륜 성지를 잘 가꾸어라.

4. 신라불교 초전법륜 성지를 잘 가꾸어라.

5. 신라고도 성지 금오산金鰲山과 진산인 낭산狼山을 잘 가꾸어라.

6. 호국호법도량 신라고도 금오산중 고위산 천룡사지天龍寺址를 잘 가꾸어 수도修道 발원發願 교화敎化 도량의 언덕으로 삼아라. 그리고 여력을 몰아 불타탄생성지 네팔 룸비니원과 불타성도성지 인도 보드가야 보리수원과 불타초전법륜성지 인도 바라나시 녹야원과 불타장구주석성지 인도 쉬라바스티 기원정사와 불타입멸성지 인도 쿠시나가르 사라수원을 잘 가꾸어라.

7. 불경佛經과 어록語錄을 백만 권이 넘도록 발간 유포하라.

부록

8. 삼귀의 오계 수계법회를 통하여 수계자가 1백만 명이 넘도록 할
   것이며, 이 수계자에게 아들이나 내지 손자대나 증손자대에 가서
   한 아들이나 한 손자나 한 증손자를 잘 낳아서 잘 길러서 잘 가르
   쳐서 부처님 전에 출가 봉공케 하라.

9. 밖으로 온 겨레, 전 인류, 만 중생과 성불인연成佛因緣을 지으라.

10. 안으로 수행은 비묘엄밀秘妙嚴密하게 하고, 교화는 중생의 근기
    를 따르되, 악한이나 선한이를 가리지 말고 인연따라 승려를 만
    들고, 잘난이나 못난이를 가리지 말고 인연따라 신도를 삼아 찬양
    도 받으면서 비방도 함께 받아 모두 다 수용해서《묘법연화경》제
    20〈상불경보살품常不經菩薩品〉의 상불경보살의 수행을 본받아
    성불인연을 지어나가라.

용성진종조사의 법맥과 율맥

용성진종조사는 석가여래부촉법釋迦如來付囑法 제67세 환성지안喚醒志安조사의 후신後身으로써 석가여래부촉법 제68세, 석가여래부촉계대법釋迦如來付囑系代法 제75세, 조선불교중흥율朝鮮佛敎重興律 제6조이다.

부처님의 정법안장正法眼藏은 서역인도에서 석가여래부촉법 제1세 마하가섭존자摩訶迦葉尊者에서 제28세 보리달마존자菩提達磨尊者까지 28대 전등傳燈이고, 동토중국으로 전해진 정법안장은 석가여래부촉법 제29세 혜가신광慧可神光조사에서 제56세 석옥청공石屋淸珙조사까지 28대 전등이다.

우리나라로 전해진 정법안장은 고려 말 태고보우太古普愚대사가 안으로는 신라의 5교9산 선문의 법을 멀리 잇고(遠嗣), 밖으로는 중국(원나라)으로 들어가 석옥청공조사의 정법안장을 이어받아 고려 임제종臨濟宗의 종조宗祖가 되어 법이 전해졌다. 그리고 석가여래부촉법 제63세 청허휴정淸虛休靜 서산대사를 거쳐 석가여래부촉법 제67세 환성지안조사로 이어졌다.

하지만 환성지안조사가 영조 5년(1729)에 순교하여 우리나라 11대 전등은 법맥과 율맥이 모두 끊어지게 되었다. 이리하여 석가여래부촉법은 석가여래계대법으로 7대가 이어졌다.

석가여래부촉법 제67세 환성지안喚醒志安
석가여래계대법 제68세 금계원우錦溪元宇
석가여래계대법 제69세 청파혜원靑波慧苑
석가여래계대법 제70세 백인태영百忍泰榮
석가여래계대법 제71세 완진대안翫眞大安
석가여래계대법 제72세 침허처화枕虛處華
석가여래계대법 제73세 초우영선草愚永瑄
석가여래계대법 제74세 남호행준南湖幸準
석가여래계대법 제75세 용성진종龍城震鍾

용성진종조사는 환성지안조사의 후신으로 정법안장을 원사遠嗣하여 석가여래부촉법 제68세가 된다. 그리고 끊어진 율맥은 서상수계瑞祥受戒로 조선불교종흥율 초조 대은율사-제2조 금당율사-제3조 초의율사-제4조 범해율사-제5조 선곡율사-제6조 용성율사로 이어졌다.

그리하여 땅에 떨어진 불교의 계율이 확립되었고, 끊어진 석가여래부촉법을 석가여래부촉계대법으로 이어나가게 되었다. 용성진종조사의 법맥과 율맥을 이은 석가여래계대법 제76세와 조선불교중흥률 제7조는 다음과 같다.

수법제자受法弟子

회암준휘檜庵俊輝, 단암성호檀庵性昊, 대하우성大阿愚惺, 선파학성仙坡學成, 동산혜일東山慧日, 동헌완규東軒完圭, 고암상언古庵祥彦, 자운성우慈雲盛祐, 인곡창수仁谷昌洙, 동암성수東庵性洙, 동곡법명東谷

法明, 경성덕율警惺德律, 고봉태수高峰泰秀, 중봉태일中峯泰一, 향산
종원香山種遠, 봉암대희峰庵大喜, 벽허상휘碧虛常輝, 운산성주雲山性
周, 덕운기윤德雲基允, 자운기정慈雲基正, 해문영주海門永周, 해운재
국海雲載國, 포우혜명抱牛慧明, 자항선주慈航善柱, 계월경선溪月敬善,
보우용기普雨龍起, 금포수현錦圃守玄, 보경봉운普鏡峯雲, 성봉응성性
峰應惺, 도암정훈道庵禎熏, 성암경련聖庵景鍊, 동호화소東湖花笑, 연
호성민蓮湖性玟, 상락아정常樂我淨, 보광태연寶光泰衍, 석성화경石城
和璟, 금해석선金海石船, 경하재영景霞載英, 진용광진眞龍幌震, 동명
재민東溟在敏, 야천종이野泉宗伊, 백하덕수白荷德秀

참회제자懺悔弟子
경봉정석鏡峰靖錫, 범하도홍梵河道弘, 전강영신田岡永信

용성진종조사는 우리나라 근세 불교의 역경초조譯經初祖, 선농초조
禪農初祖, 정화초조淨化初祖이다.
유훈십사목을 부촉하여 일체 중생을 교화하고, 부처님의 정법안장을
전수한 역대전등의 전법조사傳法祖師이다.
가야불교, 고구려불교, 백제불교, 신라불교 초전법륜 성지를 잘 가꾸
어 역대전등 제대조사의 은혜를 갚으라고 한겨레의 육신보살肉身菩
薩이다.
부처님의 탄생성지 네팔 룸비니, 성도성지 인도 보드가야, 초전법륜
성지 바라나시 녹야원, 오랫동안 주석한 슈라바스티 기원정사, 입멸
성지 쿠시나가르 등을 잘 가꾸어서 부처님의 은혜를 갚으라고 한 전
인류의 대승보살大乘菩薩이다.

부록

용성진종조사는 우리나라, 중국, 일본은 모두 단군왕검檀君王儉, 염제신농씨炎帝神農氏, 황제헌원씨黃帝軒轅氏의 자손임을 알아 모든 씨족원류氏族源流가 동근동본同根同本이라는 것을 밝혀 거시적 안목으로 민족사관을 재정립하였다. 부처님의 자비, 공자의 인의, 노자의 도덕을 세계화하여 동양삼국이 동족동포애로 대동화합하는 씨족원류 동근동본의 교시자敎示者이다.

용성진종조사는 기미년 3·1독립운동 민족대표 33인 가운데 불교계 대표로 참여하였다. '조선왕조 부흥운동'을 '대한민국 수립운동'으로 향도하며 3·1독립운동의 막후기둥으로 역할하였다. 만세운동 때 태극기를 흔들며 한 물결을 일으키도록 지도하였다. 또 3·1운동 이후 대한민국임시정부가 수립될 때 국호를 대한민국으로, 국기를 태극기로 정할 수 있도록 지도한 온 겨레의 지도법사指導法師라 할 수 있다.

용성진종조사가 지은 찬불가

언어도가 끊어지고   심행처가 없사온데
어떻다고 그려낼까   허공으로 입을 삼고
산하대지 광명 놓아   만반신면 다하여도
그려낼 수 전혀 없네   향상법신 허공 같고
진공묘지 일월 같고   자체투명 영롱하여
신령하고 미묘하다   시종생멸 없사오니
생사윤회 있겠는가   밝고 밝고 밝은 성품
비고 비고 비는 마음   시간 연대 끊어졌네
참된 성품 미묘하여   제 자성을 안 지키고
대해 바다 파도 일 듯   무진연기 발생한다

식심 지각 없는 성품   식심 파도 일어나서
불생불멸 저 성품이   반분생멸 되었도다
진과 망이 화합하여   제팔식이 되었으니
고요하여 허공 되고   요동하여 세계 된다
어둔 매기 흙이 되고   밝은 기운 물이 되어
수토배합 성립하니   오행차서 일어나네
명매이기 배합하여   서로서로 대충하니

대풍륜이 일어나서　　삼팔목이 되었도다

양토음토 배합하여　　사구금을 생하도다
양금음목 배합되어　　이칠화를 내는도다
양화음금 화합하여　　일육수를 내는도다
양수음화 배합하여　　오십토를 내었도다
크고 큰 빗줄기가　　허공으로 내려온다
한량없는 대풍륜이　　밑을 받쳐 견고하여
큰 바다를 성립하니　　억만유순 깊으도다
청정담연 부동터니　　큰바람이 일어나서
바닷물이 동탕하니　　도천파도 뛰어 논다

대풍력이 맹렬하여　　바람 물이 서로 치니
한량없는 물거품이　　일어나기 시작한다
두텁기도 한량없고　　광대하기 무량하네
점점 굳어 고체 되어　　금은 유리 칠보세계
미묘하고 청결하다　　세력 맹풍력이
허공중에 던져 두어　　색구경천 이뤘어라

한량없는 해를 지나　　물이 점점 함축되어
몇 만 유순 내려오니　　대풍력이 다시 일어
칠보세계 좋은 천당　　엄정하게 이뤘도다
이와 같은 대규모로　　좋은 천당 십팔층을
질서 있게 이룬 뒤에　　점점 알로 내려옴에

여섯층계 천궁전을   엄정하게 지어노니
이로부터 세계들이   층계층계 성립되니
욕계육천 되었어라   다시 대풍 서로 쳐서
우리 사는 이 세계를   둔탁하게 이뤘도다

이와 같은 무량세계   중중무진 한량없어
허공중에 떠있으니   중중무진 화장찰해
불가사의 대천세계   성인 범부 한량없어
무량겁을 타산하되   미진수에 하나라도
다 알 수가 바이없네   세계 전후 성립됨과
종종형상 방원장단   종종차별 한량없다

일어나는 세계들과   괴공하는 세계들의
선후차별 알 수 없네   세계마다 물로 되나
지수화풍 화합이요   유정들도 그러하여
지수화풍 건립일세   물이 얼어 얼음 되니
얼음 전체 물이로다   밝은 성품 일어나서
환변하여 세계 되니   세계 전체 마음이라
삼계유심 분명한데   구박범부 다 모르고
고금천하 무궁겁에   진비잡설 도도하다
천지여아 동근일체   어서어서 깨칩시다

중생기시가 衆生起始歌

대원각성 본연심은
지각성품 잠복되어
지수화풍 성립되니
팔식 바다 변동하여
육도 중생 이것일세
지각분자 중생된다
무량 파도 도도하여
천진성품 하나이나
국토 차별 중생 차별
무량무변 하신 말씀
세계 성립 되온 후에
마치 봄비 내린 뒤에
오래되면 벌레 나듯
태난습화 십이유생
삼계초해 무량고초

세계 중생 일반이라
무기성질 이루어서
산하석벽 저 아니며
지각으로 변환하니
무기성질 세계 되고
대해 바다 하나이나
물결마다 차별 있듯
염정 연기 한량없어
형모 차별 심행 차별
일구난설 부사의네
중생들이 화생하니
독 가운데 고인 물이
세계 성립 되온 후에
곳곳마다 충만하여
해탈할 길 전혀 없다.

중생상속가 衆生相續歌

네가 나를 사랑하고
백천겁에 연애심이
부모처자 인연되어

내가 너를 사랑하여
서로 이어 상속하니
세세생생 모이도다

내가 너를 살해하고　　네가 나를 살해하여
원한심이 맺힘일세　　나는 너를 원수 갚고
너는 나를 원수 갚아　　세세 원수 끊임없네
염소 죽어 사람 되고　　사람 죽어 염소 되어
쉴 새 없이 윤회하고　　도탐심을 끊지 않고
서로서로 눈 속이어　　사기횡령 도적할새
남종여종 우마축생　　세간마다 충만하다
오계 가져 인간수생　　십선 닦아 천당수생
유루선정 닦은 사람　　사선사공 수생하며
탐진치가 중한 사람　　삼악도에 수생한다
삼계윤회 정륜 같아　　억천겁에 다함 없네
선한 것도 몽환이고　　악한 것도 몽환이다
선악시비 모두 끊고　　회광반조 옛길 찾아
삼계대몽 어서 깨쳐　　나의 본성 통달하면
생사윤회 본래 없어　　무위탕탕 자재하다

입산가入山歌

이 시대가 어느 땐가　　대각성인 말법이고
오탁악세 고해로다　　불전불후 우리 인생
가련하고 불상하네　　생활난과 투쟁난이
사해정비 요양하니　　고해 중에 빠진 중생
건질 기약 망망하네　　이것저것 생각하니

부록

피눈물이 절로 난다
사해형제 동체대비
도시 중에 거류한 지
성공한 일 무엇인가
밤새도록 우는 두견

천사만념 다 던지고
산림 중에 은일하여
세상욕정 있을 손가
백운유수 깊은 곳에
괴석처럼 앉았더니
나를 비춰 무심하고
나를 불어 무심하다
오온산중 깊은 곳에
법왕궁전 올라가서
팔만지혜 항사군졸
겹겹으로 에워싸니

만반정사 다스릴 때
중생설법 국토설법
무위불국 이 아닌가
중생제도 헛말일세
혼천지가 가무하니
나도 한번 추어 보세

광겁부모 육친권속
평등제도 서원 세워
수십 성상 지내오니
깊고 깊은 심산 중에
피 밖에는 날 것 없네

강호상에 방랑하며
소요자재 놀아보세
폐의걸식 걱정 없네
수간모옥 지어 두고
밝은 달이 무심하여
맑은 바람 무심하여
의천장검 빼어들고
무명업적 베온 후에
사자좌에 높이 앉아
금강역사 천룡팔부
억만건곤 황량하다

진공묘유 문무장상
극락세계 여기로다
본래불도 없사오니
진세계가 풍류하고
가섭존자 춤추듯이
구멍 없는 젓대 들고

태평곡을 한번 부니 　대천세계 움직움직
대해파도 용용하니 　대용현전 이 아닌가

권세가 勸世歌

주인공아 잠을 깨라 　대각마다 도를 깨쳐
만반쾌락 자재한데 　우리들은 무슨 일로
삼계고해 빠져 있어 　벗어날 줄 모르는가
만천형상 어둔 무리 　선악인과 받아나니
그림자가 서로 쫓듯 　쉴 새 없이 윤회한다
전 세상에 악한 업보 　소 말 뱀이 저 아닌가
지옥아귀 그러하니 　제가 짓고 제가 받네

우습고도 불쌍하다 　우리들의 천연성품
선악차별 없건마는 　선 지은 자 낙 받으며
악 지은 자 고 받으니 　금생 일을 미뤄보면
내생과를 알리로다 　얼른얼른 가는 세월
백년꿍음 잠깐이라 　부모형제 처자권속
금은옥백 문장재예 　모든 복락 다 받아도
무상하다 우리 목숨 　생로병사 못 면하여
가는 길이 망연하다 　아침 날에 건강한 몸
저녁에도 못 믿을 것 　오늘 일도 이러하니
내일 일을 어찌 알랴 　푸줏간에 가는 소여

자국자국 사지로다
몇날 며칠 보존할까
모든 형상 허망하니

부디부디 집착마소
나도 않고 죽도 않고
탕탕하여 자재하오
백운유수 곳곳이라
무슨 걱정 있으리오
밥도 먹고 옷도 입고
묘한 신도 다 가져서
이마 뒤에 신기하다
반조 공부 묘하도다
지수화풍 제쳐놓고

비록 찾아 못 보지만
그것 아니 미묘한가
층층석벽 우뚝한데
줄이 없는 거문고에
청풍명월 서늘하다
뻐꾹새의 울음소리
무심객이 되었으니
나를 비춰 무심하고
나를 불어 무심하다

하루살이 우리 목숨
번개 같고 꿈결 같아
인간여관 하룻밤 새

청정하고 맑은 성품
하염없이 즐거우며
좋은 세계 적광토여
대각 한번 되었으면
보고 듣고 앉고 눕고
말도 하고 잠도 자고
얼굴 앞에 분명하며
찾는 길이 여럿이나
선심악심 많은 마음
찾아보면 모두 없네

영지소소 분명하니
잔잔한 물 흘러가고
절로 생긴 반송나무
슬슬하는 맑은 소리
자취 없는 깊은 산에
날 어둡고 밤새도록
밝은 달이 무심하여
맑은 바람 무심하여
무심 행동 이러할 제

묘한 경계 확연하니
출세장부 이 아닌가
좋은 시절 다 가는데
어이하여 행치 않소
귀천 남녀 다 즐기고
사람마다 멀리 하니
말세 되어 그러한가
선지식을 친근하며
육도중생 제도하여
예전 동산 푸른 언덕
구멍 없는 피리 들고
자재하게 노래하며

무위진인 이 아니며
가련하다 우리 인생
어이하여 믿지 않고
세상 욕심 악한 길은
한량없는 참 법문은
신심 없어 그러한가
어서어서 빨리 깨쳐
내 부처님 내가 찾아
자타 없이 깨친 뒤에
흰 소 등에 걸터앉아
라리라리라라리로
무사도인 되옵시다

조선시대 영조는 사색 당파싸움에 나라의 앞날을 걱정하며 고려의 마지막 충신 두문동72현杜門洞七十二賢의 순국정신을 계승하려고 하였다. 두문동72현은 고려가 멸망하고 조선이 건국되자 끝까지 출사하지 않고 충절을 지킨 임선미林先味, 조의생曹義生, 성사제成思齊 등 고려의 유신 72인을 말한다. 이들은 두문동에 들어와 마을의 동·서쪽 문에 빗장을 걸고 문밖으로 나가지 않고 순절하였다. 영조는 1740년에 어제御製 어필御筆을 내려 두문동(개성 부근)에 유허비를 세우고 두문동72현의 후손들을 찾아 제사에 참석하게 하였다. 그때 휴암 임선미 태학사의 13세손 임상복이 당당한 모습으로 참례하였다. 이때 정조는 임상복에게 종2품 문관의 품계인 가선대부嘉善大夫를 내렸다.

정조는 1783년 개성의 성균관에 두문동72현의 위목을 모시는 표절사表節祠를 세워 추모하였다. 이때 순창의 임상복 가선대부로 하여금 제주로 집전케 하였다.

정조는 당시 한성판윤 이서구와 나라의 장래에 대해 수년간 대화하고 논의하였다. '단군 고조선 이래 조선왕조까지 4천여 년간 군주제도로 이어지다가 그 후 천지개벽의 운도로 민주제도가 시작되는데, 우리나라는 동북간방東北艮方 소녀형국으로 오등정국吾等正國 800년 대운을 받는다' 하는 도선비기道詵祕記와 무학대사無學大師를 비롯한 여러 예언가들의 예언이 있었다.

이서구는 정조 17년(1793)에 전라감사로 부임하여 오등정국 800년 대운을 맞이하기 위하여, 임상복 가선대부를 찾았다. 그리고 임상복 가선대부로부터 3대에 걸친 적선으로 죽림촌에 탄생할 석가여래 부촉법 제67세 환성지안조사의 후신을 맞이할 것을 간절히 당부하였다. 그리고 그 후손이 다시 3대에 걸친 적선 공덕을 쌓아 죽림촌에 탄생하는 대도인의 유훈과 교시를 받들어 행할 성문승聲聞乘을 운봉에서 맞이할 수 있도록 간절히 당부하였다.

진여 임상복 가선대부가 이러한 뜻을 받들어 정조 임금에게 국가 수호 5대원칙을 바쳤다. 이것은 이후 용성조사가 오등정국 대한민국 국민의 국혼으로 삼고자 그대로 받아들여 '용성조사 세간오계'로 이름을 바꾸어 수계 때마다 계첩에 실어 설하였다.

임상복 가선대부는 공덕을 쌓아갔다. 그의 아들 낙헌樂軒 임성환林星煥과 손자 순필舜弼 임기열林琦烈도 그 교시를 잘 받들어 적선 공덕을 쌓았다. 증손자 청해靑海 임상학林相鶴도 선천적으로 영웅호걸의 높은 기상과 영특함으로 효성이 지극하였고, 운봉 만석거부 박일구의 딸과 결혼하여 적선 공덕을 쌓았다. 그리고 고손자 사은士殷 임동수林東壽는 운봉 이만석꾼 박형집 첨사의 딸 선정心禪定心 박정朴貞과 결혼하여 1만석 유산을 받아 많은 적선을 하였다.

그리하여 임상복 가선대부와 그의 자손 6대에 걸친 적선 공덕으로 환성지안조사의 후신 용성진종조사의 탄생과 용성진종조사의 법손이요 그의 유훈 실현을 행할 불심도문 대종사의 출생으로 인연하여 1999년 동북간방 소녀형국 대한민국 800년 대운의 문호를 열게 되었다.

그리고 불심도문 대종사는 25년 후인 2024년에 대한민국 800년 대운의 문호를 고정·확정짓고, 그 다음 해(2025년) 800년 대운을 받는 원년이 되게 하는 것을 서원하였다. 이러한 대원을 간절히 호소하고 당부하고 조심스럽게 교시하며 수명이 다할 때까지 힘쓰고 있다.

또, 불심도문 대종사 곁에서 용성진종조사 유훈 실현을 위해 공덕을 쌓은 분들이 있다. 용성진종조사께서 사은 임동수 거사의 부인 선정심 박정을 세계불교청소년교육교화후원회 초대회장으로 추대하였다. 박정 초대회장은 용성조사의 대내외 활동 경비와 독립운동 자금을 보시한 공덕이 크다.

제2대 회장은 봉래 임정준의 부인 염불화 박송화이다. 용성진종조사 유훈실현공덕을 계승하고 그의 아들 철생 임철호 애국지사를 낳아서 나라에 바친 공덕이 크다.

제3대 회장은 철생 임철호 애국지사의 부인으로 대성자 최사달이다. 밖으로 남편 임철호 애국지사의 독립운동을 돕고, 안으로 아들 윤화를 출가봉공케 한 공덕이 크다. 용성진종조사 유훈실현후원회 초대회장으로 87세를 일기로 별세할 때까지 유훈실현의 공덕주이다.

제4대 회장은 용성진종조사 유훈실현후원회 수승행 한명옥이다. 부처님 탄생성지 네팔 룸비니원 국제사원구역내 한국사원 대성석가사 부지 임차조인을 시작으로 대웅전과 제1 요사인 대성무우수당 건립을 위해 동국대학교 부설 사찰조경연구소장 홍광표 박사와 네팔 룸비니개발위원회 녹다 산 고문 등과 함께 한명옥 회장과 용천 박시민 최고고문 내외분이 노력하였다. 또 아들 법혜 박태석은 동국대학교 고미술학과를 수학하고 동국불교미술연구원장으로써 용성진종조사 유훈실현 성지마다 각종 후불탱화, 조사탱화 등을 조성하였다. 그리고 5대 회장 이후 다시 6대 회장으로 추대되어 활동하고 있다. 용성진종조사 국내외 유훈실현을 위해 현재까지 40여 년간 활동하고 있는 대공덕주이다.

제5대 회장은 정형근 전 국회의원 부인으로 복덕심 최명진이다. 최명진 회장은 불심도문 대종사의 군법당 수계설법 때마다 모든 경비를 보시한 공덕을 쌓았다. 또, 최명진 회장 내외는 죽림정사 성역화 불사에서 용성교육관 108평 목조와가 건립 최초설판 시주의 공덕을 쌓았다.

《용성평전》설판 공덕 찬讚

용성대종사의 독립운동과 가르침, 포교와 수행의 업적을 집대성해 1919
년 3·1만세운동의 100주년을 맞아 출간한《용성평전》은 어느 한 개인이
아니라 대한민국 전 불자, 전 국민이 함께 정성을 더해 완성했기에 그 의
미가 더욱 크다 할 것입니다. 천만 불자의 십시일반 정성이 더해져 설판
불사를 완성했으며 대한불교조계종 총무원장 원행 스님을 위시하여 교
육원장 현응, 포교원장 지홍 스님 등 종단의 지도자들도 마음을 내신 데
대해 거듭 감사의 인사를 올립니다.

《용성평전》을 우리나라 온 국민 가가호호에 빈부귀천 남녀노소를 막론
하고 다 함께 수지봉독受持奉讀, 신수봉행信受奉行하여 지혜총명, 복덕
구족, 만복운흥 하여지이다.

아울러 2024년 대한민국 800년 대운의 문호를 고정·확정짓고, 2025년
800년 대운의 원년을 맞이하기 위하여
불사수행佛事修行 복덕구족福德具足 성불인연成佛因緣 지어지이다.
간경수행看經修行 혜안통투慧眼通透 기초확립基礎確立 하여지이다.
주력수행呪力修行 업장소멸業障消滅 지혜현명智慧賢明 하여지이다.
참선수행參禪修行 의단독로疑團獨露 확연대오廓然大悟 하여지이다.
염불수행念佛修行 삼매현전三昧現前 왕생정토往生淨土 하여지이다.

3·1독립운동 100주년,
대한민국 정부수립 100주년을 맞이하여
불심도문 합장

《용성 평전》설판 동참 공덕주
이 책이 발행될 수 있도록 후원해주신 분들입니다.

수법제자:희암준휘, 단암성호, 대하우성, 선파학성, 동산혜일, 동헌완규, 고암상언, 자운성우,
인곡창수, 동암성수, 동곡법명, 경성덕율, 고봉태수, 중봉태일, 향산종원, 봉암대희, 벽허상휘,
운산성주, 덕운기윤, 자운기정, 해문영, 해운재국, 포우혜명, 자항선주, 계월경선, 보우용기,
금포수현, 보경봉운, 성봉응성, 도암정훈, 성암경련, 동호화소, 연호성민, 상락아정, 보광태연,
석성화경, 금해석선, 경하재영, 진용광진, 동명재민, 야천종이, 백하덕수
참회제자:경봉정석, 범하도홍, 전강영신

설판 증명
용성조사 탄생성지 죽림정사 조실 불심도문
재단법인 대한불교조계종 대각회 이사장 태원
평택 명법사 회주 화정

출가

대한불교조계종 총무원장 원행
대한불교조계종 교육원장 현응
대한불교조계종 포교원장 지홍
총무부장 금곡, 교육부장 진광, 포교부장 가섭
동국대학교 이사장 자광
동국대학교 총장 보광
부산 감로사 주지 혜총
대한불교조계종 총본산 조계사 주지 지현
대한불교조계종 제14교구본사 범어사 주지 경선
대한불교조계종 제19교구본사 화엄사 주지 덕문

고암 문도회

문장 대원, 회주 보광, 용탑선원장 중천, 총무 장산, 용탑선원감원 도영

성철 문도회

상좌 : 천제, 만수, 원융, 원택, 원해, 원행, 원타, 원운, 원담, 원천, 원규, 원영, 원소, 원심, 원여, 원초, 원통, 원도, 원순, 원암, 원장, 원유, 원연, 원근, 원당, 원일, 원서, 원인, 원충, 원감, 원구, 원종

손상좌 : 대윤, 일륜, 일선, 일정, 일서, 일감, 일수, 일영, 일건, 일경, 일행, 일문, 일현, 일관, 일진, 일형, 일봉, 일통, 일홍, 일명, 일중, 일상, 일대, 일원, 일범, 일등, 일향, 일연, 일효, 일장, 일광, 일안, 일철, 일주, 일묵, 일암, 일운, 일소, 일창, 일규, 일련, 일화, 일견, 일혜, 일제, 일성, 일양, 일산, 일찬, 일준, 일거, 일만, 일무, 일헌, 일덕, 일지, 혜달, 일면, 일기, 일범, 일근, 일전, 일념, 일훈, 일민, 일한, 일신, 일엄, 일생, 일난, 일구, 일윤, 일혁, 일호, 일불, 일공, 일휴, 일월, 일균, 일책, 일학, 일찬, 일완, 일직, 법원, 일함, 일능, 일맥, 법성, 월명, 일록, 일우, 일송, 일토, 일인, 일휘, 일아, 일림, 일항, 법현, 일나, 일몽, 일보, 일보, 일조, 일교, 혜일

불심 문도회

무심보광, 학담법성, 지광법륜, 각현법신, 일장혜능, 무무선법, 대봉현법, 각천청청, 심산법정, 묘성법안, 경조백운, 도산법진, 월암덕상, 한산정법, 대산혜수, 공산법명, 명산법수, 무주법조, 낙산법일, 제암혜각, 심인탄오, 해공운오, 청휴성해, 현담혜근, 미광선일, 보월종연, 법성법현, 향훈환희, 혜운금장, 법운무진, 능승금융, 대각법상, 묘각성법, 보조법현, 지덕마성, 신통명묘견, 법수마웅, 명찬일초, 보현연화, 보명법봉, 수월일도, 현아보당, 보성동조, 대능유수, 만월법장, 미륵월암, 용광원강, 어여법상, 시원장현, 남원지욱, 해음혜운, 유심법일, 청봉혜문, 무공호산, 금선혜력, 도원관용

혜총 스님 상좌 및 손상좌

경법, 경성, 경원, 경무, 경동, 경증, 경소, 경적, 경제, 경여, 경지, 경상, 경중, 경진, 경본, 경래, 경타, 경염, 경현, 경인, 경각, 법여, 법진, 법준, 법설, 법찬, 법열, 법의, 법원

동은, 동봉, 원각, 석담, 보광, 무통, 지의, 안국, 혜명, 효암, 관룡, 정견, 설호, 지산, 각명, 원행, 인행, 자혜, 정공, 자공, 보월종연, 금선, 순형, 의현, 성본, 선주, 원각

사찰 및 단체

대한불교조계종 중앙신도회장 이기흥
대한불교조계종 불교인재원 이사장 엄상호

장수 죽림정사
선생화김미희, 보현화김명옥, 와본김동현, 김금화, 김경희, 김희자, 김수옥, 김상남, 김규준,
김춘자, 김우신, 김태정, 김태영, 김우민, 김태유, 김지유, 김우인, 김태윤, 김세윤, 김우미,
김우경, 김석남, 김나현, 김수두, 김영숙, 김말순, 김정순, 김선미, 김대중, 김영이, 김진명,
김희숙, 김행연, 김남순, 김재환, 김금백, 김옥순, 김후남, 김성도, 김윤희, 김형근, 김덕수,
김영준, 김영순, 김연지, 강금련, 강귀남, 구문회, 공향자, 계란희, 남경화, 노금자, 노영희,
나지라, 나경화, 도광순, 도태성, 도대성, 도세종, 류회도, 문계배, 문미숙, 문명대, 문종권,
민현숙, 모용환, 박경옥, 박귀선, 박다남, 박복심, 박상록, 박상숙, 박시민, 박수자, 박수원,
박순전, 박순자, 박이자, 박영동, 박영옥, 박용근, 박준범, 박준우, 박정술, 박정연, 박춘희,
박판자, 박필조, 박홍진, 박해순, 배애숙, 백옥순, 백인옥, 신도범, 신석교, 신영근, 신재진,
신양혜, 심재임, 손영출, 송군성, 송복호, 송옥자, 승수연, 서덕자, 신봉수, 안경자, 안정현,
무량수안승숙, 오이선, 자덕화덕순화이재순, 이재희, 이명재, 이정희, 이정란, 이종명, 이현승,
이종백, 이음숭, 이수빈, 이지호, 이정숙, 이서연, 이서린, 이기호, 사리불이신희, 이선형,
이문구, 이종석, 이계자, 이남철, 이순길, 이유진, 이봉자, 이대훈, 이병옥, 이미자, 이동원,
이기윤, 이경신, 이성민, 이옥분, 이영선, 이동수, 이충수, 이인수, 이말자, 이해원,
이풍삼, 이병목, 이선자, 이점옥, 이민숙, 임순효, 임강자, 임계강, 임춘옥, 임순자,
임명호, 보명임순달, 오영숙, 유복녀, 유종혁, 유해덕, 윤석례, 왕준자, 여말순,
양윤희, 장경수, 장수진, 묘법행장귀순, 전가자, 전재용, 전한나, 전민수, 전호선,
전진화, 전 식, 전연심, 장문엽, 장재영, 장화자, 장상우, 정경숙, 정영진, 정윤배,
정영애, 정영순, 지명화정인순, 정세균, 정형근, 정현일, 호불정영호, 조규호, 조양심,
조영주, 조순남, 조영옥, 조현, 진영전, 차묘정, 차정임, 최남안, 최동철, 정심화최단희,
최명진, 최명순, 최옥선, 최동숙, 최승희, 최해경, 최현서, 추차호, 탁영순, 하종열,
한국희, 한명옥, 한미경, 한병태, 한정숙, 한정자, 한정식, 초우황수영, 홍정자, 허남식, 허범영

대각사 · 우리절
김이조, 서민환, 서유경, 강효림, 심창호, 심재홍, 심재훈, 심윤희, 김영자, 김진희, 김정희,
소릿결, 마음결, 윤용출, 송칠분, 윤경자, 수현심, 이재복, 이경원, 김동일, 진영미, 김현철,

김현수, 주민제, 진순미, 진선미, 양재희, 정명숙, 김희춘, 윤동혁, 윤승관, 윤의명, 윤건우,
조승비, 정용남, 김경자, 차길자, 박영근, 남진숙, 이혜용, 이기숙, 한정구, 양성규, 양종운,
신민경, 최윤종, 홍영순, 이진성, 김병철, 전옥자, 윤여선, 윤여진, 김연준, 김연호, 주명옥,
정지원, 이아람, 정시윤, 정아윤, 오규희, 강태희, 장영관, 김옥수, 최영순, 김복숙, 김영민,
김예림, 이승연, 이종례, 김경민, 조원균, 이수니, 문주환, 문효준, 전재현, 남옥순, 조용한,
조용일, 유자엽, 이수원, 이수일, 신택용, 최봉기, 박영심, 강승숙, 윤익수, 박동화, 윤상권,
신은희, 윤채영, 윤채원, 윤채연, 윤채은, 추교래, 정영돈, 호선희, 정혜연, 정혜진, 김상영,
김재현, 박범준, 유공규, 이성순, 채영숙, 유의호, 김진무, 윤성기, 김민기, 홍명표, 보리주,
장세윤, 김형주, 박나경, 법륜화, 이수현, 조은정, 박도이, 조준호, 조규만, 윤정분, 박상진,
조아미, 조수연, 조장현, 박똘이, 김진철, 김명철, 이서미, 임소빈, 임소현, 지정호, 지형철,
고광석, 김경미, 고문주, 고유나, 홍기봉, 유기현, 서은희, 유제화, 유지연, 박성배, 허양무,
박은영, 장동환, 김삼옥, 김용순, 정부자, 김석중, 김한중, 김소정, 김성한, 김지수, 김혜린,
김혜윤, 김용표, 실린달, 도솔향, 하늬사랑, 손덕현, 김민걸, 고창민, 정승탁, 박지원, 유재경,
이재향, 유승근, 유준근, 강점숙, 배옥련, 노병두, 자내증, 노재현, 성미연, 노현종, 김철재,
사라수, 김기성, 김용훈, 이종하, 차경희, 이아미, 이아림, 이아민

삼불 수운사
이병학, 이병호, 이병천, 이주성, 박용섭, 오용일, 박준용, 박창오, 황동석, 방재식, 한승우,
최승원, 김재경, 최봉인, 김경분, 오순자, 정기란, 황정숙, 방미정, 문정진

인천 수미정사 경인불교대학
김상돈, 이홍경, 정하원, 김기송, 백순심, 백영실, 김화자, 김영백, 조규용, 김옥자, 장성자,
임범규, 장미향, 이정숙, 김귀옥, 이영복, 이종은, 이규성, 권태영, 김충호, 황현우, 김영인,
이다연, 남순복, 김정수, 신현애, 김성수, 백경찬, 김정택

포항 무상사
화안시, 세음행, 수월화

금정총림 범어사
부산 홍법사
길상선사
상락회
사단법인 미소원

개인

강명자, 강원모, 강태희, 강현태, 공경향, 구숙자, 권기훈, 권예진, 권오영, 김경숙, 김경순, 김경화, 김경희, 김기인, 김나연, 김다현, 김대희, 김도균, 김락춘, 김명영, 김명철, 김문숙, 김미희, 김민찬, 김법영, 김복환, 김성덕, 김성일, 김성호, 김수문, 김수민, 김숙자, 김승수, 김연분, 김영각, 김영동, 김영일, 김영현, 김유환, 김은경, 김은식, 김은홍, 김인경, 김인권, 김재기, 김재환, 김점옥, 김정산, 김종진, 김종형, 김준호, 김지영, 김진혁, 김창명, 김채조, 김치자, 김태선, 김태원, 김태형, 김택근, 김현태, 김형규, 김환숙, 나승희, 남배현, 남수연, 남혜서, 남혜성, 남혜수, 도진국, 모지희, 문봉천, 문상호, 박기련, 박돈우, 박동범, 박문규, 박미야, 박석동, 박영래, 박영호, 박종학, 박종한, 박종혁, 박평종, 박희숙, 배건선, 백종식, 백춘자, 법성심, 서경라, 서삼행, 서은해, 서정관, 석귀화, 성기만, 성채원, 세음행, 손성수, 송재화, 송지월, 송지희, 수월화, 신다인, 신선재, 신성옥, 신수연, 신용숙, 신용훈, 신준철, 신현부, 심재원, 심재현, 심정섭, 안보현, 안순심, 안승철, 안영성, 안영수, 안웅연, 안인환, 안정연, 엄말에, 여정훈, 여주천, 염경희, 오기남, 오도경, 우소영, 원종, 유석근, 유준석, 유춘자, 유호걸, 윤대현, 윤성문, 윤소연, 윤은섭, 윤조현, 윤태일, 윤태현, 윤후명, 은명숙, 이강인, 이건택, 이경녀, 이경환, 이병두, 이병민, 이병수, 이상효, 이서영, 이선형, 이선희, 이성도, 이세용, 이수연, 이수임, 이승혜, 이여진, 이영석, 이원찬, 이은자, 이재용, 이재준, 이재형, 이정임, 이춘성, 이태만, 이현주, 이희숙, 임병관, 임선학, 임용창, 임은호, 임혜자, 자비화, 전은영, 전인갑, 정금미, 정두영, 정복희, 정석화, 정옥화, 정원규, 정원모, 정종용, 정진교, 정춘란, 정태호, 정혜숙, 조권형, 조민기, 조성희, 조연란, 조의연, 조정옥, 조준성, 주수완, 주영미, 채문기, 채상식, 천갑조, 천만근, 천여정, 천영진, 천옥희, 천정용, 최가인, 최광수, 최귀향, 최병도, 최병수, 최병헌, 최상철, 최수곤, 최영이, 최종섭, 최지훈, 최창현, 최춘자, 최호승, 추민숙, 피윤옥, 한명우, 한영실, 해공자, 행두심, 허광무, 허승열, 허영숙, 허유진, 허정균, 화안시, 황배성, 황보용문, 황상준, 황의선, 황의학, 황지연, 황찬연

每이아사始得다近來神僧이攀山이自惺道云者는스斷惑

不出호야空이니若空이俱空하야空亦空하고空亦空

이라호야自家真性을未曾見者ㅣ空이

이라호야如是轉々無盡空이나空을難離이오甚至은

久默言이라호야相證을表現하야未띠ㅣ宗師家이

소능以空無言으로道ㅣ니空不是道ㅣ오空不是性이니

비듯이것뗘虛空이自體가摩相이잇넛가如此覺性亦

肰胸肰이나轉身一句를作麼生道오更待一句하야사

後修煉을略呈을가하노니懂束軹猫②之事는佛祖與此

가乞俞於南泉이나趙州載覆之句로도不是遮圖事

SHIRAUMI